公益律师

——从知青到儿童权益守护者

王毅伟 ◎ 著

知识产权出版社
全国百佳图书出版单位
—北京—

图书在版编目（CIP）数据

公益律师：从知青到儿童权益守护者/王毅伟著 .—北京：知识产权出版社，2020.9
ISBN 978-7-5130-7125-3

Ⅰ.①公… Ⅱ.①王… Ⅲ.①王毅伟—自传 Ⅳ.①K825.19

中国版本图书馆 CIP 数据核字（2020）第 157128 号

策划编辑：李　瑾　　　　　　　责任校对：谷　洋
责任编辑：李　瑾　韩　冰　　　责任印制：刘译文

公益律师
——从知青到儿童权益守护者
王毅伟　著

出版发行：知识产权出版社有限责任公司	网　　址：http://www.ipph.cn
社　　址：北京市海淀区气象路 50 号院	邮　　编：100081
责编电话：010-82000860 转 8392	责编邮箱：lijin.cn@163.com
发行电话：010-82000860 转 8101/8102	发行传真：010-82000893/82005070/82000270
印　　刷：天津嘉恒印务有限公司	经　　销：各大网上书店、新华书店及相关专业书店
开　　本：880mm×1230mm　1/32	印　　张：10
版　　次：2020 年 9 月第 1 版	印　　次：2020 年 9 月第 1 次印刷
字　　数：240 千字	定　　价：49.00 元
ISBN 978-7-5130-7125-3	

出版权专有　侵权必究
如有印装质量问题，本社负责调换。

图1 拜访原女四中校长——潘基

图2 再回定襄与当年季庄村五队的老乡合影

图3 与当年一个锅里吃饭的知青再团聚

图4 原女四中初二（8）班部分同学与班主任温慕玲老师合影

图5 作为"北京榜样"首届评委与北京广播电台主持人及当选者邓小岚女士合影

图6 与全国律协未保委主任佟丽华、秘书长张雪梅、"小额爱心"项目资金捐助律师黄倩仪合影

图7 宣武法院"助学基金、小额爱心基金"发放仪式

图8 在山西省定襄县法院为严重受伤害家庭的孩子提供"小额爱心"资助

图9 应澳大利亚人权委员会之邀，代表全国律协未保委与澳当地政府官员交流

图10 为山西省未管所提供助学基金

图11 与儿童保护专家参加"关爱明天、普法先行"评审工作

图12 朝阳区律师协会成立"律师公益宣讲团"

图 13 为山西省国家级贫困县榆社县的孩子送去温暖

图 14 2017 年参加朝阳区律师协会组织的年轻律师受袍仪式并寄语

图15　为云南省曲靖市受伤害家庭孩子提供"小额爱心"资助

图16　我的父母与他们的四个子女

作者简介

　　王毅伟，女，1951年11月出生，1967年初中毕业于北京市第四女子中学，1968年11月起到山西省定襄县季庄公社季庄大队插队三年，1971年分配到定襄县委妇女联合会工作，1973年5月4日加入中国共产党。在定襄县工作期间，先后担任受禄公社妇联主任、公社党委副书记、定襄县百货公司副经理。1979年调回北京，曾担任关东店中学团总支书记兼任政治课教师，1981年调入北京教育学院朝阳分院教务处工作。1981年至1994年先后取得北京教育学院中文大专、教育管理本科、中华全国律师函授中心法律大专学历。1994年通过全国律师资格考试，1995年取得律师资格。

　　1996年开始创新对朝阳区参加继续教育的中小学教师开设法制教育课程并开创体验式教学模式，与朝阳区人民法院少年庭合作，每个学期组织教师到朝阳法院大法庭旁听与未成年人成长相关的典型案件，截至2019年的23年间，组织了44场，参加过旁听的教师大约有5000人次。不但提高了教师的法律意识和法治观念，朝阳区在校生犯罪数量也明显减少。1999年加入"中国律师未成年人保护志愿协作网"，至今从事儿童保护公益事业已20年。2006年在全国律师协会的倡导下，在全国律师协会未成年人保护专业委员会的大力支持下，创新成立了"中国未成年人法律援助与保护专项基金"。13年来，除西藏自治区以外，全国范围内所有的省、自治区、直辖市均开展了这个项目，受助的未成年人有2000多人。

20多年来王毅伟律师代理了多起有社会影响的维护未成年人合法权益的案件。这期间王毅伟律师先后担任全国律师协会未成年人保护专业委员会副主任，受聘作为中央电视台社会与法频道《法律讲堂》嘉宾、全国青少年普法教育专家组成员、国务院妇女儿童工作委员会两纲（妇女发展纲要、儿童发展纲要）督导专家组成员、北京市律师协会未成年人保护专业委员会副主任、北京榜样专家评委、朝阳区律师协会公益委员会副主任等，现担任北京中致儿童关爱基金会副理事长。曾获得北京市顺义区第六届道德模范、北京市顺义区仁和镇优秀共产党员、北京市朝阳区教育局优秀共产党员、北京市朝阳区律师协会优秀律师、北京市朝阳区律师协会朝阳律师公益大使、北京市律师协会优秀律师、北京市律师协会首届北京市十佳女律师、北京市律师协会公益之星、北京市未成年人保护工作先进个人、全国保护未成年人特殊贡献律师、全国优秀律师等称号。

序 言
青萍之末有真音

王毅伟大姐要出一本书，主要讲述她从一名下乡知青走上儿童保护公益之路的故事，希望我能写几句话，我欣然同意。1999年我开始从事儿童保护这项事业，到今年正好20年。因为儿童保护，在1999年我和王大姐就有缘相识，到今年也是20年。在过去20年中，我们是朋友，是同志，在并肩推动着中国律师参与未成年人保护这项事业。

王大姐是中国未成年人保护领域律师的优秀代表。2000年我在全国推动"中国律师未成年人保护志愿协作网"，她那时就参加进来，是最早的一批。全国律师协会未成年人保护专业委员会在2003年成立，她从该委员会成立伊始就积极参与相关工作，作为两届的副主任，她推动了委员会工作在全国的开展。她亲自参与未成年人保护案件的办理，其中很多案件在全国有重大影响。她在朝阳区推动的中小学教师到法庭参加庭审的培训模式，坚持了 20 多年，影响了数千名教师。她在全国推动"小额爱心"项目的落实，帮助很多律师扩大了在当地未成年人保护领域的影响。她在全国律师协会未成年人保护专业委员会每年举办的大会上发言，激励和鼓舞了很多律师参与这项事业的热情，推动了这项事业在全国的开展。

王大姐身上体现着新中国发展的历程。她是老三届，在很年轻的时候就从北京到山西农村插队。农村插队生活是艰苦的，但也锤炼了她的毅力，培育了她的信念。在她回城以后，随着国家改革开放进程的深入，随着她成为一名律师，随着她自身生活条件的改善，她开始更多关注那些处于困境中的弱势人群。王大姐多次和我们聊起她在山西插队的生活，每次谈起农村生活的艰苦，尤其是农村儿童受到伤害后的艰难，都很动感情。这种发自内心的淳朴的情感激励着她长期推动"小额爱心"项目。在书中她介绍了"小额爱心"项目的情况，她不仅推动建立了这个项目，影响和带动了像黄律师这样同样善良的人长期支持这个项目，还尽可能亲自参与项目的实施，把关爱直接传递给孩子们，直接向那些误入歧途或者受到伤害在迷茫或困境中的孩子们传递爱心。所以，在"小额爱心"这个项目的背后，反映的是王大姐那代人的品质、信念和追求，他们对苦难感同身受，他们坚定地向社会传递爱心与力量，他们努力把社会建设得更加美好。

我经常和她说，大姐，您是我们未成年人保护律师的"宝"。这个"宝"，不仅是一种精神和传承，更体现着她在这项事业中的价值。很多律师表示愿意积极参与未成年人保护事业，愿意在业余时间做些好事。但很多人是说的多、做的少，有些夸夸其谈背后是虚荣和做作。王大姐是那种真正用心在做事的人，所以不仅给孩子们带去温暖和力量，也感染和带动了

序　言　青萍之末有真音

身边的律师、法官、检察官等各行各业的人，赢得了社会各界的尊重，树立了律师行业的良好形象。所以，王大姐是这个群体的榜样，是这个时代的楷模，值得我们学习和敬重。我为能与她一起从事这样一项事业感到光荣。

我们所做的未成年人保护工作，很多事情看起来都很琐碎，如一次普法、一个案件、一个爱心行动，但正是这些看似琐碎的事情，在改变着很多孩子成长的轨迹，优化着中国孩子成长的环境。青萍之末有真音，正如青萍之末的微风，看似微不足道，但汇聚起来，就是力量，就是影响时代进步的"真音"。

衷心希望更多人尤其是律师同行能够阅读这本书，从王大姐的故事中透视我们的灵魂，汲取我们成长的力量。衷心祝愿王大姐身体健康！

佟丽华
北京青少年法律援助与研究中心主任
2019 年 12 月 15 日

自 序

我1951年11月出生,是当年人称"老三届"的六七届初中毕业生,毕业于北京第四女子中学,屈指算来今年已经是六十有九的老人了,说话就将"奔七"。虽说有当年下乡锻炼的底子,身体还凑合,但在北京乘坐地铁,偶尔已有年轻人开始给我让座,当时那种感觉也怪怪的,嘴上虽不停地说:谢谢啦!谢谢啦!可心里想,在年轻人眼里,我确实是个老人了。尽管生理年龄和心理年龄有一定的差距,但不服老总是不理智也是不客观的。

有人说我们这个年龄的人应该都是有故事的人,确实如此,都这把年纪了,走的路不少,有平坦大路也有羊肠小道;工作几十年,有顺境也有逆境;办的案子,有胜诉的也有败诉的。不论我的故事有意思,说起来大家爱听,还是没多大意思,讲起来乏味,可那都是一段历史,是一段永远不会忘记的、记载

自　序

着我们这一代人酸甜苦辣的历史，都是我们曾经走过的曲折、坎坷的人生之路。

也有人说，同样环境可以造就出不一样的人，我愿意成为那不一样的人，总希望通过自己的努力活出不一样的人生，既不能虚度年华，更不能碌碌无为。人生区区几十年，要为我们的祖国建设实实在在地做些实事，希望父母会因为有我们这样的子女而骄傲，而我们的子女也会因为有我们这样的父母而自豪。

我的人生几十年的经历决定了我的故事还有那么一点儿意思，有那么一点儿味道。我想也许会让某些同龄人在回顾自己学生时代的所作所为时，去勇敢反思自己当年的行为和做错的事情，尽管我们的老师、长辈谁也不会责怪你什么，因为那时你还是个不太懂事的孩子嘛！但是我们已活到这把岁数了，要勇敢地去忏悔从而让心灵得到安慰，不要带着遗憾走进坟墓。

我的故事也许会让与我年龄差不多，有过上山下乡经历，曾经与中国最底层的农民一同摸爬滚打，吃过苦受过累，经历了与城里人完全不一样的生活的兄弟姐妹们，在一个静静的夜晚，再去回忆那年那月、那人那事，苦涩的岁月、生活的艰苦、劳动的欢乐和对未来的憧憬。从而让我们更多地去理解中国贫困地区农民生活的不易，也许对自己现实的生活会少一些埋怨和牢骚，增添些满足感和幸福感。

对于当年部分幸运返城的知青朋友，之后虽然找到了一份工作也成家立业，却总是怨天尤人、满腹牢骚，自暴自弃、虚度了年华，现已到了老年的兄弟姐妹们，我的故事也许会让他们去反思自己当年回城后，为什么不下决心读书学习，克服眼前的困难，再努力一把，也许会活出不一样的人生。

作为年轻的朋友或是年轻的律师，也许会从我的人生经历中，从我所从事的儿童保护公益事业中，领悟到律师的社会担当和做公益带给自己的快乐，也让自己在有生之年尽自己所能，帮助更多应该帮助的人，做一些应该做的事情，让我们的人生更加美好。

  我的同行或许会从我代理的各类案件中得到一些启示，多一些思考，转变思维方式，使自己代理的案件尽可能再精彩些，从而树立律师在老百姓心目中的良好形象。律师是我们这个社会正义和公平的维护者，我们要勇于承担社会责任，为我国建设成为一个真正的民主法治社会而努力。

  只要我的这本书能带来一点儿正面的积极的社会影响，传递正能量，对我来说就足矣。接下来，我就努力回顾我55年的人生经历，请您静下心慢慢地听我讲故事，但愿您还愿意听，觉得有那么一点儿味道，也许故事中的某一情节会与您的某些思想产生共鸣，引起您对自己人生的一些思考，那就太好了，我由衷地为您点赞！

目 录

知青岁月

那年那月 …………………………………………… 003
开始了知青生活 …………………………………… 007
评工分 ……………………………………………… 013
知青灶 ……………………………………………… 015
贫协小组长——老韩头 …………………………… 018
田大爷和田大娘 …………………………………… 022
一盆洗脸水 ………………………………………… 026
再回定襄 …………………………………………… 028

公益之路

新的起点 …………………………………………… 035
意外的收获 ………………………………………… 038

开拓对特殊群体未成年人保护的新途径 …………… 046
怎能让我不流泪 ………………………………… 053
为一个受伤害的六岁女童争取到精神损害赔偿金 …… 069
政府应尽快完善对特殊群体未成年人保护机制 …… 075
教师应承担起校园中未成年人权益保障的责任 …… 083
律师参与对中学教师进行法制教育培训的实践与思考 … 091
导致未成年人犯罪的家庭原因及危害和预防 ……… 101
我是一名党员律师 ………………………………… 115

法律讲堂

断臂女孩的维权之路 ……………………………… 131
妈妈请给我上户口 ………………………………… 140
老师有话请好好说 ………………………………… 152
我也有隐私 ………………………………………… 160
午夜罪恶 …………………………………………… 172
溺爱结出的恶果 …………………………………… 182
一次恶作剧埋下的苦果 …………………………… 192
婆婆、儿媳与孙子 ………………………………… 199
和为贵
　　——吴老一案引起的思考 ………………… 212
双方利益的最大化 ………………………………… 220

我的贵人

我的伴侣 …………………………………………… 229
我的父亲母亲 ……………………………………… 233
我的公公婆婆 ……………………………………… 239
外孙女思思 ………………………………………… 242
张敏书记 …………………………………………… 251
陈景仁院长 ………………………………………… 254

另眼观己

二十年如一日体验式普法教育显成效
　　——王毅伟律师"教育者先受教育"经验侧记 …… 261
不忘初心、不负时代，她做了一个律师该做的事
　　——律师王毅伟访谈录 ……………………… 265
人间自有真情在，大爱无言写春秋
　　——王毅伟律师访谈录 ……………………… 272
久久为功，大爱无疆 ……………………………… 279
王毅伟情系少保中心 ……………………………… 282

后　记 ……………………………………………… 287

知青岁月

那年那月

1966年5月，不堪回首的"文化大革命"开始了，那时我只有14周岁，念初中二年级，是"老三届"中的老初二，个子不矮，是个天真烂漫的小姑娘。当年我还不太懂人情世故，但已开始憧憬未来，有远大理想，努力学习，期待长大后为我们国家的建设做出贡献。中学阶段是人生最美好的时期，也是一个人世界观形成的关键阶段，遗憾的是在那个特殊的时代已经没有了安静的学习环境，在我们的校园中听不到琅琅的读书声，看不到师生间交谈时那甜蜜的笑容，闻不到食堂飘来的饭菜香味儿，也不再有同学们手拉着手在校园的林荫道上散步。那时几乎所有的班级都已经无法上课，校长和一些老师经常被挂上大牌子拉出来批斗，校园到处都是大字报。当时还成立了许多所谓的"战斗队"，有些老师也参与其中，整个校园被搞得乌烟瘴气。当年北京第四女子中学是北京市非常有名的学校，所有的学生都是凭着自己的学习成绩考上的，家长也为自己的孩子能考上这所中学而骄傲。我们学校是北京最早的西式学校，是基督教的教会学校，也称"贝满女子中学"。1921年，日本人清水安三与妻子清水美穗出资成立了"崇祯学园"，1941年被日伪改为北京市第四女子中学（简称"女四中"）。贝满女子中学的校训是"敬业乐群"。"敬业乐群"是中国古代的一个成语，它的基本含义是学生们尊重自己的学业，专心致志地学习，不断进取，同学们和睦相处、团结友爱、互相切磋、共同提高。

我记得入学的第一课就是参观学校的校史展览，校长要让新生由衷地热爱这所学校。女四中为国家培养了许多优秀人才，著名的中国女排主教练郎平就是我们学校培养出来的，校友们都为此而骄傲。我们学校当年可都是女孩子呀，按常理说学生们都应该很乖巧，很可爱，懂礼貌。可谁能想到，这场史无前例的"文化大革命"却让原本天真善良的女孩子们的行为与当年学校的校训完全背道而驰。这场"革命"史无前例，也真的深刻地影响了我们整整一代人，改变了我们的命运。之后无论用什么办法也难以弥补我们心灵的创伤，损失之大是不能用金钱来计算的。

1967年，我和同班同学一块儿开始了大串联，那个年代物质生活还不太丰富，坐火车、坐汽车、坐轮船、住招待所都不用自己掏钱，连吃饭都不用花钱。不懂事的青年学生戴着红卫兵袖章居然称自己是"革命小将"，到处扇"革命之风"点"革命之火"。受那个时代的影响，我当时与同班同学王泉和小我两岁多的妹妹王毅光（当年只有13岁）发扬红军长征的精神，居然步行从北京走到天津，虽然脚磨得起泡了，还是坚持走，那时真觉得自己了不起呢！1968年8月18日，我兴高采烈地和同学们一块儿到天安门广场接受毛主席的检阅。我记得8月17日晚上同学们就开始整装待发，一夜没有合眼，居然没有一点儿疲惫的感觉，那叫一个兴奋、激动。之后没多久，我们学校开始招收女兵，我各方面的条件没得说，可没想到的是，我父亲当时挨整，学校外调后说我政审不合格，我难受得哭了好几天。当时的年轻学生认为，天下者，我们的天下，国家者，我们的国家，要想成为国家的栋梁，就必须到农村去，了解中国最底层农民的生活，那雄心壮志大了去了！

那时候学校开始动员学生到农村插队，我当时在班里是第一个报名去山西农村插队的。由于离出发的时间很近，时间紧，记得我们班同学只用了三天就帮我织了一条毛裤，真令我感动，那感情是朴素而真挚的，是现在的中学生无法体会的，会让我记一辈子。至今我还把当年那条灰色毛裤洗得干干净净，叠得整整齐齐，收藏在我家的樟木箱子里。我清楚地记得1968年11月13日，在我刚刚满17周岁的时候，就离开了我那温暖的家，离开了生我养我的父母，离开了我生活十几年的首都——北京。在去我们辖区和平里派出所销户口的时候，心里还真的有点儿不是滋味，感觉好像被抛弃了似的。

插队出发的那天，北京火车站的站台上人山人海，我的父母、兄弟姐妹、亲朋好友、同学们都来送我。刚开始大家还谈笑风生，笑容满面，拍照合影，可当我们上了火车与亲人们、同学们挥手告别时，当我们听到火车长鸣的汽笛声时，当车轮开始慢慢往前滚动时，好像突然感觉到了什么，我们真的就这么走了吗？我们今后就不是北京人了吗？在火车启动那一瞬间，好像有人在统一指挥似的，突然间车上车下一片哭声。车轮有节奏地往前滚动，离北京越来越远，车厢里的知青们似乎突然明白了什么，我们就要前往那完全陌生的广阔天地了，我们的未来会是什么样？也许每个人的想法不同，但有一点是完全相同的，心里都有些难受。大家你看着我，我看着你，虽然都互相安慰着，但车厢里还是哭声不断。我们是女校，哭的声音好像更大些，一直持续了将近一个小时，大家的心情才慢慢地平静下来。就这样我作为她们中的一员，离开了学校，随着浩浩荡荡的知青大军来到了山西省定襄县季庄公社季庄大队插队落户，从此开始了与北京完全不一样的知青生活。

开始了知青生活

我所在的定襄县季庄公社季庄大队共有 15 个生产小队,知青都来自北京市的各个中学,朝阳区的中学生更多些。当时每个小队分配五个知识青年,因为政府为每个知青提供了 200 元的安家费,来之前大队在每个小队都选择了一处院子,为我们盖好了几间平房,添置了水缸、锅灶等一些基本生活用品,我们五个女孩子被安置到第五生产小队。由于我们年龄小又从来没有在农村生活过,更别说干农活儿了,所以那几年也确实闹出了很多笑话。

我们11月到山西农村的时候已经是冬季，山西的冬天比北京还冷，特别是晋北的农村就更冷了。每天早上大家最犯愁的就是起床，睡觉时都将头钻进被窝里。由于房间冷，水缸上都会结一层薄冰，洗脸、刷牙时必须再添上热水。当地农民睡的都是土炕，我们当然也是如此，一间屋子有半间是炕。晚饭后要把炕烧得热热乎乎的才能睡觉，没想到的是有一天炕烧得太热了，居然把炕席给烧煳了，第二天早上起来的时候，满屋子都是浓烟，呛得我们不停地咳嗽。我们五个知青你看我，我看你，还莫名其妙一头雾水，不知道烟是从哪里来的。之后才发现原来是炕席被烧煳了，距离灶台近的褥子也被烧了一个洞，想起来还真的有点儿后怕呢。当社员们知道这件事时都非常奇怪地说，我们在这儿住了一辈子，还第一次听说烧炕取暖居然能把炕席烧煳了的事情。从那以后的几天，这就成了社员们街头巷尾田间地头谈论的笑料了。吃一堑长一智，从此我们就非常小心，天气再冷也不能把土炕烧得太热，好在之后再也没有犯过同样幼稚的错误。

那个年代，村里还没有通电，家家都用煤油灯。从地里干活儿回来，大家再累也要时不时地给家里写封信，说说心里话。为了省点儿煤油，我们五个知青点一盏煤油灯，没有桌子大家就趴在炕席上围成一圈，将煤油灯放在中间。当信写得差不多了，抬起头来你看我，我看你，然后不约而同地哈哈大笑起来。原来，煤油灯通过玻璃罩冒出的烟，将每个人的鼻子周围都熏得黑黑的，那场景虽然已经一去不复返了，但想起来还挺有意思的。

我们五队这五个女生在日常生活中是有分工的，由于王莒生大姐是老高二的，比我们年长三岁，社会经验相对就丰富多了。她根据每个人的特长，安排了具体要做的事情，每天从地里干活儿回来，我们就按莒生大姐的安排完成自己要做的事情。王莒生把最累的活儿留给自己，那就是担水，我们最犯愁的也是担水。那扁担两头儿的铁皮水桶挺大，没有水就挺沉，我们担着空桶走路时都摇摇晃晃的。但奇怪的是，莒生大姐担水的姿势非常自如，一颠一颠的很有节奏，好像训练过，也看不出多累来，不服不行。

我和当年知青中的佼佼者
——王莒生大姐（右）

按照大姐的分工，我们五个知青有担水的，有炒菜的，有做饭的，有拉风箱的。许碧柳是我们五个知青中年龄最小的，当年只有16岁，她也不会做饭，只能拉风箱，她和刘希林一个人看灶台的火，一个人拉风箱，事先说好每人拉200下之后再互换，所以就一边拉风箱一边数数，之后想起来我们拉风箱的动作完全不靠谱。原以为只要用足了力气使劲拉，火自然就会很旺，其实不然。后来我们到社员家请教后才发现，社员们拉风箱的时候非常有节奏，左手拉风箱，右手拿着长把的铁铲子，根据火候大小往灶里添煤块，一下一下地不紧不慢很自如，不但不累火还非常旺。表面看拉风箱这活儿很容易，实际上真不简单，要慢慢地领悟才行。

当时莒生大姐分配我负责做面食，她像个炊事班长一样来指导我，说得有条有理，至今我都记得。她说揉面要做到三光，即盆光、面光、手光，之后我还将这个技能传授给了我的女儿。我成家后面食做得还不错，我想应该是那时候练就的功底吧！莒生大姐回北京后刻苦学习，考上了北京中医药大学，退休前为北京中医院院长，担任过北京市人大常委会常务委员，她在职时作为嘉宾经常在北京电视台的《养生堂》《大医生》栏目讲授健康知识，非常受欢迎。她还经常带领医院的医生到革命老区，为那里的老百姓看病。现在她已经 72 岁了，还坚持每周坐诊，真是我们身边的榜样。

雪珂负责炒菜，那时候我们从北京带的是固体酱油，做饭时切下来一块儿兑上水，放到菜里，真叫一个香。我记得第二年的秋天队里分了不少红薯，社员们将红薯放到炕的一个角落，一层层堆起来，再盖上一个毯子，放上几个月，留着冬天吃特别的甜。我们当时也不懂，怕红薯放时间长了会坏，所以那些日子就天天吃红薯。蒸红薯，做小米粥时煮红薯，把红薯当菜切成条炒着吃，那一段时间吃得大家直烧心，看见红薯就头疼，现在想起来还怪有意思的。那个年代虽然我们年龄不大，但是我们这个小队有王莒生和罗雪珂这两个非常有思想又能干的校友，每天干活儿回来有说有笑，也很快乐。

莒生大姐嗓子好，有一天她给我们唱歌，从我们住的院子经过的几个社员听到了，还以为是半导体收音机里播放的节目呢！驻足收听，之后才知道是知青在唱歌，简直佩服得不得了，不停地说，北京娃娃们就是有两下子，什么都会呢！

我们吃完晚饭，大家都会捧着书看，雪珂还给我们列了书目，《国家与革命》《哥达纲领批判》等，我想现在年轻人很少有看这些书的。雪珂的男友，后来的丈夫鲍国路是北京 101 中学的高才生，在晋南插队，非常有才华。插队期间他居然开始写剧本，他的第一个剧本是《青鱼洞》，回北京时还读给大家听，让我们提意见。之后他们夫妻俩成为我们国家著名的作家，雪珂还写了电影剧本《女人的力量》。尽管他们从未进过大学校门，但文学水平真是了得，几十年从来没间断写作，他们出的书我想应该有几十本了，真是有才华。

我们到农村一个多月后的1968年12月22日，电台传来毛主席的最新指示："知识青年到农村去，接受贫下中农的再教育，很有必要……"我们当时非常兴奋，因为我们确实先迈出了这一步，说明有远见卓识呀！之后的几年中全国有2000多万知青上山下乡，有到黑龙江生产建设兵团、云南生产建设兵团的，有去内蒙古、山西、陕西等地插队的，这是特殊的历史时期为我们这一代老三届的学生提供的特殊的道路。现在想起来最遗憾的是那些老高三的学生，仅仅差一个月的时间就可以走进高校大门，会拥有完全不一样的未来，可那个年代谁能左右自己的前途呢。走在这条道路上的知青和之后的蹉跎岁月是那个年代的见证，是一代知青的奋斗足迹，我们用自己的勤劳和智慧谱写了那段历史的特殊篇章，更多的人生领悟锤炼了那一代人的意志品质，"知青"二字的内涵已无法从字面上去诠释。

我记得当年我们通过其他知青朋友传抄郭路生（1968年到山西插队的北京知青，中国著名诗人）的代表作《相信未来》。这首诗作我们都非常熟悉也非常喜欢，反映了那个时代知青的真实思想和生活，读起来朗朗上口，大家几乎还能背诵下来，至今我还保存着50年前的手抄版：

相信未来

当蜘蛛网无情地查封了我的炉台
当灰烬的余烟叹息着贫困的悲哀
我依然固执地铺平失望的灰烬
用美丽的雪花写下：相信未来
……
朋友，坚定地相信未来吧
相信不屈不挠的努力
相信战胜死亡的年轻
相信未来、热爱生命

郭路生的这首了不起的诗作，强烈震撼了知青的心灵，他的人格魅力通过诗作得以体现，是那个时代任何人都无法比拟的，他影响了那个年代的无数知青，坚定了我们相信未来的信念，当年的知青几乎都是他的"粉丝"。我们由衷感谢这位素未谋面，却能够与我们心心相印的北京知青朋友。之后我还通过朋友打听郭先生的情况，得知他现在北京郊区，身体状况还可以，才得以安慰。真希望有机会见见这位在知青中德高望重的诗人，再高声朗读一下他的那篇大作——《相信未来》。

评工分

在到季庄村一年后,我们所在的五队开始评工分。当时都是自报公议,我们小队五个知识青年都是女生,队里规定男社员最高评10分,女社员最高只能评8分,个人根据自己劳动情况向大家报一下你认为合理的分值,然后大家去评议,当时称为"自报公议"。最终评的分值是与年终分红挂钩的,所以评议时社员们七嘴八舌既认真又热闹。

我记得特别清楚,我当时报的是7分,因为我身高168厘米,按农村人讲话,那叫身大力不亏,所以社员们一致通过。而对许碧柳就不公平了,她劳动非常卖力,因为她个儿矮又体弱,最后社员们评议只给她评了5分,她虽然不服气可是也没有办法。

我们队的五个知青关系都非常好,家庭背景也差不多,为了不影响团结,最后大家一致同意,不论评多少工分,队里年底分多少钱,大家都AA制,平均分配。第一年我们五个人分到100元,平均每个人分到20元,屈指一算,一个月下来的收入还不到2元钱,这就是当年我们辛辛苦苦劳动一年的收入。

尽管如此,我们也很知足,因为这是第一次用我们的双手辛勤劳动所得的收入,况且农民兄弟们几十年都是在这块土地上生活，任劳任怨的。但农民兄弟对我们平均分配很不理解，说应该多劳多得，你们怎么能平均分配呢？现在想起来，当时我们的思想境界确实不低。

当年村里主要种植产量高的玉米和高粱，很少种小麦，因为小麦产量很低，我们五个人第一年只分到了13斤小麦，小麦磨成面粉也就不到10斤。所以平时吃的更多的是红高粱面和玉米面，特别是高粱面，不论怎么做都不好吃。家里人怕我们吃不饱，挨饿受罪，所以每年回北京都会给我们带一些全国粮票，有时候馋了就到村里的供销社去买饼子吃。饼子都是白面和玉米面掺合在一起做的，一个大概二两。那年代也没有油水，一般情况下我们每个人都能吃四到五个饼子，也就是一斤左右。一个女孩子家一顿能吃一斤，现在想起来都觉得可怕。那时候年轻，能吃能睡也能干活，所以尽管在农村，伙食肯定不如北京，但每个人都比在北京时胖得多，记得我体重最重的时候有将近140斤呢，回到北京，家里人看到我们个个红光满面，身体好，也就放心了。

知青灶

到季庄插队，大家最头疼的事情就是做饭，因为我们知青在北京很少有谁会做饭，更别说要把饭做得好吃了。我们五队的五个知识青年，曾做过分工，收工后有的烧火，有的拉风箱，有的去担水，有的做主食，有的做副食，一个个忙得不亦乐乎，但总觉得这样长期下去不是回事儿。于是我们北京女四中和其他学校的几个知青，经过协商决定：为了让每一个知青都能得到锻炼，掌握最基本的做饭本领，同时又可以集中时间看书学习，将季庄大队的四队、五队、七队的13个知青合为一个灶，集中在四队做饭，餐具集中使用。每个知青集中做饭一周，大家轮流掌勺。这样一来，谁的厨艺高，谁做的饭好吃就自然有了比较，大家也能相互学习、互相切磋，提高厨艺。

四队知青关某是工人家庭出身，在北京家中做饭、炒菜都没有问题。在知青灶中，她的做饭技术名列前茅，大家都喜欢吃她做的饭，粗粮细做，炒的菜还真有点馆子的味道。可有的知青就差点儿意思了。我记得有一天收工回来吃晚饭时，打开锅盖，大家发现小米稀饭居然成了清水煮谷子。一问方知，这位老兄认为谷子煮的时间长了，谷皮自然就会脱落，弄得大家哭笑不得。还有一天，另外一个知青蒸窝头的时间不够，大家掰开一看，中间都是生的，根本不能吃，没办法，只能重新加工。尽管如此，我们每个人都没有怨言。因为从北京到农村，生活反差太大，我们年龄又小，出现点儿意想不到的问题也很正常。

为了不浪费剩菜、剩饭，大家决定和社员一样也试着养头猪，幻想着有一天，我们喂的那头猪也长得膘肥体壮、肥头大耳，我们将会心花怒放。有这个想法后不久，我们便付诸行动了，在村里真买了一头小猪仔，这头黑黝黝的小猪还真可爱，大家都精心喂养，看着它一天天长大，足有二十多斤重，真让人高兴。谁料好景不长，这头黑猪说什么也不长了，不论喂什么好吃的就是停止不前，太不给面子，真急人。这时，不知谁出了个主意，咱们别再养了，见好就收，干脆把猪杀了吧，大家经过讨论一致同意。可杀猪这活儿不像杀鸡那么简单。当时村里有专门负责杀猪的"专业户"，但那可是要收取费用的，而且猪身上的下水还要送给那位杀猪的，这算是当地的行规吧。大家一合计，我们养的这头猪不大，求人去杀太不值，还是自己动手吧，有什么了不起的，事先我们也做了功课。于是先向社员借来了一把杀猪刀，四队的一个知青懂点儿医学，知道杀猪时从哪里下刀子，她就成了"掌刀人"。

杀猪的那天气氛好紧张，第一件事是要先抓住那头猪，那头小黑猪好像有预感，知道自己的末日即将来临，像疯了似的拼命跑，终于撞开了猪圈栅栏的门，跑到了院子里，我们马上锁好院门，开始了抓猪的紧张战斗。这头猪身材小、跑得挺快，行动灵活多变，七八个知青像老鹰抓小鸡一样，上气不接下气追着它跑。可能是猪跑累了，动作明显地慢下来，最终落入了我们的"法网"。我们按事先向社员请教的杀猪程序，将这头小黑猪的肚皮朝天，放在吃饭的长方桌子上，七八个人十几只手分别按住猪的各个部位,尽管它使劲地尖叫。我们那位知青右手握着准备好的杀猪刀,用左手量了一下下刀的部位,猛地朝着猪的喉咙处就是一刀。

在确定已经没有呼吸后,我们按照不久前学来的杀猪程序用开水烫、吹气、刮毛、开膛……用了大约两个小时终于完成了全过程。当天晚上,知青灶的饭桌上,多了一道盼望已久的菜——红烧肉,大家眉飞色舞,吃得好香,比北京大馆子里的厨师做得香多了。我们连续吃了好几天红烧肉,至今想起来还美滋滋的。从此,北京娃娃杀猪的故事便成了那一阵子社员们茶余饭后议论的话题,我们的知青灶从此也就出了名。

贫协小组长——老韩头

到季庄插队没几天，我们便与社员一样每天下地干活儿，早出晚归，人人争先恐后，很快便到了第二年的六月麦收的季节。那天一大早儿，太阳还没出山，我们便背着水壶，揣着玉米面儿窝头，开始了麦收的战斗。在北京我们也参加过三夏劳动，但与挣工分当农民的感觉完全是两码事儿。

社员们说我身大力不亏，按二等劳力给我记工分，我想既然这么看得起我，我干活儿时就要像二等劳力的样子，绝不能落后。当时我与女社员割麦子的速度差太多，尽管汗流浃背但还是追不上人家。由于性子急，割麦子的动作又不够规范，镰刀好像突然不听我的指挥了，猛地朝自己的左小腿处砍去，瞬间鲜血就流了出来，一阵钻心的疼痛，使我不由自主地大叫起来。周围的知青和社员都围拢过来。在不知所措之时，五队的贫协小组长韩海楼说：毅伟，我来试着帮你止血吧！我想，在庄稼地里连个药箱都没有，能有什么办法止血，真是有点半信半疑，可在当时的情况下没有选择，只能听他的。只见老韩头从衣服口袋里拿出几张卷烟纸（当时农民买不起香烟，只能将报纸撕成大约十厘米长、五厘米宽的小纸片儿，把当地种的小

贫协小组长——老韩头

兰花晒干了碾碎卷烟抽)用火柴点着后,迅速吹灭放在手掌中,然后将燃烧的纸灰准确地拍到我左腿的伤口处,停留了大约十几秒后,血居然被止住了。随后他用自己的镰刀毫不犹豫地将裤腿割了一个小口子,用手使劲一拉,随着"噌"的一声,一条约两寸宽的蓝色土布从裤腿上扯了下来,代替纱布包在我左小腿的伤口处,动作从容、娴熟。

不知是那燃烧后的纸灰起的作用,还是我被这位贫协小组长的一举一动震惊了,伤口还真的不太疼了,没想到这农村的土办法这么管用。这一切来得是那么迅速、那么果断、那么从容,真不可思议,全过程老韩同志居然没有一丝犹豫,短短几分钟,却引发我许多思考。那个年代,辛辛苦苦干一年下来,不过分上几十元钱,农民的布票也不多,大多数农民是靠种棉花,之后纺线织粗布做衣裳。一个农民又能有几条裤子呢,他可以不在乎自己裤子的残缺,而去帮助一个从北京来插队的知青,这是什么精神?朴实而伟大,必须多点几个赞!伤疤留给我的记忆是永久的,一个普通农民助人为乐的高尚品质,也一直在潜移默化地影响着我。

记得几天后的一天,我吃了晚饭在村里溜达,路过我们五队的牛圈时,好像听见有人在里面说话,我下意识地往牛圈里看了看,没想到是饲养员贫协小组长老韩头。他一个人坐在一头老牛的旁边,用两只手不停地抚摸着那头老牛的脸,一边用颤抖的声音与老牛说话:"你呀,都辛苦一辈子啦!明天就不用受苦啦!"不用受苦啦!老韩头不停地重复着这句话。我轻轻地走到老韩身边也蹲了下来,问道:"老韩,你是在与牛说话吗?它哪能听得懂你在说什么呢?"我还略带嘲讽地说:"您这不是在对牛弹琴嘛!"老韩一看是我,有点生气地解释说:"你这是咋说话呢?什叫对牛弹琴?这头牛可机灵,什都懂呢!我说的话它都听得懂。"我马上又问:"是真的吗?"老韩说:"这头牛小时候是我接生的,也一直是我喂养,长大了,下地干活儿也是我牵着的,我知道它的性格秉性,它跟了我一辈子,我们俩可算是老朋友,现在可不抵事,老喽!什也干不动了。"这时老韩头看了看我说:"我这老朋友明天就不用再受苦了,队里决定要杀它啦,我舍不得又能咋办呢?"老韩头说着说着开始不停地抽泣,还不时用手抹着眼泪,断断续续地说:"我今天和这老朋友告诉告诉,心里舒服多了。你看这头老牛也流眼泪了,说明它听懂了我说的话,是吧!"

当时牛圈点着煤油灯,确实有点儿黑,我非常好奇,想马上证实老韩头说的是真还是假,便下意识走近了仔细一看,这头老牛的面颊上还真是有泪水呢,我惊讶得差点儿喊出声来!我真不知说什么好,自言自语道,这牛也通人性,也会伤心吗?看到这感人的场面,我也不由自主地流了眼泪,用颤抖的声音问老韩头:"这牛老了不能干活儿,为什么就非要杀了它呢?多可怜!你能舍得?太不人道,这叫卸磨杀驴啊!"老韩头看看我无奈地说:"你想啊,这牛不能干活儿还要喂养呢吧,队里哪能养活只吃饭不干活儿的牲口。杀了它,让社员们吃上牛肉大伙儿也都高兴,是吧!"

我想这也是无奈吧!那天晚上,我没有一点儿困意,在床上翻来覆去地怎么也睡不着,老韩头与我说的那番话,那头干了一辈子活儿的老牛的眼泪,就像电影中的画面,一直在我眼前晃悠。几十年过去了,那天晚上季庄五队牛圈里的场景一直在我脑海中挥之不去。

一个普普通通的农民,一个普普通通的饲养员,一个普普通通的农村贫协小组长——老韩头,他没有念过几年书,在季庄村当了一辈子农民,与庄稼地和牲畜打了一辈子交道,除了定襄县城几乎哪儿都没去过。但他的思想境界却如此之高,为人处世如此朴实,他人有困难时可以毫不犹豫地去帮助。一头干了一辈子活儿的老牛即将要离开这个世界之时,他居然会去与它耐心地说话、聊天、交流,安慰它,抚摸它。这人性化的体贴入微的关怀也许会让这头老牛真的能理解老韩头的无奈吧!相信它也许不会责怪伴随它一生的老韩头。

几十年过去了,那天晚上牛圈的场景让我想起来心里就酸酸的,让我明白了许多在城里长大的孩子永远无法理解的处世哲学。如果中国农村那些干了一辈子活儿的牲畜都会碰上老韩头这样的饲养员,即使无奈地要离开这个世界,它们也不会责怪什么。一滴水可以见太阳,我想老韩头应该是那个年代中国普通农民的典型代表,是我们身边的榜样,也是我们时代的缩影。我们的祖国建设不论发展到哪个阶段,农村的面貌不论发生多么大的变化,我们的社会永远需要老韩头这样的人。

田大爷和田大娘

我们所在的季庄五队,有一对口碑非常好的老两口——田大爷、田大娘。当年他们也只有五十出头,膝下无子女,却又非常喜欢孩子。于是我们五队剩下的三个知青(有两个知青已分配)雪珂、许碧柳和我与田大爷、田大娘一合计便搬进了他们的家,成了真正的同吃(一个锅里吃饭)、同住(一条炕上睡觉)、同劳动(一块儿下地干活儿)。日久天长,按年龄大小,雪珂就成了他们的大妮子,我是二妮子,许碧柳最小,就成了三妮子。平时生活中,这老两口就以大妮子、二妮子、三妮子称呼着我们,我们也痛快地回答:来喽!来喽!真像一家人似的,其乐融融。

田大爷虽然是个地道的农民,平时穿的都是粗布衣,可总是干干净净、整整齐齐的。他高鼻梁,眼睛不太大却炯炯有神,五官很搭,看着就舒服。田大爷是村里有名的瓜农,几十年的经验,使他掌握了一手种瓜的好手艺,到了七八月西瓜成熟的季节,田大爷在瓜地边一站,用眼一瞄,就知道哪一垄地的哪个瓜成熟了,可以马上摘,哪个瓜还差个两三天,哪个瓜皮厚些,哪个瓜又沙又甜,真是绝了!有一天快收工时田大爷说:"你去把第三垄第五个瓜摘了吧!"我当时看了看田大爷说的那个瓜,有点迟疑地问:"能行吗?"田大爷信心满满地说:"没问题,快去摘哇!"我马上问:"那队长不说吗?"田大爷说:"放心吧!队长同意的。"我想了想也许田大爷有那么一点儿特权吧!那天晚饭后,我们一家五口,一边聊天一边吃着田大爷亲手培育的大西瓜,那感觉真痛快。我奉命摘的那个西瓜皮薄、红沙瓤、黑子,特别的甜,我们狼吞虎咽地吃了好几块,直到实在吃不下了才作罢。回北京后几十年了,我再也没吃过那么好吃可口的西瓜,更没有吃过刚刚从地里摘下的大西瓜。

田大爷干活儿用的工具总是擦得干干净净,从不带一点儿泥土。一次队长让田大爷带我们去棉花地间苗、锄草,看着田大爷给棉花苗锄草的动作,真是一种享受。只见他左一下、右一下、前一下、后一下,棉花苗周围一根草都没有了,苗与苗之间的距离就像用尺子度量过一样宽,同时棉花苗周围的土又被松过了,那么精准、利落,又那么有节奏,从远处看那整齐的棉花苗儿,就像一幅绿油油的水彩画。我们这些眼高手低的京娃娃,只有虚心学习的份儿。虽然认真学习了一段时间,但掌握的还只是皮毛,与干了一辈子庄稼活儿的田大爷的距离看来不是短时间能拉近的。田大爷是真正的民间高手,我们佩服得五体投地。

田大爷的老伴儿田大娘在村里可是个有名的利落人,平时她总穿着一件干干净净、平平整整的传统大襟式的衣服,梳着中国传统女性带后纂儿的头发,她的头发不太多,每次梳头还要蘸上点儿头油,所以头发总是紧贴着头皮亮亮的、光溜溜的。我当年下乡时才17岁,头发特别好,梳着长辫子,又黑又粗,社员们说:"毅伟真喜人,留着长辫子,从后面看,走起路来可好看呢!"我听了心里美滋滋的。后来我感觉头发太长,干活儿不方便,就一狠心把辫子剪了。有一天田大娘有点儿不好意思地对我说"毅伟，我和你商量个事情好不？""您客气什么，说吧。""你舍得把你那剪下的头发给我不？我头发少，这样可以做成发纂。"我当时看着田大娘期待的目光，没犹豫就满口答应了，毕竟能为她办点实事儿，我也高兴嘛！当时田大娘兴奋得像个孩子。人与人之间总是需要相互帮助的。

田大娘的眉毛细长，似乎经过修饰，非常有型而漂亮，高鼻梁，一双炯炯有神的单眼皮小眼睛，她的皮肤很白很细，每天出门前，总是要对着镜子梳洗打扮几分钟，她在我们村就算比较漂亮的女人了。田大娘说话干事从不拖拉，手脚利落，说话快言快语。屋子里总是收拾得干干净净的，房间里的躺柜上一尘不染，被子每天都叠得整整齐齐，连做饭经常用的酱油瓶、醋瓶都擦得一点儿尘土都没有。院子里虽然也喂了一头猪，可猪圈没有什么怪味儿，她是个典型的农村精干妇女。这老两口还养了一只花猫，黑白相间，胖乎乎挺漂亮，大得像只小狗。

在院子里有棵二十多年的老枣树枝繁叶茂，夏天我们经常坐个小板凳，拿着蒲扇在枣树下乘凉聊天。我们经常给田大爷和田大娘讲北京的故事，有时候他们问的问题还挺有意思的。有一天田大娘问我们："你们说在北京住的楼房，那做饭的柴火咋放呢？"我们说："住楼房得用煤气做饭，用火柴一点就有火了，又干净又快，不用柴火。"那老两口你看我，我看你，一头雾水，还是听不明白。田大娘马上又说："你们说的什么，我们也听不懂，那煤气是从哪买的？可贵了吧！咱们这儿能用不？"我解释说："虽然现在没有，但早晚能用上。""你们北京人生活好着呢！我们这辈子就是与土坷垃打交道，没办法就认命喽！"田大娘有点无奈地说。

还记得有一天，我们正坐在炕上吃午饭，田大娘家的那只猫好像通人性似的，没有任何指令，便飞快地爬到枣树上，在我们还没弄清怎么回事时,又飞快地跑了回来,将嘴里含着的一颗大红枣放在了田大娘面前。随后又重复刚才的动作,将另一颗枣放在田大爷面前。真是神奇,我们简直都看呆了,不知这二老是怎么训练的。在当今年代,以这水平这只猫就可以在北京参加动物才艺表演了。

田大爷家那棵枣树可大了,每年到了10月收获的季节,我们用竹竿帮助老两口打枣,满地都是红得发紫的大枣,又甜又脆,有点像北京超市卖的冬枣。之后我们将枣放到房上晒干,冬天回北京时,二老总要给我们带点儿回去,说一定要给我们北京的亲人们尝尝。

平时我们和田大爷一块儿下地干活儿,田大娘在家为我们做饭,为了让我们吃得满意,她绞尽脑汁换着花样粗粮细作,压饸饹、刀削面、手擀面、莜面窝窝、豆散散、蒸饺子,五花八门,那可比我们在知青灶吃的好多了,干了一天活儿能吃上一顿可口的饭菜,是一种享受,那时我们真有在家的感觉。冬天田大娘总是把炕烧得热乎乎的,钻到被窝里那叫一个舒服,很快就消除了一天的疲劳,一会儿就进入了梦乡。

转眼间我们离开季庄村已有五十多年了,之后雪珂还专程从北京回村里看过田大爷和田大娘,给老两口送去了慰问金,为他们带去北京的特产。80年代初他们相继去世了,那个年代发生的事情都成了故事。回想起与这老两口在一起的那段日子,虽说时间不太长,但真的感觉很快乐。他们勤劳、朴实、热情、忠厚、与人为善的优秀品质,都给我留下了很深的印象,他们是那个年代中国农民的典型代表。

一盆洗脸水

1971年10月，定襄县妇联会要从北京知识青年中选拔两名干部，非常幸运，我就是其中一个。另一位正巧也是北京女四中的学生，年龄跟我差不多。我们的长辈曾做过妇女工作，如今我们又当了妇女干部，这也许是个巧合。

当时县里干部要经常下乡，县委规定，县里的干部一年至少要下乡100天，公社干部要下乡200天。为了有意识、有目的地锻炼自己，我主动报名来到了位于定襄县西北部严重缺水的白村公社白村大队下乡蹲点。那是1972年的春季，我骑着自行车驮着行李，一路上看着周边干裂的土地、没精打采的庄稼，就连路边的小草都垂头丧气的，心里很不是滋味。心想，同一个县的平川和山区怎么差距这么大呢？

那天白村大队书记将我安排在距离大队部不太远的一位70岁的老太太家住下。走进院子看到老人家有一排北房，窗前放着几盆叫不上名的花儿，长得挺漂亮的，院子里干干净净。大娘非常热情地与我聊天："听说你是北京人，那可是从大地方来的，我知道北京人都爱干净，你一路上辛苦了！先洗洗脸吧！"说着端来一个老式用作剃头的那种周边大中间堂小的铜脸盆，放在一个木凳上。大娘还真是心细，盆里的水是温的，可我将

一盆洗脸水

毛巾放进去后，几乎看不到水了。我当时心里有些纳闷儿，这位老大娘也太抠门儿了，连洗脸水都舍不得给，可初来乍到的也不好意思说什么，便擦了把脸准备将剩下不多的洗脸水倒到院子里，也好有点湿润的感觉。没想到房东大娘立即制止了我的举动："姑娘把盆给我吧，这水晾凉了还能浇盆花呢，倒了多可惜。"瞬间我心里咯噔一下，好一阵尴尬。大娘接着说："姑娘你是不知道，咱们这地方十年九旱，缺水缺得实在厉害呢，村里的机井可深了，水桶放下去半天才能听到水桶到底的声音，摇了半天辘轳，只能打上来半桶水，还是浑浑儿的，要放放那水才能做饭呢。"大娘看出我的不解，又解释了一番。从那以后，我每天的洗脸水都会用来浇花或院子里的向日葵。

我在季庄村插队三年，自以为受了不少苦，可真没想到同一个县还有更苦的地方。看着房东大娘那满脸的皱纹、满头的白发和那双只乞求能痛痛快快用上水的目光，我无言以对。在定襄县委工作的三年中，我走了许多个村落，可以让我回忆的事情很多，但白村那盆洗脸水的故事，会成为我永久的记忆。

四十多年后，定襄县领导介绍，白村已成为山西省比较大的温泉度假村，周边省市每年都会有不少游人来这儿度假泡温泉，这一消息让我震惊、兴奋。几年前，曾一同在受禄公社工作的朋友梁俊兰和魏润莲还专程带我去白村的一个度假村转了转。真是时过境迁，我怎么也想不到，这么缺水的地方竟会发现温泉呢！而且度假村的设施和装修可与大城市的度假村相媲美。想必当年那位给我倒洗脸水的房东老大娘已不在世了，她没能享受到痛痛快快用水的欢乐，这也许成了她一生的遗憾吧。

再回定襄

我在定襄县插队三年，工作了八年，接受了贫下中农的再教育，也为定襄县的建设发展出过力、流过汗，可以说我对定襄的那份感情应比一般的知青更多一些。那里至今有我的朋友、同事和领导。1979年我调回北京，在定襄县11年的经历促使我不断地向上奋进。回北京后的40多年，我努力学习、工作，取得了本科学历，成为一名法律课的教师，1994年通过自学考取了律师资格，现在早已成长为从事儿童保护工作的公益律师。

为了报答第二故乡对我的教育培养，我多次回到季庄村，看望当年曾一块儿干活儿的与我们年龄差不多大的老朋友海盛、茂胜、玉成、临安。我们一块儿在海盛家包饺子，吃当年几乎天天都吃的豆散散，边吃边聊天，其乐融融。他们非常关心曾经一块儿干活儿的五队其他四位知青，希望她们有机会也能回村里看看。之后我们曾在一个知青灶上吃饭的几个朋友还专程开车回到了曾接受再教育的季庄村，时任村委会的干部还专门开了一个座谈会。回村之前我们收集了两大包衣服，送给当年一块儿干活儿的伙伴们，看到他们的生活条件确实有了很大变化，几乎每家都盖了新房子，有电视，每个人都有了手机，穿着打扮也还时尚，我们的心情好多了。

我到村里还看望了当年一块儿从北京到季庄村插队的好朋友和她的爱人，这个心情是不一样的，因为我的朋友是在当年插队时与当地农民相知、相识、相恋之后走到一起的。之后他们有了工作，退休后又回到村里照顾老人，老人在世时他们将家里的老宅子进行了修整，经过策划和精打细算的装修，花钱不多却装修得像北京的四合院，东西南北都有房，高高的院墙，大门前还有老式的影背墙。我看到北房前还有一排廊子，是玻璃的，采光好又透亮，廊子很宽敞，摆放着很多盆花卉，冬天不冷，夏天不热，真叫一个舒服。房间足有三米多高，每个房间都有空调，院子是用大理石的下脚料铺成的，太漂亮了！他们十多年前就安装了热水器、整体橱柜，还有抽水马桶。这处房子在北京少说也值上千万吧！我朋友家里还养了一条漂亮的、儿子专门从北京带来的白色军犬，起名叫"白熊"。每天我那老朋友会牵着"白熊"在田间散步，农村空气好，没有污染，那叫一个惬意。知道我要来，我朋友的爱人就提前到县里采购，为招待我，鸡鸭鱼肉的做了一桌子像模像样的饭菜，比城里餐馆做得还好吃。我的老朋友才是真真正正地在农村安家落户。看到他们恩恩爱爱、亲密无间、生活幸福，一双儿女都已大学毕业，在北京有非常满意的工作，每年春节都会从北京带上丰盛的年货，专程开车来季庄村看望二老，我由衷地为他们高兴。

季庄村虽说变化不小，但遗憾的是村里人均年收入还只有几千元，不算高，要达到小康水平看来还需要几年的努力。我多次为定襄县那些特殊群体的孩子送去全国律师协会未成年人保护专业委员会设立的"小额爱心"项目的捐助款。当年曾是我的领导，之后任山西省忻州市人大常委会主任的范怀成多次参加捐助活动，对我为第二故乡的困境儿童献爱心举措给予了充分的肯定。定襄县的领导百忙中也参加了捐助活动，定襄法院的潘院长亲力亲为，每次活动之后都与我一同前往家庭生活困难的孩子家里去看望、慰问，为他们送去温暖。当我前往困境家庭看望这些孩子时，我又一次被震撼到了。几十年过去了，有的家庭还只有几间多年没有维修的旧房子，房间里黑乎乎的，没有一件像样的家具，家用电器居然只是一个几瓦的日光灯。2020年全国的脱贫攻坚战，将是一场硬仗，习主席说一个都不能少，希望乘此东风，这些特殊群体家庭的孩子能够尽快脱贫，开始新的生活。

我在山西省定襄县季庄公社季庄大队共插队三年，之后幸运地被选拔到定襄县妇联工作，当年的妇联主任叫张月香，之后是我的入党介绍人。1973年5月4日，我光荣地加入了中国共产党，当时只有21周岁，应该是知青队伍中入党比较早的。1974年，县委号召县里的干部要充实基层工作，我便主动报名，被分配去了定襄县的受禄公社工作，几个月后担任公社的妇联主任。那时候比较注重培养知青干部，可能是我表现还不错，到公社工作不到一年，定襄县委任命我为受禄公社党委副书记，当年我还不到25周岁，北京知识青年当中，我是唯一在公社一级担任过党委副书记的。我在受禄公社的工作虽说只有三年多，却与公社的干部结下了深厚的友谊。当年公社党委书记郝世恒、主任智俊明、副主任智天喜在工作上对我认真指导，生活上关怀备至。俊兰、润莲、建民、润祥、桃桃和曾一起做妇女工作的秀林就像兄弟姐妹一样对我嘘寒问暖。几十年过去了，当年那几位老领导有的已离世。在我人生的起步阶段，是他们给我以力量，我会永远怀念他们。前几年俊兰和润莲还专程陪我去曾经工作过的受禄转了转，我们还去当年曾工作过的受禄公社旧址看了看，那些老房子已经破落不堪，院子里也堆满了杂物。当看到我当年住过的那间房屋时，还真是感触良多，回味无穷。

之后我只要回定襄，那些曾在受禄一同工作的同事都会专程来看望我，都会热情地接待我，大家就像兄弟姐妹一样有说不完的话。看到他们经过自己的努力，在定襄县不同的岗位上有所作为，有了自己的事业和美满的家庭，我真为他们高兴。

1977年，由于县百货公司有很多女知青当售货员，组织部门考虑我对知青比较了解，为了便于领导，县委又调动我去定襄县百货公司工作，任命我为副主任。1979年3月我以干部身份调回了北京，那一年我28岁，在定襄县插队工作了共11个年头，那是我青春年华最美好的时光。

有人说我们知青是青春无悔，客观地说，我们那一代人是青春无奈，因为那个特殊的年代我们不能选择自己的未来，虽然有远大的理想，但靠自己的努力是无法实现的。我的一个好朋友，原北京二中老高三的高才生张国璧，他在受禄公社巩作大队插队，1977年恢复高考时，他的数学成绩居然考了99分，是当年全忻州地区第一名，按理说上大学应是板上钉钉的事。谁能想到，之后因家庭有海外关系，政审不合格未被录取。我在北京第四女子中学读书，这所学校是当时朝阳区最好的学校，相当于现在的北京市重点中学。如果没有"文化大革命"，相信我们班的大多数同学是可以考上大学的，也会有完全不同的人生。然而现实生活是残酷无情的。如果说是那个时代亏欠我们的，我们每个人都会觉得委屈，可与那些在"文革"当中受到迫害，甚至家破人亡的人相比，我们还是幸运的。有一种观点，往前看比我们强的千千万，往后看不如我们的万万千，也许这是"阿Q精神"、自我安慰，可我们必须面对现实的一切，而且必须要勇敢地面对，也许这就是人生。

凡事都要一分为二，对于中国特殊历史阶段的上山下乡运动，社会上有很多不同的观点，虽说"文革"影响了一代人，本应是读书学习的年龄，几千万中学生却去"接受贫下中农再教育"。但客观地分析，像我们这些城里长大的孩子，那些年在艰苦的环境中与中国最底层的农民摸爬滚打、朝夕相处，了解了他们的喜怒哀乐，体验了他们的真实生活，同时我们也确实得到了锻炼，学到了书本上学不到的知识。之后有那么多的知青克服困难努力学习，成为各行各业的佼佼者，为祖国建设贡献力量。也有不少出国留学的知青学成后回来报效祖国。我想这与他们在艰苦环境得到过锻炼，有明确的人生目标、远见卓识和执着的追求有关吧！

　　有人说生活是一场漫长的旅行，我们的人生就像大海里的船舶，总会遭受风险。没有风平浪静的海洋，也没有不受伤的船只。

公益之路

新的起点

1979年回到北京之后，我被分配到一所中学做共青团工作，作为当年只有初中文化程度的知青，没有文凭怎么能胜任工作呢？当时我的女儿刚刚一岁三个月，我一咬牙一跺脚，就把她送进了一所全托的托儿所，那时一周只休息一天，所以孩子一周才能回家一次。功夫不负有心人，经过努力我参加了自学高考，先后取得了北京教育学院中文大专和教育管理本科毕业证书。之后我参加了第一期中华全国律师函授中心的入学考试，经过三年的努力取得了法律大专文凭，1987年成为一名法律工作者。我曾参加了两次全国律师资格考试都没有通过，常言道："事不过三"。经过努力，1994年我第三次参加全国律师资格考试，1995年拿到了律师资格证书。

为了全面提高教师的法律意识和法律素质，1996年我们开始尝试开设面向教师继续教育的法制教育课程，并与朝阳区人民法院少年法庭合作，每学期组织参加继续教育的教师到朝阳法院旁听与未成年人成长相关的案件，我们称之为"体验式教学"。少年法庭的法官像学校老师备课一样，选择有针对性的典型案件。由于参加旁听的教师多，所以朝阳法院每次都安排在法院的大法庭组织旁听活动。每次旁听活动开始的时候，我都会讲清楚组织这次活动的目的和意义，让老师们带着问题去旁听而且可以做记录。不论民事案子还是刑事案子，一般很少做到当庭宣判，而我们组织旁听的案件都是当庭宣判，这样就增强了旁听的观赏性和吸引力，同时也避免了法律条文的枯燥。宣判之后老师们可以就这个案子提任何问题，审判长会耐心地解答。

有一次我组织老师们旁听一起诈骗案，在休庭等待宣判时，一位中学校长走到我身边悄悄地对我说："王老师你可能不知道，这次审判的诈骗犯可是我们的学生，你说发生了这么大的事儿，我这当校长的怎么就不知道呢？"之后我了解到，当一个学校出现学生因为某种原因犯了罪后，有的学校负责德育和教务工作的老师就会让这个学生马上转学，目的是保证学校零犯罪，否则会影响学校的声誉和年终考核。我不知道这个做法是不是带有普遍性，但应该引起教育部门的重视。

我们那天旁听的案件中，这个小被告人是职高的女孩子，她和另外两个男孩子共同参与了一起网络诈骗。在案件审判结束后，审判长问这个女孩子还有什么要说的，我记得这个女孩子发自内心地说了以下这段话，她说："我在看守所的时候，最愿意看的就是天上飞的小鸟，我认为它们比我快乐，比我活得自在，当一个人失去自由的时候，才会意识到自由的可贵和它的价值。我知道自己犯了罪，我对不起爸爸妈妈，对不起老师，我一定痛改前非，接受教训，重新做人，请法官给我一次机会吧！"说着说着就哭了起来。看着这个只有16岁，穿着一身牛仔衣裤，梳着短发，长得清秀，皮肤白白的女孩，我很难想象她与这起精心设计的诈骗案有关。由于这个女孩子是初犯，又是从犯，没有前科劣迹，认罪态度非常好，最后审判长当庭宣判缓刑。很多老师说，要在班会上将这些真实案例讲给同学们听，让同学们汲取教训。这是活生生的就发生在我们身边的真实案例，讲起来生动可信。

来参加旁听的老师都是第一次走进法庭，他们对法律的敬仰和对法官的崇拜油然而生。老师们普遍认为法庭是法制教育的好课堂，这种体验式教学，使教师们对未成年人犯罪感触更深。当被告席上站着自己的学生时，任何老师都会动容，从而会反思在教育上的失误，这种感觉是活生生的，是现实的，是真切的。老师们会意识到未成年人犯罪确实离自己不远。北京教育学院朝阳分院之后给朝阳法院送了一面锦旗，上面写着"法制教育好课堂"，我想这是建立跨部门合作最好的见证。

北京教育学院朝阳分院及后来成立的北京律师协会未成年人保护法律专业委员会与朝阳法院少年法庭合作了共23年，组织了44场旁听活动，之后参加旁听的人员扩展到公益律师和北京青年政治学院的在校生和职业高中的学生。朝阳法院主管副院长在一次旁听后与我交谈时说："王老师，如何预防和减少未成年人违法犯罪才是最重要的，你们这个课才是预防未成年人犯罪的第一课堂，我们法院审判的少年犯越少越好，没有才好呢！"据朝阳区人民法院少年法庭统计，2017年朝阳区普教系统在校生犯罪已为零。一项好的法制教育活动贵在坚持，我相信坚持数年必有好处。

意外的收获

佟丽华主任与"小额爱心"项目资金捐助人黄倩仪律师

2002年3月,我和北京的费宁律师代理了一起最高人民法院提起再审的案件。这个案件历时四年,开庭若干次,合议庭成员更换过几次,最终由时任最高人民法院副院长的苏泽林担任审判长,最高人民法院审监庭的正、副庭长担任审判员,由

意外的收获

五位法官组成合议庭，这个阵势足以说明最高人民法院对这个案子的重视程度。2006年4月，苏泽林副院长在最高人民法院庄严的法庭上，用了26分钟宣读判决书，并重重地敲响法槌，明确表示要将此案办成一个"铁案"。这个案件按照二审的终审判决，算下来我的当事人要给付再审被申请人4000多万元，而按此次判决计算，再审被申请人反而要给付我的当事人278万元违约金。

有一位律师朋友告诉我，作为律师能有机会代理最高人民法院提起再审的案件，而且最终彻底翻案，那才叫牛呢！这个经历可不是谁都能遇上的。拿着这份沉甸甸的判决书，我感触良多。我们国家要建成真正意义上的法治社会，从维权的角度讲，就要从法院的审判工作开始，要让老百姓从具体的案件中去真正感受到法律的公平与正义。这个案子由于再审被申请人注销了在国内的公司而无法得以执行，但最终经过努力，再审申请人拿到了某省高级人民法院颁发的债权凭证书，今后一旦有可供执行的财产，持这份债权凭证就可以申请执行。执行难一直是个难点，我们只能退而求其次吧！尽管此案没有得到有效执行，但有这份债权凭证和最高人民法院的判决书，再审申请人还是非常满意的。

2006年6月，我曾代表全国律师协会未成年人保护专业委员会，参加了在香港召开的防止儿童被虐待的国际会议，我还在大会上发了言。开会期间，此案的再审申请人刘先生知道我来香港开会，请公司的黄律师与我联系，专门请我和一同来开会的张雪梅律师（现任全国律师协会未成年人保护专业委员会副主任）一起小聚。我想此案已审结，当事人请吃顿饭也是人之常情，所以就欣然接受了。餐桌上刘先生问我："王律师，我认为律师就靠打官司挣钱，您怎么还做儿童保护的公益？"我告诉刘先生："中国有三亿多未成年人，这其中还有很多涉及儿童保护的法律问题，这些孩子需要我们这些公益律师来维护他们的合法权益。"刘先生好像第一次听说律师还做儿童保护的公益，也许当时有些感动，于是马上说："王律师，那我一定要帮您。"我说："您打算怎么帮我呢？"刘先生毫不犹豫地说："我给您捐钱，这样您就可以帮助更多的孩子。"我听到刘先生说的这番话，一是感到有点突然，二是也不知道是否能兑现，便说："那我代表内地需要受助的儿童，对您的无私帮助表示感谢！"

回到北京几天后，刘先生的秘书马上给我来电话急切地说"王律师，刘先生要为你们捐助，你们要尽快写一份报告，说明捐助款的用途。"我此时突然意识到饭桌上的承诺是要兑现了。面对这么大的事情，我马上向全国律师协会未成年人保护专业委员会主任佟丽华汇报，佟律师马上又联系全国律师协会的领导。当时担任全国律协秘书长的邓甲明和副秘书长里红及中国法律援助基金会的秘书长陈益未接待了我们，在详细了解了这件事情的前因后果后，邓秘书长问了我一句话："王律你们是不是在饭桌上谈的？"我说："是的。"邓秘书长又问："那天刘先生是不是喝高了？"我马上就明白了他的疑虑，我明确地告诉邓秘书长，刘先生当时一滴酒都没有喝，头脑非常清楚。邓秘书长还是半信半疑地说"作为个人为内地捐助100万元港币，那可不是一笔小数目呦！"全国律师协会对这件事情非常重视，责成全国律师协会未成年人保护专业委员会起草资金使用报告，佟丽华主任亲自参与并主持起草，之后很快我便将报告电邮给了刘先生。没想到刘先生收到我们的报告后，才半个多月就将前期的100万元港币汇入中国法律援助基金会账户上，过了一段时间又汇来50万元港币。有了这150万元港币资金的支持，全国律师协会成立了中华人民共和国成立以来第一个以未成年人为司法保护对象的专项基金,即"中国未成年人法律援助与保护专项基金"。

在这里必须提到一个重要的人物,那就是我的好朋友,香港的黄倩仪律师。黄律师作为当年刘先生公司法务部的律师,参与了最高人民法院提起再审案件的庭前讨论和法院的旁听。我记得2005年黄律师专程从香港来到北京,与我们代理此案的律师一同开会,做开庭前的准备工作。中午大家一块儿吃饭时,海淀区人民法院给我来了一个电话,通知我代理的一个案子开庭的时间。当时黄律师坐在我的旁边,她问我代理的是一个什么样的案子,我告诉她,是一位六岁小女孩儿在幼儿园受到伤害的损害赔偿案件,我作为这个女孩儿的代理人起诉这家幼儿园,为六岁小女孩儿主张权利。没想到黄律师马上说:"王律,您也亲自为孩子们维权参加诉讼吗?"我说:"当然啦!这是我工作的一部分。"黄律师马上说:"王律,那我也要为内地的孩子做点实事儿,我想捐款。"看着黄律师真挚的表情,我简直不知说什么好了,我对这位让我肃然起敬的黄律师说:"您真的想好了吗?"黄律师斩钉截铁地说:"请尽快把账号给我吧。"从那之后,黄律师每年都拿出她的一些积蓄,希望通过我们帮助到困境儿童。为此,我与全国律师协会未成年人保护专业委员会佟丽华主任、张雪梅秘书长和赵辉律师共同商量,用黄律师的捐款专门成立了"新起点·小额爱心"项目。2006年我们与刘先生见面也是黄律师从中牵线搭桥的。从2005年至今已经有15个年头了,黄律师每年都会为"新起点·小额爱心"项目捐款。从2005年的几千元港币到现在每年捐助20万元人民币,从未间断过,屈指算来黄律师已捐款几百万元人民币了。

我们用黄律师捐助的善款,帮助了将近3000个困境儿童和服刑在教人员子女,还帮助了部分在押的少年犯,对吸毒未成年人进行教育改造。时任全国律师协会业务委员会主任朱英多次与我说，希望我们代表全国律师协会去香港律师工会，给黄律师送上一面锦旗或是一个奖杯，让香港律师工会知道黄律师多年来无私为内地困境儿童捐款的事迹并给予表彰，没想到黄律师都婉言谢绝了。她平淡地说："这是我自己要做的事情，没有必要进行宣传。"为了表彰黄律师多年来对内地特殊群体未成年人的突出贡献，全国律师协会决定在2014年召开的未成年人保护专业委员会年会上，由金山秘书长代表全国律师协会向黄情仪律师授予"全国保护未成年人特殊贡献律师"称号。我记得那是一个秋高气爽的下午，在会议现场，当黄律师接过奖牌时，来自全国各个省、自治区、直辖市的未成年人保护专业委员会的委员和基层的代表用最热烈的掌声向黄律师表示衷心祝贺。那天全国人大常委会原副委员长顾秀莲和司法部赵大成副部长也参加了表彰会，这足以说明对黄律师给予内地的特殊群体未成年人贡献的充分肯定。

我记得那次年会，是我到机场接的黄律师。我见到黄律师时说："我们开会的地点比较远，在丰台区，我又多年不开车了，我们就一起乘坐出租车好吧！"没想到黄律师马上说："王律，我们可以乘地铁嘛！既省钱又快还不塞车，多好！"看着黄律师那没有商量的表情，我只能服从。在这些微不足道的细节中，我对黄律师又有了进一步的了解。为了让黄律师了解我们"新起点·小额爱心"基金的使用情况，我邀请她参加了内地的多次捐助活动。我陪同黄律师曾去过内蒙古、山西、安徽、河北、河南、新疆、云南、贵州等地。每次捐助活动她都会面对面地与孩子们进行交流，鼓励这些困境儿童要克服困难、努力学习、增长知识、掌握本领，长大了要孝敬父母、报效祖国。孩子们在面对面地与善款的捐助人黄律师交谈后，进一步增强了克服困难的决心，也感受到了黄律师的大爱。

　　黄律师是一个很低调且生活很简朴，而工作却非常认真的律师。一次我们俩一块儿参加安徽未成年人戒毒所的捐助活动，在路上她问我："王律，你猜我穿的这件毛衣用多少钱买的？"我仔细看了看，又用手认真摸了摸，感觉不像是羊绒，我当时想，即便不是羊绒，黄律师也不会穿太便宜的羊毛衫吧！我说："起码要200多元吧！"黄律师说："不对！"而且明确地告诉我，没有那么贵呦！我说："那也要100多元。"黄律师还说不对，我不敢再往下猜了。黄律师笑哈哈地告诉我，并用手比画一个十字说："王律，十元钱，你没想到吧！"我当时惊得目瞪口呆，马上说："黄律师你是不是捡了一个漏儿啊！"黄律师告诉我，这是她在香港跳蚤市场买的，所以很划算，质量还不错呢！我端详着坐在我旁边的这位在香港有自己的律师楼，做了那么多大案、要案，十几年来默默无闻地帮我们内地特殊群体的孩子们，捐助了几百万元善款，救助了无数儿童的律师，敬佩之心油然而生，可当时我真不知道说什么好了。每次到内地参加捐助活动，她都穿得非常朴素。一件普通休闲外衣，一条牛仔裤，一双运动鞋，提着一个布袋。前往机场去迎接黄律师的各地未成年人保护专业委员会的主任，没有一个人能猜出，站在他们面前的这位就是十几年来为内地特殊群体孩子们捐款几百万元的香港的黄倩仪律师。我记得毛主席曾说过一句话，"一个人做点好事并不难，难的是一辈子做好事，不做坏事"。中国有40多万名律师，每年收入几百万、上千万的律师大有人在。我们是不是也应该向黄律师学习，尽自己所能为我们国家实实在在地做些社会公益呢？

　　2019年9月5日黄律师有事到北京，我去机场接她，见面时我很自然地向她汇报"新起点·小额爱心"项目的进展情况。

她对我说:"王律,你只要干一年,我就捐一年,我认为你们做的事情太有意义啦!我出钱,你做事好吧!"我马上说:"谢谢黄律师!"黄律师非常诚恳地说:"王律,实际上你比我辛苦啦!"我说:"辛苦也是应该的,我要将您捐助的善款用好,这样才对得起您的一片爱心呦!"中国幅员辽阔,人口众多,贫富差距太大,国家级贫困县的困境儿童更多,判决胜诉得不到赔偿,家里又生活困难的未成年人,不计其数。我们用这笔爱心款项帮助这些困境儿童,为他们的家庭送去温暖,让他们感受到社会的关爱,点燃对未来的希望,这确实是一件非常有意义的事情。目前除西藏自治区以外,其他所有的省、自治区、直辖市都开展了"新起点·小额爱心"项目的捐助活动。为此,中央综治办、团中央、中国法学会授予这个项目"未成年人健康成长法治保障"制度创新最佳事例奖和"困境儿童社会爱心资助制度"优秀事例奖。这个奖项也说明权威部门对我们这个项目多年付出的充分肯定。

黄律师还特别关注那些在押少年犯的教育和改造,为此,我们还成立了"助学基金",在考察了少年犯的基本情况和需求之后,与未成年犯管教所的领导共同商量确定一个帮教项目。我们在内蒙古自治区未成年犯管教所、河北省未成年犯管教所、山西省未成年犯管教所、云南省未成年犯管教所举办了厨师培训班、计算机培训班和电工实训班等。我们选择那些没有前科劣迹、能悔过自新、有一些文化知识的少年犯参加这一类的培训班。未成年犯管教所和当地的培训机构密切合作,经过培训和严格的考核向学员们颁发社会认可的等级证书。参加培训的学员们纷纷表示要努力学习,以实际行动感谢黄律师对他们的关爱。有了一技之长,这些特殊群体的孩子出监后就可以找一份相对比较满意的工作。有了一份稳定的工作,不但减少了家

意外的收获

庭负担，关键是可以避免他们第二次犯罪。我们的底线就是经过培训的学员，出监后不能再出现第二次犯罪。从目前的情况看，参加培训的少年犯出监后，确实还没有出现过二次犯罪的情况，这是令黄律师最高兴的，也是让我最欣慰的事情。黄律师也多次前往未成年犯管教所，参加助学项目开班仪式。每次她都会语重心长地告诫这些少年犯：要悔过自新，好好学习，千万不要自暴自弃，自己说到的就一定要做到，我相信你们。她虽然话不多，但字字重千斤，从学员们听黄律师讲话的表情中，我能感受到他们认真的态度，我相信这些特殊群体的孩子们一定会以实际行动报答黄律师对他们的关爱。

最高人民法院提起再审的这个案子，曲曲折折，坎坎坷坷，历经了四年，我作为这个案子的律师确实也努力工作了四年。我记得在一次庭审的质证过程中，再审被申请人提交了一份证据，并当庭宣读。我发现对方在宣读证据时，没有将一句完整的内容读完，我便马上举手提示审判长："现代汉语陈述句的句号，是用于陈述句末尾的标点，句号表示一句话的结束，每句话应该以句号表示这句话的结束，而再审被申请人只读到逗号，我希望我来将这句话读完整。"审判长马上说："可以。"我在将但是之后的文字读完之后，这个证据就非常清楚了，对再审申请人是有利的。那天庭审后，参加旁听的全国人大代表还专门走过来问我："王律师，你连逗号、句号都看得那么清楚，你是学中文的吧？"我说："大专学的是中文。"此案虽说几经波折，但最终的结果，让律师和当事人还是比较满意的。我想更重要的是，因此案我有缘结识了刘先生和黄律师，也因此我们才能成立中华人民共和国成立以来第一个以未成年人司法保护为主题的专项基金，我认为这才是这个案子最大的意外收获，当然这也是中国内地那些特殊群体儿童的福分。

开拓对特殊群体未成年人保护的新途径

2006年8月，中华全国律师协会未成年人保护专业委员会在香港律师黄倩仪和香港爱心人士刘先生的慷慨资助下，根据中国未成年人保护的现状设立了"中国未成年人援助与保护专项基金"。该基金曾设在中国法律援助基金会项下，由全国律师协会未成年人保护专业委员会直接指导，2019年开始由北京中致儿童关爱基金会负责资金的使用。该项基金设立15年以来，在维护两个特殊群体未成年人的合法权益方面发挥了重要的作用，在社会上引起了极大的反响，填补了对特殊群体未成年人保护的空白，开拓了一条对特殊群体未成年人保护的新途径。

笔者所述特殊未成年人群体特指：对于权利受到侵害，在人民法院的诉讼活动中判决胜诉或调解，但因各种原因未得到有效执行，且家庭又相对贫困的未成年人，我们称他们为弱势群体中的弱势。这部分孩子需要全社会给予更多的关爱去抚慰他们受伤的心灵。中国内地未成年人保护的法律制度，尽管有了很大的改善，但执行难仍然是目前面临的一个严峻的法律问题。《中华人民共和国未成年人保护法》中的司法保护，是未成年人保护工作中十分重要的方面，但司法保护的力度不够。当一个未成年人遭受暴力侵害时，法律对侵害者给予了应有的惩

开拓对特殊群体未成年人保护的新途径

处，可能会判处有期徒刑若干年，但对附带民事诉讼判决中的损害赔偿部分，往往因为被告人无履行能力，而成为一纸空文，目前法院下发的司法救助款不能完全弥补判决中未予执行的部分。这些未成年人身体受到了伤害，心灵同时也受到了伤害，他们不能像健全人那样幸福地生活，有的儿童要长年坐在轮椅上，为此有的儿童对生活失去了信心，变得消沉颓废，生活不能自理，给父母带来了无尽的痛苦。法律救助的局限性决定了法官对此只能同情而没有根本解决的办法。

据我们了解，就全国而言，几乎每个不发达地区的基层法院都存在这一现象。为此，全国律师协会未成年人保护专业委员会、北京青少年法律援助与研究中心，用这笔基金设立了"新起点·小额爱心"项目，旨在帮助这些儿童走出阴霾，重新燃起对生活的热情和信心，同时也希望这一项目，能成为这些儿童生活的一个新起点。截至2019年12月，我们已对符合条件的2000多名未成年人提供了资助。这其中有性侵害案件的受害人，童工，因工伤、交通事故、刑事附带民事诉讼的受害人，因抚养费无法得到有效执行影响到儿童健康成长且家庭贫困的孩子们。用"新起点·小额爱心"基金，我们向每个孩子提供了1000~3000元的一次性资助，用于他们的教育、技术培训、必要的生活费支出、医疗帮助、心理康复等。每一次的捐助活动都是一次真正意义上的教育活动，当孩子们接过捐助款时，经常是热泪盈眶，孩子的家长更是感激不尽，纷纷表示，世上有这么多的好心人来帮助他们，再苦再累也要把孩子培养成人，教育他们好好读书将来回报社会，教育孩子学会感恩，感谢捐助者、法官和律师。

《中华人民共和国未成年人保护法》第27条规定：国家鼓励社会团体、企业事业组织以及其他组织和个人，开展多种形式的有利于未成年人成长的社会活动。我们不能保证"新起点·小额爱心"项目对所有受助的孩子一生有多么重大的影响,但就目前进展的情况而言,达到了:让他们感受到社会的关爱,缓解了暂时的家庭困境,促进了孩子的身心健康成长。为了使这一项目能够使更多的受伤害的孩子得到救助,我们还制定了"新起点·小额爱心"项目使用管理办法,确定了资助对象的范围、救助基金、申领程序。现仅举一例。

刘某某,曲周县人,2005年在他16岁到北京西客站从事保安工作时,被一罪犯砍伤,致其腰椎1~2脊柱开放性骨折,脊髓圆锥横贯伤,右下肢瘫痪,经鉴定为重伤,伤残程度为6级。经原北京市宣武区人民法院判决,被告人犯故意伤害罪,判处有期徒刑7年,赔偿刘某某经济损失86326元。判决生效后,被告人无财产可供执行,执行庭对本案不能执行的情况做了说明:经我们与原宣武区人民法院少年法庭沟通,认为刘某某符合"新起点·小额爱心"项目的资助条件,给予其1000元人民币的资助。经与原宣武区人民法院少年法庭的郭通友庭长联系后,与原宣武区人民法院联合举办了救助金发放仪式。因刘某某坐轮椅出行不便,他的哥哥代其前来接受捐助,我们还为他哥哥支付了往返的交通费,当他的哥哥拿着1000元救助款和捐款决定书时,感动得热泪盈眶,深深鞠躬并不停地说:谢谢好心人!刘某某的哥哥告诉我们,刘某某因不能从事劳动,只能在家喂喂鸡、编编筐,一年下来仅有几百元收入。

对于这样一个未成年人不幸遭受暴力的侵害,我们这些从事未成年人保护的律师做不了什么,只能给他一点点慰藉,一点点关爱,一点点微不足道的救助金,对此他们就能被感动,就会热泪盈眶。我们大力宣传,防止孩子们遭受侵害、虐待和被忽视,但现今社会中,我们不可能避免这一切的发生。刘某

开拓对特殊群体未成年人保护的新途径

某这样一个16岁的未成年人，正是风华正茂适合读书的年龄，因家境不好，无奈到大城市打工来养家糊口，却惨遭不幸。人民法院判决胜诉后，又因被告人无力支付，受害人拿不到一分钱赔偿金，当时法院又没有司法救助金，受害的未成年人合法权益怎么保护？只能是无奈。很多人从此精神不振，自暴自弃，听天由命。而在每一次的捐助活动中，我们都告诫这些受到伤害的未成年人：作为孩子，你们不能选择家庭，也不能选择父母，但你们可以选择"坚强"。在捐助活动的实践中，我们与基层法院少年法庭的法官有密切的沟通。北京市高级人民法院2000年专门召开了由区、县、少年法庭庭长和部分律师参加的北京市法院少年法庭"未成年人司法救助基金"情况座谈会，并下发纪要。我亲自参加了北京市高院、北京市一分检、北京一中院、北京二中院和若干基层法院的"新起点·小额爱心"捐助活动。

我们的另一个项目是"未成年犯助学奖励基金"。中国内地未成年人犯罪出现低龄化，个别地区犯罪率有所上升，出现了稍微大一点的未成年人对年龄小一点的未成年人实施暴力、伤害、抢劫甚至强奸的情形，而犯罪的孩子中大多数是初中文化以下的儿童。为了鼓励这部分未成年人重新做人，反思过去，对判处缓刑或进行社区矫正的、有一定良知和悔改表现的服刑人员，愿意求学的，我们与区县法院和司法局、社区矫正服务中心联手，遵循"以人为本、回归社会"和教育为主、惩罚为辅的司法理念，通过辖区的司法所针对因家庭困难而无能力接受培训的未成年社区矫正人员，帮助他们选择较为稳妥、今后便于求职的专业，由救助奖励基金项目支付他们学习的费用，服刑人员要签订承诺书，保证完成学业。

我和张雪梅主任参加了首次在北京市朝阳区司法局发放助

学奖励基金的仪式，时任朝阳区司法局党委书记、局长的荣蓉亲自主持。除了受助人和他们的家长参加以外，朝阳法院少年法庭的刘鹏庭长，司法行政人员，辖区的劳动部门、民政部门、共青团、教育局、未保委的领导也参会并讲话，给予受助未成年人极大的鼓励。这一基金的设立与发放使这些不懂法、文化水平低的未成年人的人生开始了一个新的转折，对他们的父母也是一个极大的安慰。

矫正中心的工作人员，对每一名未成年人学习培训的情况进行跟踪帮教，包括电话联系本人、学校老师，进行社区探访，帮助他们顺利渡过社区矫正时期，融入社会生活，劳动就业科帮助已结业的未成年人联系工作岗位。案例1：社区矫正未成年人麻某的父亲是个残疾人，母亲没有工作，享受城市低保，在矫正期间，麻某接受了助学奖励基金1000元，辖区司法所帮助他联系学习汽车维修，经过他的努力已领取中级证书，现在国有汽车修配厂工作；案例2：刘某，在接受助学奖励基金1000元后，报名学习平面设计，学校老师对其表现满意，毕业后自己开了一家小服装店，设计服装，现在工作稳定、情绪良好。

我们还与安徽省未成年人保护专业委员会主任姚炜耀和原未保委主任孔维钊律师尝试对省未成年人戒毒所的吸毒人员开展助学项目。经过调研，并与未戒所的干警协商后，我们与吸毒的未成年人进行了面对面的座谈，会后我们为这些特殊群体的学员提供了五万元的助学资金，从实际出发开办了厨艺班和舞狮班。我与黄律师和北京青少年法律援助与研究中心的赵辉律师一同参加了在安徽省未戒所召开的捐赠仪式，之后又与学员们座谈。他们纷纷表示，一定要下决心努力戒掉毒瘾。为了真正帮助到这些孩子，安徽省律师协会未成年人保护专业委员会精心挑选了责任心强又知晓心理学的律师，在这些学员走出未戒所时，由两位律师跟进一个学员，不断地与他们交流，进行心理疏导。

未成年犯助学奖励基金的设立有效地预防了未成年人重新犯罪，有利于他们早日融入社会，有了一技之长之后也减轻了家庭的压力。孩子是家庭的希望，是祖国未来的建设者，和谐的社会由和谐的家庭构成，预防和减少未成年人违法犯罪，一直是全社会共同关注的问题，但未成年人犯罪已经发生后，如何教育改造他们，也是全社会应着力思考的。

为了使这一基金帮助到在大墙内服刑的未成年人，我们尝试请具备专业技能的技师走进未成年犯管教所，对愿意参加技能培训，家庭生活又相对贫困的学员，以该项基金支付其学费。为了鼓励他们反思过去、重新做人，中华全国律师协会未成年人保护专业委会员与《黄丝带》月刊联合，在全国未成年犯管教所和未成年人教养管理所，开展"黄丝带杯新起点与成长征文活动"，征文对象为在全国未成年犯管教所和未成年人教养管理所服刑及在教人员，征文要求未成年犯根据记忆中最感动的一件事（可以是在服刑劳教期间也可以是在服刑劳教之前），来思考自己未来的成长之路，要联系自我，不能虚构。我受全国律师协会未成年人保护专业委员会主任佟丽华律师的委托，参加了这个项目在北京市未成年人管教所的启动仪式。看着几百名学员拿着小凳子整齐地坐在大礼堂，看着他们没有任何表情的青春面孔，看着他们穿着整齐划一的囚服，心里很不是滋味儿。我鼓励学员们要改过自新、努力学习、积极投稿。很快我们收到了来自全国 31 个未成年犯管教所和劳教所的数百篇稿件，之后由几位专家进行评选，将一、二等奖的获奖文章编辑成册，学员们人手一本。其中一、二、三等奖的获奖者达 110 名。监狱管理局决定，获奖即加分，加分即减刑。

这一征文活动，极大地调动了在押未成年犯努力改造、重新做人的积极性，收到了很好的社会效果。这一活动也是中华人民共和国成立以来，首次以未成年犯为征文对象的活动，为此我们用"未成年犯助学奖励基金"八万多元予以支持。这一活动的深远意义在于有效地教育、感化了失足的未成年人，激励他们悔过自新，早日回归社会。资金的提供者黄倩仪律师对这项活动也给予了很高的评价，她说，希望在押的少年犯越来越少。

我们经常说，一切为了孩子，为了一切孩子，为了孩子的一切，那么这些或被伤害被虐待被忽视照顾的孩子，或是那些由于曾被伤害又去伤害他人或因各种原因走向犯罪的孩子，都是一切孩子中的一部分。让我们伸出援助之手，奉献一颗爱心，去帮助和关心更多需要我们帮助的孩子，因为他们是家庭的希望、祖国的未来。我始终有一个观点：帮助一个孩子，就是帮助一个家庭，挽救一个孩子也是挽救一个家庭，关心孩子的健康成长，就是关注祖国的未来。从儿童利益最大化的角度，我们所有从事儿童保护的公益律师庄严承诺：

我会在孩子需要时伸出援手；

我坚信所有的孩子都是平等的；

我反对一切面向孩子的暴力；

我尊重所有的孩子；

我愿意承担对孩子的责任；

我愿意成为孩子的榜样。

我们相信这两项基金的设立，会让更多的孩子和家庭对未来充满希望。

怎能让我不流泪

"新起点·小额爱心"项目,自2005年由香港黄倩仪律师和慈善家刘先生出资成立至今,已经有15个年头了,项目由全国律师协会未成年人保护专业委员会直接负责开展。由于体制的变化,2019年开始该项目由北京中致儿童关爱基金会负责资金的募集和使用。基金会以开展慈善活动为宗旨,关爱儿童健康成长,促进公益事业健康发展。这个项目旨在为权利受到伤害、家境贫困且无法得到赔偿的未成年人提供小额爱心项目资助,让孩子们和他们的家庭渡过眼前的难关,帮助孩子们解决就医、生存、求学等难题,让这些孩子感受到来自社会的温暖和力量,有勇气克服困难走向未来。目前,我们已经支持了2000多个在案件中受到伤害的孩子。

作为我的好朋友,黄倩仪律师15年来从未停止对这个项目的支持,为此我也暗暗下决心,一定要用好这笔善款,不辜负她的期望。15年来我亲力亲为参加了若干个省、自治区、直辖市面对特殊群体孩子的捐助活动,感触良多。我经历过国家三年困难时期,经历过"上山下乡",经历过"文化大革命",经历过改革开放,此时我的人生阅历中又增添了新的一页——帮助解决中国儿童成长中面临的难点和困惑。在全国律师协会未成年人保护专业委员会主任佟丽华的引领下,我参与了中国未成年人保护的多项公益事业,作为"新起点·小额爱心"项目基金的负责人,我已不记得自己去过多少个地区,包括基层的县、乡、村落和家庭。十几年过去了,至今许多捐助现场的气氛,孩子们期许的目光,家长们感动的泪水,都让我不能忘怀。

案例一

2017年12月6日,我代表全国律师协会未成年人保护专业委员会在山西省大同市参加了"新起点·小额爱心"项目捐助仪式,为23名虽然判决胜诉,但因各种原因未得到有效执行,家庭生活困难的未成年人,每人提供了2000元的一次性现金资助,希望帮助孩子们渡过暂时的难关。之后,我与时任山西律师协会秘书长郭福元、副会长兼未成年人保护专业委员会主任彭建荣律师和大同市律师协会未成年人保护专业委员会主任王日平律师驱车两个多小时,来到了浑源县西留乡西留村,看望因身体残疾而无法参加捐助活动的男孩儿孙某。在审核大同市上报材料时,我对其中一个受助对象的情况印象深刻,所以活动之后我执意要看看这个不幸的,刚满10岁的三级伤残的孩子。

那是一个不堪回首的日子,2007年9月24日,孙某还不满1周岁。他的爸爸驾驶两轮摩托车,妈妈坐在车的后面,在爸爸和妈妈中间坐着孙某和大她两岁的姐姐。没想到此时祸从天降,一辆长安客车在驶入路左边时突然与孙某爸爸驾驶的摩托车相撞。他的爸爸当场死亡,他的妈妈和姐姐经医院抢救无效也不幸去世,三条鲜活的生命转眼间就逝去了。这个事故必将给这个家庭唯一幸存的孙某的一生带来终生的悲痛。保险公司已赔付了法院判决的金额,驾驶员虽说已被判刑,但他那20多万元的赔偿款却未得到有效执行。10年过去了,原本一个幸福的四口之家,现在就只剩下孙某一个了,10年间孙某的生活只能由他叔叔照料。我们到孙某家时,已是下午4点钟了,10岁的孙某应该知道我们来看望他,可他坐在床上还是穿着脏兮兮的秋衣秋裤,小脸儿一点都不干净,好像几天没有洗过似的,他眼睛不大,目光呆滞,没有任何表情,小男孩儿虽说不太漂亮,但还挺耐看。房间里有一张小单人床,床上的被褥也不太干净,床边一个箱子上放着一台老式的好像是12英寸的电视机。孙某下肢很细,不能自己行走,因发育不好,所以个子不高,根本不像一个10岁的男孩儿。我们在与他交流时,发现这孩子虽然一天都没有进过校门,但头脑还算灵活。他的叔叔坐在他的旁边,当我告诉他,在捐助活动现场的2000元"小额爱心"款项,已由他的叔叔代领时,孙某面部好像有些微妙的反应,用一种难以形容的眼神看了看他的叔叔。我说此次是专程来看望他的,鉴于他残疾的程度,再多捐助他1000元,让叔叔帮他买点自己喜欢的东西。此时,孙某说了一声"谢谢!"便马上将刚刚接过来的捐助款放到了他身边的一个小箱子里,之后又很快锁上,动作之快让我们在场的成年人都很奇怪,看来这小箱子里肯定装的都是他的宝贝,是别人不能动的。在与他交流时,为了活跃气氛,我给他出了几道简单的乘法数学题,孙某的回答都正确,而且速度很快。他说平时大部分时间就是玩儿手机、看电视,所以也能认识常用的汉字。他的日常起居由一位50岁左右的阿姨照料,政府每月给阿姨服务费。我问这位阿姨:"你每月都有收入,为什么孩子的衣服还这么脏?你不能经常给他洗洗吗?"阿姨无奈地说:"这孩子什么都做不了,就连大小便都要我帮忙,经常会尿到裤子里,一天到晚连裤子都换不过来。"这时我才发现孙某穿的是开裆裤。临走时,我们一再叮嘱孙某的叔叔和这位阿姨要好好照料这可怜的孩子，而他们也是怨声载道，好像有一肚子苦水。孙某还挺有礼貌，虽然不能站立，却摆着双手不停地说："再见！再见！"看着他面带一丝微笑的表情，我实在猜不出他此时此刻在想些什么，也许他真的心存感激，也许他因为手里有了可以自己支配的1000元钱而兴奋，也许他希望我们能再次光临他的住所，给他送去些许的温暖，也许……

在回来的路上，我与当地的几位领导和律师商量，下一步怎么能真正地帮助到孙某，这孩子肢体残疾但脑子挺好使，能否帮助他联系一所特教学校或福利机构。鉴于他头脑灵活，再大一点就到16岁了，能否为他安排在住家附近卖福利彩票，这样会有一份稳定的收入，还可以接触到更多的人，生活不会太枯燥。一路同行的当地律师说，王大姐您放心，我们一定会想尽一切办法，尽最大努力来帮助这个孩子。

我坐在车里，看见车窗外天边那一抹彩云在夕阳的衬托下形成美丽的晚霞，真是漂亮。那一轮红日，毫无保留地将自己最后的光芒尽情地洒向这片黄土地，这一览无余夕阳西下的美景在大城市难得一见。可是我已无心去欣赏这大自然的美景，心中升起的却是惆怅。如果没有这场车祸，这四口之家该是多么幸福啊！这10岁的男孩儿现在应该在上小学四年级，学习也应该不错；如果没有这场车祸，爸爸、妈妈看着一天天长大的一双儿女，憧憬着未来，心里肯定是美美的、甜甜的；如果没有这场车祸，这姐弟俩会每天手拉着手一蹦一跳地一块儿去上学、一块儿下学、一块儿写作业、一块儿玩耍、一块儿依偎在父母的身边，其乐融融……我不能再继续想下去了，此时我的心已在流泪。

我们国家有《残疾人保障法》，最近几年国家层面和各地均出台了多部与孤残儿童相关的法律法规，2019年中央专项彩票公益金对残疾儿童下拨专项经费，可谓力度不小。但如何具体落实到每一个需要帮助的孩子身上，是我们全社会和相关部门必须积极完成的重要工作，要列入议事日程，"儿童利益最大化"不能只停留在口头上。

我在网上搜索了一下，每年我国有超过1.85万名的儿童因交通事故而导致死亡，我们这个"新起点·小额爱心"项目，在收到的各个地区上报的材料中，有很多是因车祸而伤残的未成年人。如何预防和减少我们的孩子死伤在车轮下，这是我们社会、家长、学校必须认真思考和面对的现实问题，但愿这个数字越来越少，我期待着。

案例二

2019年10月27日，我前往云南省国家级贫困县元阳县与当地法院和律师协会共同开展"小额爱心"资助项目，为24个特殊群体的孩子捐款。之后我坚持要去其中一个在捐助活动现场发言的女孩子家，想亲眼看一看，进一步了解她现在的生存状态，这是此次受助的一个极其特殊的家庭。这个家庭有三个孩子，他们的爸爸在七年前不幸遇矿难离世，原本靠爸爸打工维持生活的家庭，一下子生活来源就切断了。为了维持这三个孩子基本的生活支出，他们的妈妈不得不来到元阳县南沙镇打工挣钱。非常不幸的是，2018年他们的妈妈在下班回家的路上，被一辆面包车撞倒，医治无效离世了，这下这三个孩子真正成了孤儿。元阳法院的徐院长告诉我，他们家里唯一的亲人就是外婆，目前姐弟三个人的生活靠被执行人每个月支付的执行款1000元维持，有时候还不一定能按时到账。这个家里最大的孩子17周岁，是个姐姐，下面有两个弟弟，一个15岁，一个10

岁。为了上学方便，这三个孩子在元阳县城租了一间民房。

我去看望他们的时候，孩子的姥姥正在家等候我们，没想到这姥姥只有 53 岁，真是一位年轻的姥姥。看她黑黑的肤色、沧桑的面颊和与我握手时的感觉，很难与她的实际年龄挂钩，我似乎感觉到这位个子不高的年轻姥姥生活的艰辛。在与她交流时，由于当地话我根本听不懂，只能由徐院长为我翻译。这位姥姥告诉我，她没有上过一天学，连自己的名字都不会写。她母亲生了他们十个孩子，由于家里穷，基本上都没有读书，像她这种情况的家庭，像她这个年龄没有文化的在当地有很多。当我问这位姥姥多长时间能到县里看望这三个可怜的外孙和外孙女时，孩子的姥姥看着我，好像若有所思，停顿了好一会儿也不知道如何回答，好像眼神有点儿不对劲儿，我不清楚出现了什么问题。之后她含着眼泪告诉我，她后来又组成了新的家庭，她的丈夫带来两个孩子，按当地的风俗，她不能经常来看自己的外孙和外孙女，否则她现在的丈夫会有想法，怀疑她将家里的钱拿给了她的外孙和外孙女，所以为了她现在家庭的稳定，无奈只能两三个月才去看望一次。我听她讲了这个家庭的特殊情况，当时心里很不是滋味，心想，新中国都成立 70 年了，怎么这些陋习还在束缚着当地的百姓。

我环视了一下这十二三平方米的房间，房子里有一张单人床和一个上下铺，家里唯一的电器就是电风扇，因为这里的夏天气温非常高，听说会高达三十八九摄氏度。这三个孩子坐在我们的对面，聊天中得知家里排行老二的弟弟，才 15 岁就不想继续读书，已经辍学了。我耐心地鼓励他要克服困难，好好学习，最起码要完成九年义务教育，否则将来连工作都找不到。年龄最大的姐姐是最懂事的，她告诉我，她现在已经读高中二年级了，准备明年考大学，而且要考师范，因为师范院校学费会低一些,这样能减轻家庭负担,毕业后她想当老师,有寒暑假就可以为这个家多做些事情,真是个懂事的好孩子。我和她交流时劝她,既然准备考大学,就要用更多的时间去看书学习,可能的话用我们捐助三个孩子共计6000元钱中的一部分,买一台洗衣机,这样可以减少她在家庭劳动中的强度和时间。当时这个姐姐看看我,并没有表态,之后法院的徐院长告诉我,她不会舍得买洗衣机的,他们这个县是国家级贫困县,当地人均年收入3150元就可以脱贫了,三个孩子今后花钱的地方可多着呢;他们的姥姥也就是来看看孩子们,经济上帮不上忙,所以这个当姐姐的必须有计划地支出才行。我看着这个白白净净,身材不高,身体也比较瘦弱,像个小大人的17岁的姐姐,我眼里已不由自主地含满了泪水。"穷人家的孩子早当家"这句老话用在这个女孩儿身上,再恰当不过了。我当时与徐院长交流,如果明年这个女孩儿真的考上了大学,学费有困难,一定要告诉我,我们要帮助她圆大学梦,希望我们这不多的"小额爱心"资助的款项,能够真正帮助到这个不幸的家庭。他们不能选择家庭,但是我们愿意帮助他们选择希望,选择自己的未来,让他们感受到来自社会的关爱,让这姐弟三人能对未来的生活增添信心,为这个家庭的脱贫做些实事儿。

在我们即将离开这个特殊家庭的时候,这三个孩子和他们的姥姥一直送我们出了院门,不停地向我们挥手,也不停地擦着眼泪。这三个未成年人已经没有了爸爸妈妈,再也不会有父爱和母爱,他们小小的年纪就受到了这么大的磨难。对家庭的不幸,他们柔弱的臂膀能够扛得起这么重的担子吗?他们能勇敢地面对吗?他们的心智发展还不可能做到这一切。他们的未来会是怎样的?他们会继续读书吗?他们能健康成长吗?他们能实现自己的理想吗?这若干个问号,一直在我脑海里挥之不去……

案例三

还记得几年前,我随同山西省律师协会未成年人保护专业委员会副主任董杰律师一同去看望了一个国家级贫困县榆社县特殊家庭的孩子。当时我在太原刚刚参加了一场捐助活动后,董律师告诉我榆社县刚刚报上来一份材料,之后简单地把这个家庭的情况介绍了一下,我听了之后,马上决定要亲自去看望这个不幸家庭的孩子。董律师说:"王律师,现在已是下午两点多,咱们出发到榆社要100多公里,之后再回太原可就天黑了。"我说:"你开车不嫌累,我坐车还能说累吗?那你就辛苦一趟吧!"

好在去往榆社县的路还算好走,我们驱车两个小时,大概下午四点多来到这个半山坡上的小村庄。村子里都是土路,车子一开过就暴土扬扬的。一位当地的律师早已在村口等候我们了,之后七拐八拐的,我们一同来到了这个让我不能不来的家庭。家里的爷爷、奶奶、姥姥、姥爷和一个8岁的男孩儿,站在院子大门口迎接我们的到来。

当地的律师告诉我,这个男孩儿的爸爸是因为犯罪判刑入狱6年,几年前释放,没想到几年的监狱生活并没有让他脱胎换骨得到改造。出狱之后,他无事可做,恶习不改,居然强奸了一个年仅18岁的、村里长得最漂亮的女孩子,没想到巧的是之后这个女孩儿就怀孕了,站在我们面前的男孩儿,就是她的儿子。在这种情况下,这个被强奸的女孩儿没有其他选择,不得已便嫁给了这个无赖。有了孩子,本应好好过日子,可这个男人每天除了打麻将就没事可干了,游手好闲,不高兴的时候还打老婆,这个年轻的妈妈为了她的宝贝儿子忍气吞声好几年。

有一天她实在忍无可忍了便和孩子的爸爸说，如果你再这样下去，我就和你离婚。没想到这个男人气急败坏地说，我知道你们家没有男孩儿，都是女孩儿，我是从大狱里出来的，什么都不怕，你要跟我离婚，我就把你们家姐妹几个都给杀了。此时这个女人真的被吓坏了，已走投无路，一个生活在国家级贫困县山沟里的年轻农村妇女，被逼无奈居然做了一件极端的、令任何人都没有想到的事情。

这个案子的律师告诉我，那天中午孩子的妈妈蒸了一锅包子和饺子，跟孩子说："你记住了不能吃饺子，只能吃包子。"孩子不明白为什么不能吃饺子，孩子妈妈又说："包子好吃，饺子是小老鼠，你吃了它会咬你。"因为孩子的妈妈在做饺子时，有意识地往馅儿里放了剧毒农药。她和孩子吃完午饭，将剩下的几个包子和饺子放到锅里的笼屉上，之后便带着孩子回到了她的娘家。中午过后，孩子的爸爸打完麻将回到家，此时他早已饿得不行了，便狼吞虎咽地把笼屉里的包子、饺子一股脑儿地都吃了，接下来又和同村的几个人接着打麻将，没过多久便突然倒在麻将桌上，口吐白沫。同桌几个人感觉不对劲，就马上报了警。警察来到现场详细了解情况后，知道他是在家里吃的午饭，便马上前往他们家，却发现家里门已上了锁，之后马不停蹄去了女方的娘家，见到了孩子的妈妈。令警察没想到的是，还没等警察询问，孩子妈妈就一五一十将事情的前因后果说得清清楚楚、明明白白，而且明确告诉警察："我如果不让他死，他就会杀我家的姐妹，这都是他逼的，我不后悔。"

村里出了这么大的事情，社员们议论纷纷。之后又发生了一件令常人没有想到的事情。孩子的妈妈被警察带走没多久，孩子的爷爷奶奶和村里的老乡，大概有几十人，联名给法院写信，请求法院一定要"刀下留人"。我在见到孩子爷爷奶奶的时候，他们告诉我，他们的儿子就是一个"大灰鬼"，还说他们的儿媳妇可是个懂事的好孩子，他们全家人都可喜欢呢，说着说着四位老人都失声痛哭。这个案子经过律师的调查取证和辩护，法院也认为此案确实事出有因，这个年轻的妈妈没有前科劣迹，认罪态度好，最终判处有期徒刑15年。当年这个孩子的妈妈只有26周岁，这真是一场悲剧。

我当时只能安慰这四位老人，嘱咐他们再困难也一定要把孩子抚养成人，千万不要给孩子太大的压力，等孩子长大了，自然会对这件事有正确的判断。之后他们告诉我，出了这件事儿之后，这个孩子就很少说话，平时交流时只是点头、摇头。他明白平时他爸爸总是欺负他的妈妈，是他妈妈忍无可忍才无奈把他爸爸给杀了。我在与孩子进行交谈时，孩子的目光呆滞，没有任何表情，不爱说话，似乎没有了8岁孩子应有的稚气。虽然他在与我交谈时只是点头或摇头，但他似乎明白我是来做什么的，我在递给这个孩子"小额爱心"捐助款时，他一直看着我，用他的小手紧紧握着我的手，不停地给我鞠躬说："谢谢王奶奶！谢谢王奶奶！"

十年前我曾参加在石家庄服刑人员子女教育保护中心举办的研讨会，之后多年与少保中心一直有联系，每年都去看望那些特殊群体的孩子。当时我突然萌生了一个想法，希望将这个8岁的男孩送到石家庄少保中心，也许在那里受到的教育会比他现在的家庭好得多，也许他会有一个比较好的未来，他的妈妈也就放心了。我当时就与少保中心的负责人取得了联系，没想到石家庄少保中心的赵主任明确告诉我："王律师，我们只收河北籍的服刑人员子女，因资源有限，其他省市的我们不接收。但是考虑多年来您对我们少保中心如此关心，我们就破这个例，这个忙我们肯定帮，特事特办，石家庄少保中心一定接收这个孩子,您放心吧!"我当时高兴得几乎要跳起来,好像我是这个孩子的家人一样。我马上与孩子的爷爷奶奶和姥姥姥爷交换意见,他们也非常高兴地说:"王律师,有这样一个难得的机会,是这个孩子的福分,政府管吃管住还能学习文化,我们做梦也寻不到这么好的地方,这下我们就放心了,太谢谢王律师啦!"我告诉这四位老人,少保中心在接收孩子之前,有一个程序,就是一定要征得这个孩子本人的同意,还要签订相关的协议书。接下来孩子的爷爷奶奶不停地说,王律师您就放心吧,没问题的,肯定没问题。之后便马上去做孩子的工作。他们四个老人围着孩子,告诉他:"来咱家的这个王奶奶给你找了一个非常好的学校,管吃管住,在那儿免费读书不用花钱,比咱家好多了,每个学期放假还可以回家呢。"但遗憾的是,不论爷爷奶奶、姥姥姥爷怎么掰开揉碎地说,这个孩子就是不停地摇头,把这四位老人急得不知如何是好。当时我也很无奈,这件事情确实不能强求孩子,家里刚刚出这么大的事,孩子的心情还没有得到平复,年龄又小,让他远离这个家,确实有难度。设身处地地为孩子想一想,他从来没离开过家,没离开过爷爷奶奶、姥姥姥爷,没离开过这个村庄。现在马上要到一个陌生的地方去生活、学习,地方再好他也不愿意去,因为他太小了,不明白走出这一步对他的未来意味着什么。没办法,这件好事只能作罢。

我们临走的时候,孩子的爷爷奶奶和姥姥姥爷拉着我的手说:"王律师,感谢你对我们一家人和这孩子的关心,我们也没有啥东西送您的,我们种了一些向日葵,今年长得不错,您带回北京尝一尝鲜儿好不好?这是我们的一点心意,您一定要收下。"说着就去挑了几个大的向日葵,这时我环视了一下院子四周,院子里确实堆了很多成熟的向日葵的盘子,还真长得不错,挺大的,颗粒大也很饱满。我对四位老人说:"不用啦!你们还是留着晒干了之后卖掉，或者榨葵花籽油，这样还有一些收入。"我面前的这四位慈祥的老人年龄都比我小，却都是满头白发、满脸沧桑、满手老茧，他们拉着我的手依依不舍。这个男孩儿除了脸稍微黑一点儿，五官长得很周正，眼睛不大不小，高鼻梁，脸上还有两个漂亮的小酒窝，从他的面相可以看出他妈妈肯定是个很漂亮的女人。现在这孩子的爸爸死了，妈妈又判了刑，十几年之后才能回来，他今后是否生活得幸福不得而知。看着他无法用语言表达的目光，我似乎感到他好像有什么话要与我说似的，因为我是陌生人，他也许不知道怎么向我表达，最终也没有说出他的心里话。这个8岁的男孩儿，他也许不会理解他妈妈的无奈，也许会怨恨他的妈妈，但他总会长大，总会懂事，总会明事理，我想此行只要能给他的未来带来一点点希望，就是值得的。

我们国家幅员辽阔，贫富差距确实很大，特别是山沟里的农民，没有读过几年书，没有受到很好的教育，思想封闭陈旧。当生活中出现无法解决的难事时就不知所措，于是可能会采取极端的做法。我能想象这位年轻的妈妈在做这件事之前，一定是思前想后、权衡利弊，她能不清楚她的行为将给她儿子的未来生活造成多大的影响吗？她肯定是被逼无奈，绝望到了极点。她这样做的结果不但毁了自己，毁了家庭，更毁了自己的孩子，这是家庭的悲哀，也是我们时代的悲哀。我们常说普法教育要进校园、进社区、进乡村，特别是贫困山区。我们的路途真的还很长，我们要做的事情还很多，这是一个系统工程，需要全社会坚持不懈地努力，任重而道远，路漫漫，其修远兮。

我们国家涉及服刑在教人员的未成年人子女，大约有六七十万人，像石家庄这样由政府投资建立的服刑在教人员子女教育保护中心，全国也没有几所。而这些人的子女，客观地讲，难道不是我们国家的未来吗？我们常说"儿童无小事""儿童利益最大化"，对这些特殊群体的孩子，我们的政府应当投入一定的精力真正去关心、爱护、帮助他们，让这些孩子不要步父母的后尘，勇敢地面对，能够健康快乐地成长，有一个美好的未来，这是我所期望的，我愿为此而努力。

那天傍晚，我们驱车离开了这个人均年收入只有2000多元的国家级贫困县的小山村。看着山坡上贫瘠土壤的梯田和那一片片因干旱而长不高、没精打采的玉米时，想起那刚刚8岁就遭遇来自家庭的不幸的男孩儿时，想起他握着我的手那难以用语言描述的表情和眼神时，我的眼泪不由自主地在眼圈里打转，我的心情也难以平静。几年过去了，我经常会想，这个当年的贫困县应该脱贫了吧？这个孩子应该有十二三岁了，应该上初中了吧？他不会中途辍学吧？他会常去女子监狱看望他亲爱的妈妈吗？他会理解并原谅他妈妈当年的无奈之举吗？见面时他会与他的妈妈说些什么呢？这个孩子的妈妈如果表现好，也许会得到减刑提前出狱，那时她的年龄还不算大，她人长得又那么漂亮，也许能遇到一个理解她、包容她的男人，重新嫁个好人家，再组建一个新的家庭，尽早翻过她人生这不幸的一页，与她的儿子开始后半生幸福的生活，期待这一天早点到来，我为她祈祷。

案例四

我们"小额爱心"资助项目的另一个帮助对象，是在押服刑的少年犯。2018年9月，我与"新起点·小额爱心"项目资金提供者——香港的黄倩仪律师，与云南省律师协会会长和未成年人保护专业委员会主任田玲律师、副主任谭瑛律师前往云南省未成年犯管教所开展助学项目。得知那里在押着几百个少年犯，而且那里的女犯相对比较多，我们想实实在在地为这些学员们的教育改造做些事情。之前我曾经做过一次深入的摸底调查，与少年犯进行了面对面的座谈。经过与云南省未成年犯管教所的领导协商，最后决定从今后社会发展需要和学员们的就业实际出发，为这些特殊群体的孩子们建立一个计算机教室。为此我们用专项资金投资了8万多元，购买了20台电脑，我们的底线就是要求参加学习的每个学员，出监之后不能出现第二次犯罪。这样，经过孩子们的努力，他们掌握了一技之长，出监之后可以找一份工作，开始新的生活，同时也能减轻家庭的负担，最终有可能避免第二次犯罪。

在进行调研时，云南省未成年犯管教所的领导安排我与少年犯进行座谈。看着这些孩子青春的面孔，却穿着整齐划一的囚服，特别是那些女孩子长得水灵灵的，又年轻漂亮，却穿着一身那么不协调的囚服，这之间的反差太大了。其中有一个女孩儿给我印象特别深刻。她生活在云南的一个贫困山村，学习很努力，还是班上的学习委员。不幸的是，在她15岁读初中二年级的时候，经人介绍结识了一个毒枭。为尽快地摆脱家庭的贫困，给她爸爸妈妈一个好的生活，她竟然铤而走险，答应为他们运输毒品。毒贩告诉她，你才15岁，是未成年人，万一被缉毒警察抓到了，关上几天就会放出来，没关系的，你不用害怕，她居然信以为真。接下来在帮助毒贩运输毒品的过程中，缉毒警察很快就抓到了她，由于她运输毒品的量太大，尽管她只有15周岁，是个上初中二年级的中学生，但是依照法律的相关规定，仍然被判处了无期徒刑。我在与她面对面座谈的时候，她刚开始还能平静地讲述犯罪的经过，可没几分钟便痛哭流涕，声泪俱下，几次泣不成声不得不中断我们的交谈。原来，她的爸爸因为她的所作所为，身心受到了严重的摧残，刚刚四十多岁就去世了。她在说到爸爸不幸去世的时候，控制不住自己的感情，号啕大哭，不停地说自己是个罪人，害了爸爸，对不起爸爸！我坐在她的对面心里很不是滋味儿，甚至都不知道如何去安慰她。作为一个普通人，一个孩子的母亲，我无法憎恨坐在我面前的这个满脸稚气、年仅15周岁的少年犯。她刚刚15周岁啊！太年轻了却要在铁窗内度过自己美好的青春时光，太不值啊！如果当初她在做这件事之前再多一些思考；如果她知道法律的相关规定，已满14周岁不满16周岁的人，犯八种罪应当负刑事责任的，其中就有贩卖毒品罪；如果她事先与父母商量一下，就不会走上这条犯罪的道路；如果……遗憾的是这个世界没有如果，只有残酷的结果。

目前犯罪低龄化一直是我们面临的严峻的社会问题，如何预防和减少在校生违法犯罪，是学校、家庭、社会必须面对和着力思考的。本应在学校穿着校服，在课堂上琅琅读书，却在未成年犯管教所穿着一身囚服，在那里背诵监狱管理的条文，这值得我们反思的太多太多。我在与他们交谈时，总是鼓励他们努力学习，悔过自新，不要自暴自弃，而且我相信这些孩子中的大多数，经过高墙内的洗礼，将来一定会成为对社会有用的人。

我曾经应北京市朝阳区检察院的邀请，为朝阳籍在押少年犯的父母讲课，题目是"父母是孩子的第一任教师"。当时我问在座的父母："你去未成年犯管教所，见到你们的孩子时会说些什么？"父母们纷纷表态，肯定会批评他们，会骂他们，是因为他们的犯罪给我们当父母的丢了脸。让我失望的是，没有一个家长去反思自己在教育子女方面的失误，这就是这些孩子犯罪的悲哀之处。伟大的教育家、思想家陶行知先生曾说过："千教万教教人求真，千学万学学做真人。"我们很多父母并不是真正意义上合格的父母，在每个少年犯的身上，我们都能找到他的父母在教育上的失误。所以从这个意义上讲，父母法律素质的提高是孩子们法律素质提高的前提和基础。而我们目前只是在做亡羊补牢的事情，但客观地分析，补牢总比不补或少补要强，所以我们的工作是有意义的。据全国范围内参与助学项目的几个未成年犯管教所反馈，到目前为止，参加我们助学项目学习的学员们，出监后都能找到一份工作，更可喜的是他们中还没有出现过第二次犯罪的，这让我非常欣慰，也是我们这项工作的意义所在。

  我在参加了云南省这个全国最大的未成年犯管教所助学项目启动仪式之后，心里也久久不能平静。我们在与孩子们挥手告别时，他们的掌声热烈，从中我似乎能感觉到这些学员会认真改造，会努力学习，一定不会辜负我们的期望。孩子是家庭的希望，更是我们民族的未来，我们帮助一个孩子就是帮助了一个家庭，挽救了一个孩子也是挽救了一个家庭，家庭是社会的细胞，我们为孩子的健康成长所做的任何事情都是值得的。伟大的诗人艾青在《我爱这土地》诗中说："为什么我的眼里常含泪水？因为我对这土地爱得深沉。"那为什么我的眼里也常含泪水？我想那是因为我对儿童保护事业爱得深沉吧！

为一个受伤害的六岁女童争取到精神损害赔偿金

本案焦点：对于一般人身损害赔偿案件，尽管未对受伤害的未成年人造成严重后果（不构成伤残等级），但法官根据案情及自由裁定权也可以做出精神损害赔偿金的判决，作为未成年人的诉讼代理人，应据理力争未成年人的这一权利，给未成年人的家庭以最大的安慰。

一、基本案情

2006年我接受北京青少年法律援助及研究中心的指派，代理了一起北京市海淀区年仅六岁的女童人身伤害赔偿案件，案情虽然不算太复杂，但具有一定的现实意义和代表性。

六岁女孩小红（化名），于2006年2月6日参加由北京市××幼儿园和北京××教育科技有限公司组织的连续七天的英语冬训班。2月8日午饭后，在积雪未化的情况下，由两位老师（外籍）带领全班的20余位小朋友外出活动，在一偌大的由石子铺成的大约15米宽的河道内玩"鳄鱼抓斑马"的危险游戏。该河道在下过大雪后，裸露着许多大小不一的石子，小红在游戏过程中被同班同学追逐并摔倒在石子道上，导致右眼睑下和右颧骨两处摔伤。之后冬训班老师将小红送往附近的医院就诊，医院诊断为右侧面部外伤，进行了缝合处理。在小红回到冬训班后，老师才将小红摔伤的情况通知孩子的父母，孩子父母了解伤情后，立即带小红去往解放军总医院和北京儿童医院就诊。在北京儿童医院出具的诊断证明上写有：因右面部外伤，在我院治疗，疤痕愈合，外伤半年后复查。查：右面部可见一疤痕，色略红。

小红的父母第一次约我见面是在 5 月的一天晚上 8 点多，我们一直谈到了 10 点多。没想到他们在见我之前还做了功课，专门上网对我进行了一番调查和了解。当得知我既是一名从事儿童保护工作的律师同时又是一名从事师资培训的教师时，他们对我寄予了极大的期望。由于两位家长都是知识分子，家境比较好，在商量诉讼请求时，非常明确地告诉我："王律师，我们一定要主张精神损害赔偿金，数额不在多少，而在于对我们精神上的抚慰，希望您能理解我们此时的心情。"我当时没有马上答应，但潜意识中感觉到，父母作为知识分子，女儿健康快乐地成长对他们是何等重要，女儿不幸受到了伤害，他们又是何等的痛苦，这件事对他们精神上的伤害要远远超过物质上的赔偿。夫妻二人期待的目光无形中给我增加了压力，但同时也激励我要努力办好这个案子，维护孩子的合法权益，不能辜负这对年轻夫妇对我的期望。之后我又见到了他们可爱的女儿小红，孩子真是非常懂事，不停地叫着阿姨。她身材非常好，梳着一个马尾辫子，眼睫毛长长的，眼睛大而有神，高鼻梁，皮肤白白的，看着就聪明、可爱。遗憾的是，在孩子红润的脸上有一个 2cm×2cm 大小的美肤贴。孩子六岁就开始学习英语，参加学费不菲的由外籍教师主讲的培训班，可见父母对女儿的期望有多大。当看到这个美丽又可爱的小女孩儿时，我毫不犹豫地接了这个确实有点儿难度的人身损害赔偿案件。

二、办案经过

1. 确定二被告的法律关系

本案应如何确定被告,是首先要考虑的问题。为此我到孩子报名的北京市××幼儿园找到园长,她明确告诉我,事情发生地不在幼儿园,冬训班也不是幼儿园举办的,此事与他们无关,让我们去找直接参与培训的公司。果真如此吗?为了弄清事实真相,我到海淀区工商行政管理局举报培训单位北京××教育科技有限公司超范围经营,未经批准擅自举办面对儿童的英语冬训班,请工商局查实。没想到工商局10天就有了回音,将北京市××幼儿园和北京××教育科技有限公司签订的合作和开办英语培训班备忘录提供给我,并出示了一份调查报告。这一证据就充分证明本案应有两个被告,二被告对小红的人身损害赔偿应负连带责任。

2. 穷尽一切可能的非诉因素

为了化解矛盾,我反复做小红父母的工作,希望双方和解,尽可能通过非诉方式解决纠纷,为此除了与幼儿园领导电话沟通,我还亲自前去拜访,诚恳、主动地与幼儿园领导交换意见,而幼儿园领导坚持本案与他们无关,声称打官司也不怕。北京××教育科技有限公司态度也很强硬,他们这种处理问题的态度使问题的解决陷入僵局,居然不给自己留一点余地,看来此案没有选择,是非打官司不可了。

3. 证据充分,诉讼请求才可能得到法官的支持

"打官司就是打证据"这是每一个律师办案的基本功。不惜在取证上下功夫,才能争取当事人的最大利益。开庭前,除了

取得一般损害赔偿的证据外，为了通过诉讼让法庭支持小红的精神损害赔偿金，我与孩子的家长配合，将小红受伤前的彩色照片和受伤后的脸部不同角度的照片进行对比。法庭调查时，我将小红脸上要依照医嘱每天24小时贴有促进疤痕愈合的"美肤贴"和孩子难受、脸部发痒、脾气烦躁、影响正常学习生活和父母对此的反应描述得具体、生动，有理有据，不卑不亢，事实清楚，证据充分。海淀人民法院判决中除支持了医疗费、交通费、误工费和退的学费外，最可喜的是还支持了1000元的精神损害赔偿金，二被告承担连带赔偿责任。明确北京××教育科技有限公司对小红所受伤害负有责任。

法院认为，对未成年人依法负有教育、管理、保护义务的学校、幼儿园或者其他教育机构，未尽职责范围内的相关义务致使未成年人遭受人身损害，或者未成年人致他人人身损害的，应当承担与其过错相应的赔偿责任。本案争议的关键是北京××教育科技有限公司在小红受伤的事件中是否尽到了教育、管理、保护的相关义务。综合本案已查明的事实可知，事发当日小红等小朋友在教师带领下至室外玩耍，由于另一小朋友追赶并拉倒小红，造成了小红受伤的客观后果。北京××教育科技有限公司在此次事故中是否存在过错，将依据该事件的可预见性及采取适当的预防措施是否可避免损害后果发生等因素综合加以判断。事发时，正值雪后，小朋友进行户外游戏比正常天气下更容易摔倒。而且儿童活泼好动，自我保护意识差是他们的普遍特点，小红与同班小朋友在游戏中互相追赶、拉扯是不可避免的，而北京××教育科技有限公司教师带领小朋友活动的范围是在一个铺满石子的河道内，在此种情况下，该公司应当能够预见小朋友如果在此游戏中摔倒有可能碰到石子地面而受伤。但北京××教育科技有限公司并未采取有效的措施防止损害事故的发生，故对小红所受伤害主观上具有过错。

根据《最高人民法院关于确定民事侵权精神损害赔偿责任若干问题的解释》（以下称《解释》）第八条之规定，侵权案件中精神损害的赔偿以造成严重后果为前提，本案中小红的伤情虽未构成伤残，但考虑其受伤时的年龄及所损害的实际情况，对小红法定代理人要求赔偿精神抚慰金的诉讼请求予以支持。

三、体会与分析

1. 很多受伤害的未成年人家长更看重精神损害赔偿

《法学辞典》中对精神损害的解释为：已构成妨碍正常生活的巨大痛苦、压力、自卑感、恐惧等心理上的不利益。精神损害与物质赔偿相对应，精神损害一般是因人格利益或人身遭受损害而产生的传来性损害。最高人民法院《关于确定精神损害赔偿责任若干问题的解释》可以说明我国司法制度对精神损害法律保护的重大进步。精神赔偿和物质赔偿有本质的不同，物质赔偿按照民法的原则为：填平你的损害，即造成多大损害就赔你多大的损失。而精神损害是不可能用金钱来赔偿的。特别是城市中绝大多数家庭就一个孩子，当这个孩子受到伤害时，带给这个家庭包括孩子的痛苦是巨大的，现代社会对精神的需求在某种程度上已高于物质。小红的父母看重的不是填平损失而是对法官给予精神损害判决的确定，可以说这1000元是对他们精神最大的抚慰。精神上的"填平"，从某种意义上讲，这1000元的作用也远远超过物质上的几千元的赔偿，钱总有用完的一天，而精神上的安慰会持续很久。我由衷地敬佩海淀法院的法官，他们理解对小红的伤害带给整个家庭的精神痛苦。我相信更多法院能够在司法实践中公正、公平地维护未成年人的合法权益，充分体现儿童利益最大化的原则。我们要建成法治国家、法治社会，就要从法院审理的一个个案件中去体现，让老百姓实实在在地感受到公平、正义。

2. 主张精神损害的赔偿金要恰到好处

根据《解释》第八条的规定，因侵权致人精神损害，但未造成严重后果，受害人请求精神损害的，一般不予支持。在司法实践中，严重后果通常特指构成伤残等级，而本案小红的伤情距离伤残等级有较大差距，所以不宜主张精神损害赔偿金过高，掌握在低于物质赔偿金额为宜，本案主张了3000元，法院支持了1000元，可谓恰到好处。

3. 在整个诉讼活动中情、理、法三者要相互融合

作为从事未成年人保护工作的专职律师，在办案中不但要有理论功底，还要有博大的胸怀、慈母般的爱心和教师的素质（传道、授业、解惑）。就本案而言，通过律师的工作，要让当事人看到从事未成年人保护工作律师的人品和工作作风，要让当事人有肃然起敬之感。诉讼中主张什么，为什么这样主张，道理是什么，要让当事人心服口服才行。在开庭审理时，娓娓道来，要让法官通过法庭调查、质证和辩论感到你是一位值得信赖的、有一定水平又有爱心的律师，为法官支持你的诉讼请求提供条件，从而也树立我们这些专门为未成年人主张权利的律师的威信。

此案开庭过程中，中央人民广播电台中国之声全程录音，在《现在开庭》节目中两次播放，并配有记者点评。当小红的父母拿到这份沉甸甸的判决书时，欣慰地说："这位律师我们真是找对了。"我想这就是对我辛勤工作的最大赞许，还有什么能比这句话更有分量呢！

政府应尽快完善对特殊群体未成年人保护机制

我国有3亿多名未成年人,其中有一部分特殊群体的未成年人,他们的成长必须得到政府和全社会的高度重视。习近平总书记曾在六一儿童节为孩子们题词"托起明天的太阳"。少年儿童是我们祖国的未来,是中华民族的希望,我们经常讲"一切为了孩子,为了一切孩子,为了孩子的一切",我们应当明确所有的孩子都是我们中国未来发展的希望,我们必须给予他们爱护、关心、教育和保护，一个都不能少。但是现实生活中却有这样一批特殊群体的未成年人，他们的权益没有得到根本的保障，甚至影响到他们的健康成长。作为长期从事未成年人保护工作的专业律师，我们有责任为这些孩子的健康成长，做一些力所能及、实实在在的事情。

全国律师协会未成年人保护专业委员会在全国范围内有近一万名志愿律师，我们这些公益律师为中国未成年人的健康成长不断地摸索、前行。在近20年的司法实践中，我们发现，在中国未成年人保护领域存在一些我们必须面对的也必须解决的问题。

一、问题的提出

2009年6月，我有幸受全国律师协会未成年人保护专业委员会主任佟丽华律师委托，参加了在河北石家庄少年儿童保护中心（以下简称"少保中心"）召开的服刑在教人员未成年子女保护教育研讨会。这次研讨会由来自北京大学、中国人民大学、中国人民公安大学、中国社科院、上海社科院、司法部、全国青少年犯罪研究会、全国妇联等各部门的专家、教授、学者100多人参加。在听了少保中心的教师和学生讨论后，专家们对少保中心服刑人员未成年子女教育保护工作给予了充分的肯定。少保中心15年来，累计救助的弱势儿童达1230多人。中国关心下一代工作委员会的主任顾秀莲对中心工作给予了高度肯定并把中心确定为"中国关工委石家庄少年儿童保护教育基地"，并题词"办好少保中心构建和谐社会"。

少保中心于2002年成立，由石家庄市司法局主办，石家庄公安局、民政局、教育局、团委和妇联协办，起初主要收留流浪乞讨人员，到2006年以后逐渐转型为专门收留那些监护人无

政府应尽快完善对特殊群体未成年人保护机制

法履行监护职责的服刑人员未成年人子女机构。石家庄少保中心是集教养、监护、教育、管理于一体的专门机构,这种方式被称为可持续性发展的儿童救助体制石家庄模式,尽管得到了赞誉,遗憾的是却没有在全国得到推广,甚至在河北省也仅此一家。少保中心的资金来源全部依托于政府每年固定的财政收入和不定时的社会捐赠。

在少保中心常年生活着一群7~16岁的孩子,他们和社会的孩子们一样是花季少年,是祖国的花朵,但是他们又和正常家庭的孩子不一样,他们的父母双方或一方由于触犯了法律而入狱服刑,家中的亲戚和年迈的祖辈也因为各种原因无法履行他们的监护责任,这些孩子就是服刑在教人员的未成年子女。关于全国范围内服刑人员的未成年人子女的总量,权威机构调查数据显示大概超过60万人,其中94.8%的孩子缺乏社会救助,生活状况堪忧。一方面是物质条件匮乏、家庭经济困难,孩子们得不到良好的生活和教育条件,有的甚至流落街头。另外更严重的是这些孩子在精神层面上严重缺失,同时这些孩子常常受到歧视,他们与同龄人交往时,有心理上的障碍,存在严重的自卑和戒备心理,有时候甚至会对社会产生敌意,步父母的后尘,重走父母犯罪的道路。

少保中心15年来探索了一条服刑人员未成年人子女教育保护工作的新路,这是一项系统工程。少保中心不仅保障了孩子的生存权,确保监护人无法履行职责的服刑人员未成年子女和社会上的正常孩子一样,不低于中等家庭的生活水平,确保他们吃好、穿好、住好、生活快乐,同时还保障了孩子的受教育权,确保这些孩子能够接受九年义务教育,成绩优秀的可以继续读高中和大学。有部分孩子学习了职业技能,为他们融入社会奠定了基础。少保中心还保障了孩子的发展权和参与权,调整这些孩子的不良心态，矫正不良行为习惯，培养他们良好的道德习惯。他们坚持每月组织中心的服刑人员未成年子女给他们的父母写一封信，汇报他们在少保中心的学习和生活情况。他们还坚持定期探监，让服刑人员与他们的子女进行零距离接触，并安排与子女单独对话，坚持以人为本，让孩子们感受到母爱、父爱和亲情的温暖，也让服刑人员体会到政府的苦心和真情。

目前少保中心服刑人员子女的父母90%以上得到了减刑，产生了良好的社会效果。中国关心下一代工作委员会主任顾秀莲三次到少保中心视察，曾感慨地说，全国要推广石家庄少保中心的经验。但遗憾的是，十几年过去了，目前为止，中国还只有石家庄一个城市有这种由政府投资建立的服刑在教人员子女教育保护中心，它是全国128家保护中心里唯一的一家保、教结合的中心。

全国律师协会未成年人保护专业委员会从2009年开始，十年来从未间断对少保中心的关心、体贴和爱护，笔者连续十年代表全国律师协会未保委去看望这些特殊群体的孩子，为师生们捐款、捐物，购买了体育健身器材，建立了美术教室、心理咨询室，每年六一儿童节为孩子们购买一身新衣服，并与老师和同学们座谈，开展普法讲座。让这些特殊群体的孩子们感受到来自社会的关爱，对未来充满信心。

二、政府是服刑在教人员子女教育保护工作的责任主体

2006年，中央综治委预防青少年违法犯罪工作领导小组、

司法部等六部委在1号文件中指出："各级司法行政部门要做好监护人无法履行职责的服刑人员未成年子女的生活照料和帮扶工作。"同年，民政部、司法部等19部委联合颁发的《关于加强流浪未成年人工作的意见》中指出，司法行政部门要协助民政部门做好监护人无法履行职责的服刑人员未成年子女的帮教工作、帮扶工作。2009年3月，中共中央办公厅、国务院办公厅转发了《中央社会治安综合治理委员会关于进一步加强社会治安综合治理基层基础建设的若干意见》，指出，要切实关心未成年人成长，提高对社区闲散青少年、服刑在教人员未成年子女的教育、服务、救助和管理水平。

少保中心的优势在于充分发挥了司法行政机关的职能优势，通过司法渠道及时得到服刑人员的有关信息，对服刑人员的未成年子女给予及时的救助。在政法委的支持下，通过监狱劳教和基层司法所、石家庄所属各级法院得到服刑人员的相关信息。在服刑人员未成年子女的法制教育方面，他们随时可以安排资深的律师、警官为孩子们进行法制教育，另外还充分利用司法部门职责与监狱联合开展亲情帮教活动，促进服刑人员改造。少保中心通过走访核实，与每个孩子所在的村委会或临时监护人签订了服刑人员未成年子女教育保护委托协议。

笔者认为，既然已有相关政策规定，各个省市基层也都有迫切的需要，各地应当将对服刑在教人员子女的教育保护工作真正提到议事日程上来，有专人负责，下拨专项基金，专项研究，真正落到实处。只有政府真正重视这项工作，建立完善的保护机制，才能切实保护这一特殊群体未成年人的合法权益。

三、尽快建立服刑在教人员子女教育保护机构

目前全国范围内涉及未成年人保护的机构有很多，例如：

未成年人保护中心、SOS村及部分民间的服刑在教人员子女教育保护机构。这些机构虽然都有自己的特点,但是都没有做到像石家庄少保中心这样十几年如一日,"坚持发展救助"。石家庄少保中心的特色救助模式,即保障孩子有衣穿、有饭吃,还要对孩子的未来发展奠定基础的救助模式。在救助过程中让孩子们受到教育的同时培养他们良好的生活习惯,矫正心理,帮助孩子们掌握一技之长,以便他们能够更好地融入社会。北京大学博士生导师、著名社会学家夏学銮教授认为,石家庄的少保中心模式值得全国推广。

笔者认为,为了对服刑在教人员子女进行有效的保护,各个地区政府应该对本辖区的服刑在教人员未成年子女的生存状况进行一次全面细致的摸底调查,做到心中有数。全国范围内服刑在教人员子女达到60多万,这其中有多少个孩子需要紧急救助,石家庄少保中心的模式我们是可以借鉴的。石家庄市政府每年投资100多万元,10多年来已经救助了1000多个服刑在教人员的子女,其他地区政府也应为了这一特殊群体孩子的合法权益保护做点实实在在的工作。目前,我们国家也有一些民间投资的机构接收服刑在教人员的子女,但是他们的经济来源非常不稳定,是不是能够保证永远坚持下去,我们不得而知。目前很多地区的领导都去石家庄少保中心学习、参观、取经,但是为什么至今没有一个地区真正地像石家庄那样,成立了服刑在教人员子女教育保护中心呢?我也很困惑,很无奈,同时我真是很着急,我们不能将维护未成年人的合法权益停留在口头上。

2019年4月22日,我代表全国律师协会未成年人保护专业委员会前往河南省新乡市太阳村儿童救助中心进行调研,全国律协未成年人保护专业委员会委员、瑞源律师事务所主任刘瑞

政府应尽快完善对特殊群体未成年人保护机制

华与我一同前往。在调研中得知,这个中心系无偿救助困境儿童的公益慈善组织(NGO),建于2004年8月,在社会各界的大力支持下,累计无偿集中代养代教特殊困难儿童310余名,先后从新乡太阳村走出16名大学生,18名技校生。太阳村的王院长和佟主任为我们详细介绍了太阳村的基本情况,并带领大家参观了基建设施和孩子们的生活环境。看到教室中破旧的座椅和简陋的生活设施,经过与72岁的王院长一个多小时的座谈,我感触良多。王院长和佟主任都曾是监狱的警察,退休之后,看到那些服刑人员的孩子没人管,怪可怜的,就下决心开始为这些孩子办点实事儿,就这么一个简单而崇高的初衷,从此便到处化缘。在她们的努力下,辖区服刑人员的子女终于有了一个安身之地。由于资金紧张,中心的很多设施都无法更新,工作人员每个月的工资只有两千多元,所以根本留不住优秀的老师。

在座谈会之后,我们与孩子们一同在食堂吃了午饭,这些年龄不大的孩子真是能吃,餐盘中的米饭、一个荤菜、两个素菜,不论男孩儿还是女孩儿都吃得干干净净。看着他们吃饭的表情我便主动与孩子们交谈,他们都说这里饭菜比家里做得好吃多了,每天都有鸡蛋和肉吃,非常高兴,我也能感受到他们对未来的期许。他们喜欢运动,可惜校园里没有健身器械,他们喜欢画画,但是太阳村没有美术教室……他们使用的桌椅已经破旧,他们的被褥、床单早就该更换。

看到这一切,作为多年从事未成年人保护工作的公益律师,我不可能无动于衷。72岁的王院长身体不好,为了这些特殊群体的孩子,却坚守了15年。她有退休工资,本来可以安度晚年,现在却每天为了这些孩子的衣食住行忙得团团转,根本没有休息日。我们对她的赞许、对她事业的支持决不能只停留在口头上。之后我初步确定了帮助方案，得到全国律师协会未成年人保护专业委员会主任张雪梅和顾问佟丽华律师的大力支持。由于有新乡市刘瑞华律师积极操办，不到一个月的时间，崭新的桌椅及床上用品和配备齐全的美术教室便映入孩子们的眼帘。看到刘律师发来的照片，我心里的一块石头总算落了地。刘瑞华律师明确告诉我，下一步要发动新乡市当地的民间团体和社会组织对"太阳村"给予方方面面的支持和关心。参加活动的地方官员也表示要将"太阳村"的未来发展列入工作的议事日程，关心这些特殊群体孩子的健康成长。听其言而观其行，我期待着。

做好服刑人员未成年子女的教育和保护工作是一项希望工程，我们国家必须建立一整套对这一特殊群体未成年人保护的机制。我认为只有政府重视，并强烈意识到这项工作的重要性，各地才能付诸行动。让我们为这一特殊群体的孩子真正地撑起一片蓝天吧！他们不能选择父母，不能选择家庭，我们可以帮助他们选择未来，选择希望，让他们长大后为祖国建设贡献力量。

教师应承担起校园中
未成年人权益保障的责任

教师是人类灵魂的工程师,学校是专门的教育机构。然而,近些年来,我们发现,在从事未成年人权益保障工作方面有为数不少的教师没有履行其保护未成年人合法权益的义务。因此,以学校和教师为被告的侵权诉讼日渐增多,这些侵权行为伤害了未成年人年幼的心灵,成为他们健康成长的障碍。为此,我们不得不大声疾呼：每一位教师应承担起校园中未成年人权益保障的责任，只有这样才无愧于教师"人类灵魂工程师"的光荣称号。

一、问题的提出

学校作为专门的教育机构，应该在保护和教育未成年人方面发挥重要的作用。遗憾的是，在我国，不论教师之间、学校之间、地域之间存在着多大差异，就侵犯未成年人合法权益事件发生的概率而言，并不因大中小城市生活水平的悬殊差距，城乡之间教育教学水平的不同而各异。目前，在中小学校仍存在着打骂学生，体罚，变相体罚，侮辱学生人格，侵犯未成年人隐私权、名誉权的不正常现象。比如，在学生脸上刻上"贼"字的有之；因学生未完成家庭作业，就用火钩子将该学生面目烫伤的有之；当众侮辱学生是猪脑子的有之；翻看学生书包内的日记，侵犯未成年人隐私权的有之；对择校生收取高额费用，侵犯学生财产权的有之。这一切如罗列起来不能不令我们瞠目结舌。这些行为不仅严重地损害了学生的身心健康，压抑了学生学习的积极性，破坏了正常的师生关系，同时也有损教师和学校的形象。产生这一现象的重要原因，就育人者而言，是教师受封建残余思想的影响和教师法制观念淡薄，缺乏良好的师德。中国青少年研究中心在对少年儿童暴力伤害现状的调查中发现，居然有40.3%的学生曾被老师体罚过（罚站、罚跑），15.4%的学生曾被老师打过；在对教师调查的370份有效问卷中，有60.1%的教师认为本地区或多或少存在体罚学生的现象。这个数字的背后起码说明：

①我国未成年人合法权益的保护没有得到真正的实现。
②目前我国教师的法律素质亟待提高。

二、思路与对策

《中华人民共和国未成年人保护法》颁布后，分别于 2006 年和 2019 年进行了修订。1992 年中国加入《儿童权益公约》至今已有 28 年了，我国在未成年人权益保障方面尽管做了大量的工作，但现存的问题也是不容回避的，如果不能引起全社会特别是学校教师的高度重视，将会影响下一代人的身心健康，这关系到祖国的未来和中华民族的希望。因而，学校在未成年人权益保障方面负有不可推卸的责任。

(一) 要提高教师的法律素质

一切在校园中对未成年人合法权益的伤害，大多是由教师的法律意识缺乏、教育方法不当而引发的。我们不少教师仍延续"师道尊严"的思想观念，认为：只要我的出发点是好的，是为了学生，我就不应承担后果；现在的学生如果不给点儿颜色便无法管教；现在的孩子简直批评不得，话说得稍微重一些，不是离家出走，就是状告你侵犯了他什么权利，用法律说事，当今的教师真不好当。那么如何提高教师对未成年人权益保障的自觉性和法律意识，通过多年从事律师和教师工作的实践，我认为通过教师继续教育开设"未成年人权益保障课程"是行之有效的途径之一。

作为教师培训摇篮的教师进修院校，担负着为任职教师提供继续教育的任务，1999 年教育部颁布的《中小学教师继续教育规定》明确提出，所有中小学教师必须接受五年一轮的继续教育，标志着中小学教师继续教育法制化的新起点。在目前我们所开设的各门课程中，应开设未成年人权益保障课程。参加继续教育的中小学教师通过系统地学习与未成年人权益保障相关的法律知识，提高法律素质，有利于未成年人的健康成长，有利于依法治国和法制建设。

我在朝阳区"九五"继续教育培训过程中,曾对不同学科、不同年级的中小学近500名教师进行问卷调查,发现有相当多数量的教师从未学习过《中华人民共和国未成年人保护法》,这部法律中提到的对未成年人四个方面的保护和学校保护中一些禁止性的规定,不少老师一无所知。对于1992年4月1日在我国正式生效的《儿童权益公约》中的规定,如果连从事教育工作的教师都不知道或不清楚,那么学校中出现一些侵犯未成年人权益的事件,似乎就可以理解了。学法知法才能用法护法,针对这一问题北京教育学院朝阳分院在"九五"教师继续教育课程中尝试开设了"未成年人权益保障课程",通过讲授与未成年人保护相关的法律知识和案例教学,将发生在教师身边的典型案例进行分析总结、讨论,使教师们认识到首先要摆正自己的位置,尊重自己的学生;认识到未成年人作为弱势群体,需要教师更多的关心和帮助。就人格而言,未成年人有与成年人一样的名誉权、隐私权,老师不能以自己动机是好的为由,而对他们不尊重、体罚或变相体罚。体罚学生对学生的身体和人格尊严是双重伤害,可能会影响学生个体今后的社会化发展。可以想象,如果一个未成年人在学生时代曾受到过伤害和凌辱,那么,他们长大成人后很可能形成一个不健全的人格,会仇视他人、仇视社会,将埋藏在心底的这一烙印转化为对弱者的欺侮,甚至走向犯罪。上海市曾对获市级以上表彰的优秀班主任做了一项调查,在回答如何做好班主任工作时,有81%的老师选择了"以身作则",62%的老师选择了"认真负责",而选择"尊重学生"的只有27%,这说明即使是这些优秀的班主任,在他们的思想观念中,传统思想成分仍然比较浓重。

学生在校园内能否得到应有的尊重,老师自身的法律素质,有着不可低估的作用。在教学过程中应组织中小学教师进行课堂辩论、专题研究、各抒己见,将最新的未成年学生在校期间发生人身伤害如何确定学校的民事赔偿责任方面的司法解释及时告诉教师们,使更多的教师明确未成年人有哪些权利,教师有哪些义务。另外,有条件的区县可以组织教师到法院旁听与未成年人相关的案件,通过旁听学生状告学校和老师侵犯其合法权益的案件审理,教师会得到更多的启示。

(二) 教师继续教育应成为提高中小学教师法律素质的最好课堂

1. 与时俱进,转变观念

终身学习是当今学习型社会发展的必然趋势,教师培训是一个与时俱进的动态过程,既要不断推陈出新,又要有所发现,在职教师要不断解决教育教学过程中的问题,贴近社会。教师继续教育工作启动以来,全国已有1500多万名中小学教师参加培训,如果全国各进修院校都能将未成年人权益保护作为教师继续教育的培训内容之一,相信若干年后会见成效。

2. 教育者先受教育

教育是影响人、造就人、改变人的事业,教师教育也不例外。尽管目前教育行政部门并未强制规定教师继续教育必须开设法制教育课程,但作为教育政策法规中的一部分将其作为公共课开设,各进修院校应予以认可,特别对每学年前来进行岗前培训的新任教师尤为重要。在新教师刚刚迈入从教的门槛时就先打个预防针,使他们有一个正确的教师观、学生观,充分认识到人格尊严上师生之间是平等主体,没有什么差别;对于容易受到伤害的弱势群体的学生,应给予加倍的呵护和尊重,这是一名合格教师必备的素质之一。一名新任教师如果在他刚刚从教时,就对未成年人权益保护问题有了一个高度的认识,那么在他未来的从教事业中就会减少甚至避免出现侵犯未成年人合法权益的事件。逐渐增强教师学法、用法的自觉意识，使教育者先受教育，是各教师进修院校现在乃至今后长期的任务之一，从哪个角度讲都不应该怠慢。一个不知晓与未成年人成长相关的法律知识的教师，是不可能培养出法治社会所需要的人才的。

三、体会和建议

未成年人是未来的希望，中国的希望寄托在他们身上。被寄托希望的一代应是身心健康的一代，应是大有可为的一代，长江后浪推前浪，一代更比一代强，只有这样中国才有可能立于世界民族之林。而千里之行始于足下，通过开设未成年人权益保障课程，我体会到：只有合格的教师才能造就合格的学生，教师法律素质的提高是造就学生法律素质的前提和基础。有位中年教师学习后感慨地说，如果不学习与未成年人相关的法律知识，简直就是法盲，连自己犯了法都不知道，还怎么去教育学生和保护学生合法权益呢？所以从源头之一的中小学教师开始学习、渗透未成年人权益保护的法律知识，我相信坚持数年必有好处。

未成年人权益保障课程要突出法律意识和法制观念，以往一些教师不懂法或违法并非缺乏学法所必需的知识和能力，而是法律意识和法制观念太淡薄，认为只要教好书就是好教师，法律与自己的工作没有直接关系，法律是法律专家和学者的事，教师对学生有些过激行为是出于关心爱护，上升到法律的高度是小题大做，谈不上是侵犯学生合法权益和有害学生的行为。大多数学校的领导和教师不认为在对学生批评教育中采用讽刺、挖苦、侮辱、体罚，甚至殴打是一种违法行为，充其量是过激行为。因此，除非造成严重的后果，一般不会与教师的评比、晋升结合起来，学校很少在会议上就未成年人权益保障进行专门宣讲，也很少组织全体教师学习相关的法律法规。所以，通过教师继续教育的干训和师训，在教师继续教育学习期间，大张旗鼓地对中小学校领导和教师进行未成年人权益保障法律知识的培训，是很有必要的。

1993年颁布的《中华人民共和国教师法》中明确规定，教师应"关心、爱护全体学生，尊重学生人格""制止有害于学生的行为或者其他侵犯学生合法权益的行为"。以上法律内容，我们普遍学习和宣传得不够。在讲授法律知识的同时，要特别注意引导教师树立依法行使权力、履行义务的法律意识，培训他们依法执教、依法做人的思维方式和行为习惯，从根本上遏制教师体罚和变相体罚学生，防止侵犯学生合法权益现象的发生和蔓延。

"未成年人权益保障课程"是一门综合性很强的课程，涉及《未成年人保护法》《教师法》《义务教育法》《民法》《民事诉讼法》《刑法》《刑事诉讼法》等法律，因此建议应尽快发布继续教育法制教育的课程计划。可喜的是全国未成年人保护专业委员会主任佟丽华律师撰写的《未成年人法学》一书已出版，作为中华人民共和国成立以来的第一部最具权威性、最全面、最具操作性、理论与实践相结合、通俗易懂的法学专著，为授课提供了生动的教材。教育行政部门要组织专家编制教学大纲，编写基本教材和必要的教学参考资料，使这门课的建设逐步走上规范化、科学化的轨道，使关心未成年人成长、尊重未成年人权益不再是一时之事，而将成为全社会长期自觉履行的职责。人民教师应成为其中坚力量，为下一代的健康成长贡献力量。孔子说："其身正，不令而行，其身不正，虽令不从。"我们教师应该成为学生学习的榜样,率先垂范,教书育人,不愧于"人类灵魂工程师"的称号。

我国是一个有着三亿多未成年人的大国,未成年人的身心健康,关系祖国的未来和中华民族的希望,当每一位教师真正承担起校园中未成年人权益保障的责任时,当依法治校成为每一个教育工作者的实际行动时,当我们看到每一个少年儿童都能在阳光雨露下茁壮成长时,祖国的春天才会更加美丽。

律师参与对中学教师进行法制教育培训的实践与思考

引言

我国有三亿多未成年人,未成年人是中国的未来和希望,他们的健康成长关系到社会的发展和稳定。然而发生在中学校园中的未成年人违法犯罪和近年来以学校和教师为被告的侵权诉讼时有发生,这两个与未成年人成长相关的严峻问题都与学校教育紧密相关。人才的培养在教育,教育的关键在教师。教师法律素质的提高,是培养学生法律素质的前提和基础。目前,我国中学教师在职培训只限于本专业范围的知识,对他们进行法制教育,提高教师的法律意识是当今未成年人健康成长的需要,是学校依法治校的需要,也是建设法治社会的需要,而目前这一领域却是一个薄弱环节。客观分析,没有理想的师资队伍,是无法开展这项工作的重要因素之一。所以从事未成年人保护工作的专业律师,应勇敢地挑起这一重担,探索一条参与对中学教师进行法制教育培训的新路。以下根据笔者多年来从事这项工作的实践经验,略谈体会,与各位同行共勉。

公益律师——从知青到儿童权益守护者

一、问题的提出

在我国的大中城市中，18 岁以下的未成年人几乎都在各类学校接受教育，其中包括普通高中、职业高中、中专、中技，之后有少数人接受高等教育。但不论日后他们在社会上从事什么工作，当他们回忆一生的成长过程时，几乎都认为，中学阶段的学习生活，学校教育对他们产生的影响，班主任老师对他们的教诲十分重要。很多优秀品质、道德情操都是在中学阶段形成的，中学阶段只有六年，却为一个人世界观和人生观的形成奠定了基础。

随着时代的进步，全社会对教师的要求越来越高，教师教书育人的责任也越来越重。教师是人类灵魂的工程师，学校是专门的教育机构。然而，近年来出现了未成年人犯罪低龄化的发展趋势，未成年人犯罪案件中有一部分为在校生所为。多年前在北京市发生的"6·16事件"中两名 13 岁和 14 岁的初中学生居然故意纵火，烧死了 25 名在校大学生，令每个成年人瞠目结舌。另外，在中学校园中侵犯未成年人合法权益案件也有所增加。北京市一所中等技术学校曾发生一起四名在校学生拦路抢劫四名小学生钱财的案件，审理此案过程中，少年法庭的法官询问四名学生犯罪动机时，他们理直气壮的回答令法官大吃一惊："我们四人中的一人过生日，大家为了庆祝，在餐馆吃饭时喝了两瓶啤酒，被班主任老师知道后，让我们交罚款一百元，我们没有钱又不敢向家长要，只有抢小同学的钱了。"这一简单的理由竟酿成了一起共同犯罪。教师本应对这几个学生进行批评教育，却采取了罚款的方式，可以说这一犯罪与教师教育手段不当有很大关系，这难道不值得教育工作者反思吗？

目前，在中小学校仍存在侵犯未成年人合法权益的现象，这些行为不仅严重地损害了学生的身心健康，压抑了学生学习的积极性，破坏了正常的师生关系，同时也有损教师和学校的形象。产生这一现象的重要原因，是教师受封建残余思想的影响和教师法制观念淡薄，缺乏良好的师德。

另外，目前校园欺凌现象有蔓延趋势，发生地从大城市北京、上海、天津到欠发达地区的云南、广西再到中国南端的海南。2019年10月上映的电影《少年的你》是一部反映校园欺凌事件的影片，看似风平浪静的校园中却隐匿着暴力。这部电影之所以吸引观众，不仅是演员的精湛演技和导演拍摄的高超技巧，最重要的我想是因为电影真实地反映了当今社会的另一面，中学校园中隐藏的欺凌。我也去看了这部电影，走出影院，我的内心充满了压抑感和沉重感。我们的中学生在面临凶恶事件时，他们表现的是软弱、脆弱、不堪一击。此时我们的教师能做什么？我们能走进他们的感情世界吗？我们能理解青春期的学生那纯粹的爱吗？对于他们的自我价值观和自我认识能力，我们的老师在教授他们知识的同时能给予具体的指导和帮助吗？陶行知先生教导我们："千教万教教人求真，千学万学学做真人。"我们的教师既然选择了从事教育这个职业，就意味着要为此付出，力争做一名优秀的人民教师，不辱使命。目前校园中出现的各类违法问题起码说明：

①减少在校生违法犯罪、减少校园欺凌和依法维护未成年人合法权益都与教师的法律素质高低息息相关。

②我国目前教师队伍的法律意识亟待提高，法律素质亟待加强。

全国优秀法官尚秀云曾对海淀区100名少年犯进行问卷调查，在"你对大家的忠告是什么"这一问题上，绝大多数少年犯的回答是："学法知法，遵纪守法。"他们希望学校能够设置法制教育课,将法律知识深入浅出地融入课堂教学中。令我们遗憾的是,从事塑造人类灵魂的教育者对法律却知之甚少,又如何对他们的学生进行法制教育呢?分析学校出现的一系列问题发现,其根源可能是多方面的,但提高教师的法律素质,对他们进行普法教育是当前亟待解决的问题之一。从事未成年人保护工作的律师在司法实践中代理的个案,无论是民事还是刑事,都是现实生活中实实在在已经发生的,但要从源头预防和减少这一类案件的发生,却是值得我们去思考和研究的。对教师的教育,特别是法制教育是摆在我们面前的一项艰巨任务。为了祖国的未来,为了保护未成年人的合法权益,为了预防和减少在校的未成年人违法犯罪,我们这些从事未成年人权益保护工作的专业律师,有理由也应有信心在对中学教师的法制教育领域进行大胆尝试并做出贡献。

二、对中学教师进行法制教育的探索

笔者是一名专职律师,同时又是一名兼职教师,所以在对在职教师进行法制教育培训方面具有得天独厚的优势。1996年我就开始尝试这项工作,为了证实开设这门课的必要性,我曾对朝阳区不同学科的数百名中学教师进行了一次关于对在职教师开设法制教育课程的摸底调查。调查结果表明,与教育、教师工作紧密相关的法律法规他们基本上都不清楚。曾有一位中学校长告诉我,他们学校的一名初中二年级班主任,私下翻看一名女学生日记,并将一封所谓的"情书"在全班宣读,初衷是希望以此教育这名同学。没想到这位女生随后离家出走,之后学生家长将学校和班主任告上法庭。诉讼的结果是:法院认定学校已构成侵犯学生隐私权,而校方一审、二审均败诉。谈到这一案件时,这位校长一肚子的委屈,她认为现在哪还有什么师道尊严，老师管教学生都是为了他们好，可学生不但不领情，反而动不动就告学校、老师侵权，今后谁还敢管学生。这位校长的想法很有代表性，因为他们根本不清楚有关未成年人合法权益保护的相关法律规定。在问卷调查中几乎所有的教师都认为当前对教师进行法制教育十分必要，这样就增强了我在北京教育学院朝阳分院通过教师继续教育开设这门课的信心和决心，从而成为在北京市教育系统的首创。在教学过程中我们必须清楚，我们从事的是教师的教育，面对的是成人教育，几乎所有的教师都接受过高等教育，有一定思想水平和教学能力，所以在授课前要做好精心的准备。

1. 明确教学内容

通过问卷调查将教师们关心的法律问题进行排序，与未成年人相关的课程有：未成年人合法权益的保护、预防和减少中学生违法犯罪、如何减少校园欺凌、学校领导的依法行政等。

相关法律有：《中华人民共和国教师法》《中华人民共和国义务教育法》《中华人民共和国民法通则》《中华人民共和国民事诉讼法》《中华人民共和国刑法》《中华人民共和国刑事诉讼法》《中华人民共和国未成年人保护法》《中华人民共和国预防未成年人犯罪法》《儿童权利公约》。

2. 教学方法得当

教学是一门科学，对于不同的授课对象应选择不同的教学方法，教学方法是完成教学任务、实现教学目的的重要手段。根据笔者多年的经验，对中学教师进行法制教育应坚持案例教学法。

案例教学法起源于美国哈佛大学的商学院和法学院，其基本特征是：联系实际的高度拟真性，教学过程的主观参与性，能力培养的多样性，独立思考与案例讨论结合。我们每一位从事未成年人保护工作的专业律师，手中都有许多典型的案例，在对教师进行培训时，要针对成人教育的特点体现参与性，将已准备好的生动案例进行剖析，我们所选用的案例应具有客观真实性。所有案例都应是确已发生过的客观事实的描述，而不是杜撰虚构和主观臆断的产物，这有利于激发听课教师的学习兴趣和参与意识，使他们从案例中不同当事人的角度来观察和处理问题。案例还具有典型代表性，因为所有案例都有已生效的法院判决，其中事实部分都是现实生活中最有代表性的、最能反映事物本质有价值的实例。这些实例，不论是民事判决还是刑事判决都具有普遍性，它在相类似的情景和条件下，在不同的时间和地域有可能"近似"地再现，并为人们所公认。其基本依据在于事物的个性中蕴含的共性，矛盾的特殊性中蕴含的普遍性。

3. 教学目的性

所有案例都应经过精心挑选，为了提高每一位教师的法律意识，以有的放矢为目的。做到既能传授法律知识，又能激发教师的学习兴趣，提高自学、观察、讨论、分析、判断的能力，这样也有利于提高教学效果。

学法、知法才能用法、护法，通过学习与未成年人保护相关的法律知识，对典型案例进行分析总结、讨论，使教师们认识到首先要摆正自己的位置，尊重自己的学生。认识到未成年人作为弱势群体，需要更多的关心和帮助，就人格而言，他们有与成年人一样的名誉权、隐私权，不能以老师动机是好的为由，而对未成年人不尊重，体罚或变相体罚。体罚学生对学生的身体和人格尊严是双重伤害，可能会影响学生个体今后的社会化发展。如果一个未成年人在学生时代曾受到过伤害和凌辱，那么在他们长大成人后有可能会形成不健全的人格，仇视他人，仇视社会，将埋藏在心底的这一烙印转化为对弱者的欺侮，甚至走向犯罪。

三、建立法制教育基地（情景体验法）

法院是审判机构，全国 80% 以上的省、自治区、直辖市的法院都建立了少年法庭，专门从事未成年人犯罪的审判工作。为了使教师真切地认识到当前未成年人犯罪形势严峻和学校、教师为被告的案件时有发生，笔者从 1996 年开始与北京市第一中级人民法院、东城区人民法院、朝阳区人民法院取得联系，组织中小学教师、领导干部到人民法院旁听与未成年人相关的典型案例。每一次旁听的案例都由审判长筛选，法官像教师备课一样精心准备并做到当庭宣判，休庭后，审判长会结合该案向旁听的老师认真讲授审判的思路、判决的依据、未成年人犯罪的特点并告诫学校应如何预防在校生犯罪。在旁听学校成为被告的案件中，审判长会结合案情讲述学校为什么败诉或说明为什么驳回原告的诉讼请求，并针对校园中侵犯学生权益的案件提示告诫旁听的教师在教育工作中应注意哪些法律问题，如何履行教师应尽的义务等。参加旁听的老师，还可以提出与本案相关的各类法律问题和学校已发生尚未进入诉讼程序的与未成年人权益相关的问题。教师与法官之间的这种互动过程也活跃了旁听活动的气氛，活动结束后，我再进行总结。这样从程序到实体，从理论到实践，从抽象到具体，从教室到法庭，这一情景体验给每一位参加旁听的老师上了一堂活生生的法制教育课。老师们普遍表示印象深，收获大，对他们是一次心灵的震撼。

我还组织教师到北京市戒毒中心、未成年人管教所参观，请少年审判法庭的法官，走进课堂为老师们授课。这一系列活动使老师们强烈地感受到自己肩负的责任重大，教书的同时还要育人。百年大计教育为本，教育大计教师为本，具备法律素质应作为一个合格教师的标准之一。

四、体会和建议

未成年人是祖国的希望，一个家庭将未来寄托在孩子身上，为了孩子能健康成长付出了很多心血，中国的希望寄托在孩子身上，被寄托希望的一代应该是身心健康的一代，全面发展的一代，大有作为的一代。大的社会背景中浮现的诸多矛盾，作为一名律师不可能予以解决，但用我们律师的良知，用我们的法律知识，用我们的一片爱心，做一些力所能及的事情，开拓思路，扩大受教育领域是可行的。我曾多次强调，教育者应先受教育，因为教育是影响人、造就人、改变人的事业，教师教育也不例外，教师教育应包括职前和职后两部分。我们队伍中已有为数不少的律师开始对教师进行职后培训，在这方面进行了有益的尝试并取得了可喜的成绩。为深入进行法制教育培训工作，笔者有以下建议：

1. 建立培训制度

作为教师培训摇篮的各地教师进修学校，应担负起在职教师的继续教育工作。教育部颁布的《中小学教师继续教育规定》指出：所有中小学教师必须接受五年一轮的继续教育。这标志着中小学教师继续教育工作法制化的新起点，各地未成年人保护专业委员会可主动与教育行政部门取得联系，派出有一定司法实践经验和教学能力的律师对中学教师进行法制教育培训，先行试点，逐步推开，最好使培训制度化，相信坚持数年必有好处。

2. 定期听取反馈意见，拓宽培训范围

对教师进行法制教育培训，最好采用讲座的形式，一次以四学时为宜，课程安排不宜太紧，每次留出 20 分钟左右的时间进行答疑。课后可由教育管理部门召开部分教师座谈会，听取反馈意见，便于改进工作。在对教师进行培训时，可根据实际情况将中学教师、小学教师和中小学领导干部分别培训，根据不同群体的关注范围，确定不同的授课内容。

3. 情景体验，探索新的培训模式

在培训计划中可将组织教师到法院旁听作为教学重要内容之一，未成年人保护专业委员会可与各地人民法院建立跨部门合作。以一个学期组织一次面对教师的旁听为宜，组织旁听前要主动与法院共同协商确定适合旁听的典型案例，将旁听的目的、要求告知教师，力争做到寓法制教育于活动之中，使培训形式丰富多彩，从而提高教师的学习兴趣和培训效果。

4. 集中培训与分散培训相结合

各地未成年人保护专业委员会可与本地区教育行政部门协商，除聘请律师担任中学法制副校长，对个别学校教师进行法制教育外，还可以利用寒暑假教师休息时间，与教委或进修院共同组织集中培训，时间以 3~5 天为宜，人数确定在 80~100 人。这样时间集中，内容丰富，收效会更大，但需投入一定的精力进行周密的准备工作。

从事未成年人保护工作的律师就专业水平、职业道德而言，对中学教师进行法制教育培训应该是能够胜任的。目前的现实是各地进修院校急缺从事法制教育课的教师，这门课的特点决定了讲课教师不但要有理论水平，更重要的是要有实践经验。目前，全国律师协会未成年人保护专业委员会的部分律师主动

请缨,参与了对辖区的中小学教师和学生的普法教育,效果显著,受到各界的欢迎。有一句广告词是:"思想有多远,我们就能走多远。""千里之行,始于足下",只要我们拓宽思路,开阔眼界,勇于实践,在对中学教师进行法制教育的领域开辟一个新天地是完全可能的。

导致未成年人犯罪的家庭原因及危害和预防

我相信我们大家有一个共识,就是未成年人是国家的未来、民族的希望,他们能否健康成长关系到中华民族的兴衰,我国政府高度重视未成年人的健康成长,把法制教育列为素质教育的重要内容,同时制定并实施了《中华人民共和国义务教育法》《中华人民共和国未成年人保护法》《中华人民共和国预防未成年人犯罪法》等与未成年人成长相关的法律。我国是个人口大国,未满18周岁的未成年人达3亿多。让我们来探讨一下未成年人犯罪这一全世界共同关注的沉重话题,重点从导致未成年人犯罪的家庭原因方面进行深入分析,希望对教育工作者和为人父母的家长们有所启发和警示。在国家和政府大力倡导依法治国的今天,提高未成年人的法律意识是十分必要的。中国虽然与美国、英国、加拿大、法国等国家相比犯罪率较低,但近些年来未成年人犯罪呈现低龄化已成为不争的事实,未成年人犯罪起码有以下几个特点:

1. 犯罪年龄的低龄化。有关统计结果显示,未成年人犯罪以 16~17 岁年龄的居多,占未成年人犯罪的大多数。但有的地区 14 岁、15 岁的未成年人犯罪占 40%~50%。有这样一个真实案例,某地一个刚满 15 岁的男孩,伙同本村一个 21 岁的男青年,为了钱财,将同村的两个十多岁的少年杀害,随即抛尸于村里废弃多年的枯井中,尔后,又给被害人家属打电话勒索 20 万元现金。近几年来,不满 14 周岁的未成年人危害社会的行为也逐渐增多。暴力侵害、校园欺凌等恶性案件常有发生,低龄未成年人违法犯罪问题已成为社会焦点,未成年人犯罪虽说比前几年有所减少,但仍出现了低龄化的趋势,还呈现出组织化、成人化、暴力化倾向。

2. 违法犯罪类型以侵犯财产类居多。抢劫、盗窃、诈骗等犯罪占到了未成年人犯罪的 70% 左右,而且出现了团伙作案。有的未成年人犯罪团伙拥有严密的组织体系,并有作案纪律和反侦察措施,已经形成了社会组织的雏形,有的未成年人讲:"一人胆小,二人胆大,三人什么都不怕。"在作案时不少未成年人不愿让别人瞧不起自己胆小,往往争强好胜,不计后果,所以团伙犯罪的社会危害性极大。北京市公安局曾侦破一个由七名 18 岁左右的成员组成的涉黑团伙,名叫"太子堂",这个团伙的总堂主称为"大哥",旗下有五个分堂,还有堂规,经常寻衅滋事。在总堂主的领导下，居然有七八十个"小兄弟"参与报复仇家、行窃等犯罪行为。在某城市曾破获一个由50多人组成的犯罪团伙，最大的才20岁，最小的只有14岁，他们给自己的团伙起名为"黑衣帮"，规定每人每星期要交帮费，平时这个组织就是帮人打架，决不允许帮内成员被外人欺负。行动时必须都穿黑色衣服，黑色鞋子，统一留寸头，衣服和鞋都由帮费统一购买。据那名14岁的成员讲，参加这个组织就有人罩着了，人多又热闹，朋友多，像亲兄弟一样，加上一起出去时都穿黑色衣服，感觉很酷，所以大家都愿意加入，觉得加入了这个组织别人就不敢欺负了。

3. 暴力犯罪不断上升。有几位长年从事少年审判的法官说，未成年人的犯罪手段已呈现出凶残化、智能化、成人化的特征。在作案时，对被害人没有丝毫同情和怜悯之心，想怎么干就怎么干，手段极其残忍，不计后果。有的未成年人甚至采用现代化技术手段，如麻醉剂、电击手枪进行犯罪。我在参加国务院妇女儿童工作委员会两纲督导时，曾去过一个省级的未成年犯管教所。在与几个未成年人座谈时，一个身高仅有150厘米的15岁少年犯引起我的注意。经了解才知道，他在一天晚自习后，去一个居民楼一层的一户人家打算入室盗窃，正巧男主人在厨房，听见有动静便下意识地一回头，看是个孩子，还问了一句，你找谁啊？是不是走错门了？这个男孩儿马上意识到，这家的男人看见我了，他一定会报案。就这么巧，在房间门口放着一把斧子，他立马拿起斧子便朝着没有丝毫防备的男主人的颈部砍去，这个男主人还没有反应过来，就倒在了地上。这时另一个房间的女主人听见有响声，马上就喊："怎么啦？怎么啦？"这个少年拿着斧子推门进了屋里，毫不犹豫地又将坐在床上看电视、手无寸铁的女主人和一个刚满三岁大的女孩子也砍死了。我当时感觉这个少年犯在向我陈述一个故事，根本不像是发生在他自己身上的一起故意杀人行为。我急切地问他："你怎么能忍心对一个 3 岁女孩子下得了手？她对你构成伤害吗？"没想到这位 15 岁的少年犯居然坦然地对我说："阿姨您想啊，她的父母都死了，这么小的孩子今后她可怎么活啊？"我听了他的回答顿时脑子有点蒙，这是什么逻辑，简直就是无耻的谬论。我看着这个身高只有 150 厘米却有着成年人都难有的心理素质的 15 岁少年犯，看着他稚气的面孔，真的很难把他与亲自动手杀了三个人的杀人犯联系起来，这个少年犯最终被判了无期徒刑。

在这里我们简单介绍一下刑事责任年龄，刑事责任年龄就是从法律角度规定，多少岁的人犯罪应当负刑事责任，法律对未成年人犯罪有什么规定。在司法实践当中，有的老师、家长认为一个未成年人怎么会判这么重的刑罚呢？小偷小摸的还会判刑吗？我国《刑法》规定，已满十六周岁的人犯罪，应当负刑事责任。因为这个年龄的未成年人身心发育基本成熟，什么事情该做，什么事情不该做，应该有起码的分辨能力，所以他要对自己的行为负完全的责任。我国《刑法》又规定，已满十四周岁不满十六周岁的犯故意杀人、故意伤害致人重伤或死亡、强奸、抢劫、贩卖毒品、放火、爆炸、投毒罪的，应当负刑事责任，我们称为限制刑事责任年龄，以上八种严重犯罪，所造成的社会危害不言而喻。所以尽管只有十四周岁，家长认为他们还只是孩子，但法律是无情的。鉴于犯罪的低龄化，最近有不少专家还提出，要降低刑事责任年龄。但客观地分析，无论刑事责任年龄怎么降，都会出现未达到刑事责任年龄的未成年人恶性行为到底应该如何处理的问题。对于已满十四周岁不满十八周岁的人犯罪，法律规定应当从轻或减轻惩罚，所以以上

导致未成年人犯罪的家庭原因及危害和预防

案例中的那个15岁的少年犯才会被判无期徒刑而非死刑,希望家长们从未成年人犯罪的以上三个特点中得到启示。

未成年人犯罪带来的危害是巨大的,从大的方面讲,影响社会的稳定以及和谐社会的构建,为了挽救这些孩子,国家投入财力、人力、物力设立未管所对未成年犯进行教育、改造、挽救。从一个家庭讲,孩子的犯罪给家庭带来的痛苦,只有父母最清楚,无法解脱。在探监的短短一个小时,哪个母子、父子不是泪流满面,抱头痛哭。他们本应在明亮的教室读书学习,现在却在高墙内接受改造,犯罪的成本、代价是无法计算的。每次在看守所会见我的小当事人时,每次在与他们交谈时,他们无一例外地说:"王阿姨,我这么做不值啊!"甚至会捶胸顿足地说:"真的太不值啦!可是后悔已经晚了,我现在才意识到自由的可贵,我留恋与父母在一起的日子,留恋校园的生活。"是啊!俗话说,"吃一堑长一智"。可这个代价也太大了。未成年人犯罪给受害人和受害人家庭带来的痛苦更是巨大的,是挥之不去的,甚至是无法弥补和挽回的。

未成年人犯罪确实是一个极其重要的社会问题,不是孤立的,究其原因,有自身的,所谓内因,又有客观因素的影响,即外因。通常我们会从社会原因、学校原因、家庭原因三个方面进行分析。但我们与更多的在押未成年犯促膝谈心、真诚交流时,发现几乎所有的孩子都会谈到他们犯罪的家庭原因,父母对他们潜移默化的影响,以及成长环境对他们的影响。是啊!我们经常讲,家庭是孩子的第一课堂,父母是孩子的第一任老师。人之初,性本善。当一个生命来到人间,呱呱坠地时,纯洁无瑕,是一张"白纸",任何父母都会希望自己的孩子健康成长,甚至在孩子身上寄托了许多梦想。但为什么有的孩子日后却出现了越轨行为,他们的父母在家庭教育中到底出现了什么问题呢?

一、家庭教育方式的不当

中国民间早有"三岁看大,七岁看老"的说法,它的含义是在孩子三岁、七岁时会形成一些重要的个性特征,对其一生都会有影响,即对孩子从小的教育会影响到他的今后,甚至一生,因此应该重视早期教育和对孩子的养成教育。《未成年人保护法》规定,父母应当"以健康的思想、品行和适当的方法教育未成年人,引导未成年人进行有益身心健康的活动。"然而在现实生活中,不少父母并未按照上述要求去教育孩子。

1. *溺爱式家庭*

我国计划生育的政策决定了目前大多数家庭只有一个孩子,2016年才放开一对夫妇可以生两个孩子的政策。所以独生子女往往不但被父母宠爱,也被祖父母、外祖父母宠爱。从小娇生惯养,在物质上、精神上无原则地予以满足,形成亲情过剩,日积月累这个孩子便养成了以自我为核心、骄横、任性、好吃懒做的不良习性。这是导致部分未成年人犯罪的重要原因之一。有一个15岁的在押少年犯,他的家庭条件非常优越,父母曾为他雇了三个阿姨,来照顾他一个人的日常生活,使他从小养成了唯我独尊、自私蛮横的性格。一次在学校操场上踢足球,他与同学发生了口角,被这个同学扇了一耳光,他感到自己受到了极大的侮辱,无法忍受,盛怒之下跑回教室从书包里拿出一把削苹果的小刀子跑回操场,趁打他的同学不注意,将他扎死了,之后被判了重刑。一味溺爱,为形成不良个性埋下了罪恶的种子,形成了畸形的人格。"溺"在《现代汉语词典》里解释为"淹没在水里。"例:溺水。"溺爱"解释为"过分的宠爱","宠爱"解释为"娇纵偏爱"。溺爱对孩子的教育培养往往是事与愿违,爱一定要把握好"度",就是掌握好分寸、火候。

2. 忽视型家庭

这种家庭的父母往往不履行教育子女的义务，对孩子的不良行为不闻不问或视而不见，放任自流。有一个因犯盗窃罪而入狱的未成年人回忆说，他在小学六年级时，拿走了同班同学一支非常漂亮的派克笔，回家主动告诉了爸爸。没想到爸爸不但没有批评他反而问："当时有同学看见吗？"他说："好像没有。"于是爸爸便说："小孩子家怎么用这么好的笔呢？这家肯定很有钱，干脆给我用吧，万一你拿到学校被发现了怎么办？"从那以后他胆子越来越大，到后来偷同学的钱包，直到偷手机。目前，许多家庭的父母只关心孩子的学习，忽视了思想品德的教育和良好行为规范的培养。很多父母不能有效地与孩子沟通、交流，无法及时了解孩子的心理状况。一项调查表明，49.59%的孩子平时很少与父母交流，有的父母即便交流也不能正确引导孩子的行为。一个少年犯因学习不好，在上初中二年级时就与父母说，不想继续上学了，而这个孩子的父母居然就同意了，还说上学也没什么用，现在大学生毕业了都不好找工作，你个子也挺高了，干脆早点找个活儿干也不错。没想到辍学之后，这个男孩儿结识了一些游手好闲的社会青年，天天吃喝闲逛，最终因犯故意伤害罪而获刑。这个男孩儿非常后悔地说：如果当时他不辍学还继续在校读书，接受正规的教育，也许就不会结交社会上的不良青少年，真是"近朱者赤，近墨者黑"。这个少年犯说："我也会常常思考，我小时不懂事，那我爸妈都是大人了，难道他们也不懂这个道理吗？我爸爸妈妈当初怎么不劝我要好好学习呢，我现在想起这件事来，确实认为他们是不合格的父母。"这个在押少年犯的心声，是有一定代表性的。另外，我还要提醒父母注意，千万不要让未成年子女进入营业性网吧和营业性歌舞厅，那里的环境对未成年人的影响是潜移默化的，稍不留神就会误入歧途，切记！切记！

二、特殊家庭的不良影响

1. 父母不良行为的影响

父母的言行举止和对人生的态度，会对未成年人产生潜移默化的影响，父母的所有不良行为，都会给子女以暗示，甚至会使子女模仿大人的不良行为。例如，有的父母酗酒、赌博、生活不检点，甚至在家中观看淫秽视频，有的父母自己卷入违法犯罪活动，这些都会直接或间接影响孩子成长。我国目前大约有180多万在押服刑人员，有未成年子女的服刑人员有50万左右，占在押犯总数的将近30%，这其中特别是农村50%以上服刑人员的未成年子女生活困难，其中大多数的孩子没有得到社会救助，有的中途辍学，有的流浪乞讨，犯罪率高于普通家庭的孩子。如果我们不及时对这些服刑人员的未成年子女进行有效的救助和教育，那么他们很可能成为社会的隐患。当我在石家庄未保中心与孩子们一块儿参加活动时，心情很复杂。有的家庭中的三个孩子都在未保中心，我不知道这些孩子的父母是否反思过自己的行为。当他们在实施犯罪行为那一瞬间，是否考虑了他们孩子的未来，他们的行为给孩子的心灵带来的伤痛如何弥补；这些孩子有自卑、心理闭锁、仇视父母、高度恐惧等十多种心理问题。

2. 冲突家庭的不良影响

这里特指父母不和，经常互相指责、争吵甚至殴斗、拳脚相加等不良行为。很多家庭夫妻离婚前都有过一段时间的"战争"，这也会使孩子形成不健康的心理。我国离婚率几乎每年都在上升，有的大城市离结率甚至达到了40%左右。在一个少年法庭受理的未成年人刑事案件中，来自单亲家庭的占少年犯总数的 26.4%，来自婚姻动荡家庭的占 25.5%，二者相加为 51.9%。有这样一个真实案例：一名 16 岁的学生，5 岁时父母离婚把他判给了父亲，父亲再婚后家里又添了一个男孩儿，从此继母对他就很不好，放学后他都不愿意再回到这个家。这个学生失去双亲的监护，心理上失去了平衡，因而对所有人产生了不信任，只相信自己。有一次学校要交学费，他不知道应该找谁去要。在放学的路上他看见一个正在用手机打电话的男孩儿，就趁其不备用砖头把这个孩子打倒，随后抢了手机就跑。之后他把手机卖了 1200 元钱，用卖手机的钱交了学校的相关费用后，剩余的钱与几个同学下馆子都花了。被抓获后，他的父母都后悔地流着眼泪说："都是我们害了孩子!"几年前，我曾与时任北京市东城区人民法院少年法庭庭长的岳慧青及万大强律师一同到东城区看守所，为一个 17 岁少年犯提供司法救助。这个男孩儿已在押 7 个月，那天刑满就要回他在黑龙江的老家。他从小父母就离婚了，由他的大伯抚养大。他来北京本想打工赚钱，却与他人发生口角，动手将人打成轻伤，判处有期徒刑 7 个月。马上就要回家了，这本来是个好事情，可他没有回家的路费。为了让他能顺利安全回到家，我们提供了必要援助，东城区少年法庭的法官还专门为他买了条有多个口袋的裤子，为了防止现金被偷分别放在四个裤兜里。我在看守所见到了这个男孩儿，他身高约有 175 厘米，长得挺帅气，白白净净的，看着有点腼腆。在向他发放司法救助金时，需要在支出凭证单据上签字。此时他拿着签字笔用一种奇怪的眼神看着我，好像想说话似的，憋了半天挤出几个字来："报告! 我不会写字。"我说："就写你自己的名字，你还不会吗?""报告! 我真的不会写。"我当时非常惊讶地问他："你上了几年学?""报告! 只上了一天学，那天还是星期天。"我一想，这孩子还挺幽默的，星期天学校根本不上课,那就是没进过学校大门呗!看守所的政委马上对我说:"王律师,这孩子真不会写字,就别难为他了,干脆让他按个手印吧!"我想也只能如此。一个这么帅气的男孩儿居然大字不识,就连自己的名字都不会写,他简直成了当今社会的"杨白劳"。我国早已普及了九年义务教育,到了21世纪,居然还会有这种情况发生,太不可思议了。如果不是我亲眼所见,谁说我都不会相信的。最后我一再叮嘱这个男孩儿在回家的路上应该注意的事情,劝他回家后有可能的话要补上文化课。他虽然不停地点头,可我明白这对他来讲太难了。如果他今后学点儿手艺,还能挣口饭吃。离开了看守所,我的心情久久不能平静,我真不明白,他的父母离婚后,怎么对他们的亲生儿子就不管不问了呢?他的大伯也太不负责了,对自己的亲侄子没有起码的要求吗?孩子说不读书,当大人的就放任自流吗?但愿这只是一个个案。

如果这个男孩生长在一个和睦的家庭,如果他有父母的关爱和照料,也许不会走上犯罪道路,但这个世界上没有如果,只有残酷的结果。如果父母离婚,将孩子未来的生活和学习都安排好,孩子的成长不会受到太大的影响,照样可以活得很出色,这样的事例非常多。所以,我反对有些人说单亲家庭的孩子就会怎样怎样。我也反对为了孩子的成长,即使夫妻感情早已破裂,还照样生活在一个屋檐下,维持这名存实亡的婚姻。夫妻一场,特别是有了孩子,就应理智地好说好散,无论孩子与父亲还是母亲一起生活,都要安排好孩子的未来。如果处理不好,特别是对于年幼的孩子,如果被父母忽视,就会觉得自己不如别人家的孩子,认为周围的人会看不起自己,久而久之就会出现孤独、内向的性格而产生抑郁,甚至会导致整个心理失去平衡,严重的还会动不动就与大人对着干、顶嘴而显示自己在家庭中存在的价值。

为了孩子的健康成长,离异的父母(包括任何一方的长辈)千万不要在孩子面前说对方的不是,甚至用一些伤害人格的语言。现在的孩子既聪明又脆弱,对家里发生的事情非常敏感,一定要让孩子感觉到爸爸、妈妈像从前一样地爱他。对于上了学的孩子,可以将父母离婚的事情告诉班主任,这样学校会配合家长工作,让孩子身心得到协调发展。学校开家长会时,父母可以同时参加,也可以分别参加,不要总是与孩子一同生活的家长参加。这样在与孩子进行沟通时,你才能全方位了解孩子的成长情况,毕竟在血亲上,你们永远是孩子的父母,不要为此留下遗憾。

3. 特殊群体未成年人家庭教育的失误

我们这里所说的特殊群体未成年人是指脱离父母的监护、从农村到城市打工的未成年人,或父母到城里打工将未成年子女留在老家,即我们所称的"留守儿童"。20世纪90年代以后,随着我国工业化、城市化进程的不断加快,国内人口出现了大规模由农村向城市转移的现象,流动人口规模越来越大,家庭式流动比例也越来越高,一项调查表明,为数不少的未成年农民工感到城市人对他们不友好,感到城市人歧视他们。有大量16~18岁的未成年人由于文化水平不高,离开家乡到城市打工,一般从事的工作收入相对较低,例如保安、小时工、饭店的勤杂人员、建筑工人、家政人员等。在一些大中城市中出现了外地进城打工的未成年人犯罪的情况,这些孩子大多数跟随着亲属到城里谋求生计,急于挣钱,他们向往大都市的生活又没有专业技能。因为只有小学或初中文化,家境贫困,在有了一段打工经历后,发现不但挣不到大钱反而工作很辛苦,劳动强度又很大。城乡和贫富的差距让他们备感自卑,他们的自尊心和虚荣心使他们不甘心过贫困的生活，于是有的孩子便铤而走险，为尽快挣到钱而走上违法犯罪的道路。下面我给大家介绍一个典型案例。

这个案例曾经在各大媒体都进行过报道。2009年10月17日，内蒙古四名囚犯杀狱警越狱，在追捕过程中一人被当场击毙，三人被捕，其中一名年龄最大的越狱犯乔某，他14岁上初中二年级时就辍学到呼和浩特去打工。初到呼市他对未来的生活充满了幻想，主要靠打零工维持生计，有时帮别人开开车。挣钱不多但花钱大手大脚，经常吃喝玩乐，后来他和好友一起蒙面持刀抢劫金店，之后又接连9次抢劫出租车司机，每次抢劫金额从几百元到上千元不等，频率有时达到一天一次，就这样他一步一步走上了犯罪的道路。从辍学到被捕入狱，其间他脱离了养父母的监护，又结识了一些社会上道德败坏的青年。目前很多大中城市未成年犯罪人员中，大都是从农村到城里打工的未成年人。还有一部分是父母在城里打零工，自己留在农村。目前留守儿童群体中出现了较严重的心理、道德危机，甚至厌学、辍学现象，如引导不好很容易犯罪，这些现象的出现都值得他们的家长深思。当你的孩子要到城里去打工，临走之前是否做好了多方面的准备？你们是否叮嘱他们应该做什么、不应该做什么？对长期在外打工的父母，你们对老家的子女教育问题是否有所安排？做父母的是否委托亲属对子女有切实的关心、爱护和照料，监护人的责任是否能得到有效保障？如果你们为了孩子的成长，为了家庭的幸福而辛辛苦苦地在城市打拼，而你们的孩子却因为没有得到有效监护而走上了犯罪的道路，那得和失的比重不是显而易见了嘛！

我曾参加国务院妇女儿童工作委员会两纲督导，前往黑龙江、河南、安徽等省，在面对面地与那些留守儿童交谈时，那些孩子无一例外地告诉我："阿姨，我真想爸爸想妈妈，我不想让他们出去打工。"我说:"他们出去打工也是为了你们有一个好的生活,你们应该理解他们。"孩子又说:"我家再穷,生活再苦,我也希望爸爸妈妈在我们身边,我们已经有很长时间没有看见爸爸妈妈了。"说着说着就哭了起来。看着孩子们痛苦的表情,我心里也很不是滋味儿。我在与当地法官交谈时,他们告诉我,每年县里都有几十起留守女童被猥亵、强奸的案子,这让法官们很心痛。是啊!孩子的父母不在身边,那道德败坏的家伙便乘虚而入,想到这儿我就怒火冲天。中国社会必须经历这么一个特殊时期吗?它给予我们这个社会的利大还是弊大?是得到的多,还是失去的多?这真是个两难的选择啊!小小的孩子会理解父母的不易吗?父母在远离孩子时的不舍和痛苦只有他们自己知道。我想2020年我国的脱贫攻坚战会让更多的父母不再远离他们的孩子,在自家附近就能找到一份不错的工作,"留守儿童"这一带有时代特征的特殊名词,在不久的将来会成为历史。

三、预防未成年人犯罪,我们家长起码应做到什么

我们知道,孩子是家庭的,更是国家的,孩子是家庭的未来和希望,更是祖国的未来和希望,我们要站在这样一个高度来认识家庭教育的重要性。未成年人犯罪的预防是个系统工程,需要综合治理,需要社会各界的共同努力。作为孩子的启蒙老师的家长,把自己的孩子培养教育成为一个合格的公民,这个要求并不过分,也不是一件太难的事。中国伟大的教育家陶行知先生曾教导我们说:"千教万教教人求真,千学万学学做真人。"我希望这成为每一位家长教育孩子的座右铭。

第一,不管你从事什么职业,都要努力提高自己的文化水平、道德修养,增强对子女教育的责任心。同时要学习一些与

未成年人成长相关的法律知识，比如《预防未成年人犯罪法》中提到的不良行为、严重不良行为包括什么；你们的孩子是否有其中一种或两种不良行为。要营造一个有利于未成年人成长的温馨环境。

第二，要提高教育子女的水平，改变不正确的教育方法。当孩子行为有偏差时，切忌用"棍棒教育"的方式教育子女。应该做到尊重子女，善于与子女沟通，增进相互理解，培养子女健康的人格和健康的心理。有一位教育家说得非常好："天下没有不是的孩子，只有不是的父母；没有教不好的孩子，只有教不好的父母。"

第三，真正承担起法律赋予父母对子女的监护责任，需要掌握一些最基本的心理学知识、性教育知识，经常与子女谈心、交流、沟通，消除两代人思想上的隔阂，不要将自己的意愿强加到子女身上。当发现孩子有不良行为时要及时纠正，把问题消灭在萌芽状态，要尽可能杜绝未成年子女单独居住。无论家庭发生了什么问题，千万不要让孩子辍学，最起码要完成九年义务教育，这可是底线，要明白法律上的义务是必须要履行的。我们也希望有条件的学校定期传授家长教育子女的科学方法，提高家长的素质。

在这里，我奉劝那些已经步入婚姻殿堂的年轻人，在准备要孩子的时候，你们一定要做好当父母的准备，做一些必要的功课。不是有了孩子之后，你们就是合格的父母，为此你们要有充分的思想准备，要真正承担起教育孩子的责任。预防未成年人犯罪关系到国家的稳定和社会的长治久安，关系到千家万户的安宁和幸福，家庭、学校、社会都有不可推卸的责任。让我们携起手来为构建和谐家庭、和谐社会，为让每个孩子都能茁壮成长而共同努力。

我是一名党员律师

时间过得真快,不知不觉我已是年近七十岁的小老太太了。一次我参加北京市律师协会代表大会在与律师代表共进午餐时,有一位年轻的律师问我:"王律师,您是党员吗?"我回答:"是。"他又问:"那您是哪一年入党的?"我说:"1973年。"没想到在一个饭桌上就餐的所有律师顿时用一种惊讶、特殊的眼神看着我。我说:"有什么不对吗?"那位律师说:"王律师,我可是1978年出生的,这么说您的党龄比我年龄还大呢!"另一位律师说:"我是1976年出生的。"接下来一位一位都主动报出自己的出生年份,很巧这一桌就餐的律师都是70后。其中一位律师马上提议说:"让我们举杯敬王大姐。"1978年出生的那位律师又说:"王律师,按照辈分我们应该称呼您王阿姨才对呢!"顿时一片笑声。我马上说:"我们是同行,不分辈分,我还要向你们年轻律师学习呢!长江后浪推前浪,一代更比一代强,我祝各位事业有成!"当时其乐融融的感觉真好。

是啊!47年过去,弹指一挥间。我还清楚地记得1973年5月4日,我作为从北京到山西定襄县插队的知青,一名在定襄县妇联工作的小干事,在定襄县委小礼堂,在机关党支部生活会上,举起右手,在党旗下庄严宣誓的情景,那年我只有21周岁,应该是知青中入党比较早的。几经风雨,几经周折,1979年我28岁,终于调回了北京,那时已在那个小县城插队、工作了11个年头。这期间,我当过知青,当过公社妇联主任、公社党委副书记、县百货公司副主任等。11年摸爬滚打,与中国最底层的农民同甘共苦,下乡时与他们吃的是一锅饭,一块儿下地干活儿。农民身上质朴的品格和基层干部忘我的工作精神深深地感染着我。

回京后,我最初从事教育工作,边工作边学习,在我43周岁那年终于拿到了律师资格证书,真是功到自然成。俗话说,"一个好汉三个帮,一个柱子三个桩"。之后得到过太多律师同行的指教,记得1995年我就职的第一家大正律师事务所的主任牛琳娜律师,多次亲切地与我交谈,我虽然年龄比牛律大,但我之前只是以法律工作者的身份代理过一些案件,经验不足。牛律师非常认真地说,代理一个案子,律师首先要做的就是弄清事实、分清是非。我代理的案件中有些难点把握不住的情况下,牛律师都会耐心与我分析,提出建议,供我参考。在从事儿童保护公益事业的 20 年中,全国律协未成年人保护专业委员会的佟丽华主任、张雪梅主任,北京市律师协会未成年人保护专业委员会主任赵辉律师和各省市未保委的主任、律师就像一家人,大家有着共同的信仰、共同的理念、共同的目标,共同分享各地好的经验,取长补短,积极推进未成年人保护事业的发展。回忆 25 年来的律师工作,作为一名普通的党员律师,我在自己的工作岗位上始终用党员的标准严格要求自己,不断进取,踏踏实实、勤勤恳恳为当事人服务,为中国的法制进程增砖添瓦。

一、一切为了孩子,为了孩子的一切,为了一切孩子

1999 年我有幸与佟丽华律师相识,在未成年人保护的战线上,由于他的引领,全国范围内的数千名律师参与了未成年人保护工作,并在政府的大力支持下开拓了中国未成年人保护的新局面。我作为这个队伍中的一名普通党员律师,开展了许多创造性、开拓性的工作,先后办理了一些涉及未成年人权益保护的疑难案件。

一个 17 岁的男孩是个私生子,从小就失去了父爱和母爱,是一个邻居奶奶把他拉扯大的。可因为没有户口,这个孩子初中就辍学了,因为没有户口就不能找工作,所以他认为自己低人一等,很少出门。这个帅气的男孩儿对我说:"王阿姨,我认为自己还不如一条狗,现在北京连狗都有户口,而我没有,我爸爸妈妈生了我,怎么能不管我呢?"由于父母的过失,给这个孩子带来了极大的伤害,为此全国律师协会未成年人保护专业委员会主任佟丽华律师在北京青少年法律援助与研究中心有些激动地对我说:"王律师,我知道这个案子确实有难度才会把您请来,我希望您和赵辉律师作为这个孩子的代理人,尽最大努力来维护这孩子的合法权益,不但要将他的母亲告上法庭,争取到抚养费,同时还要为这个孩子上户口,把身份证办下来。"看着佟主任期待的目光,我没有别的选择,必须拿下这根难啃的硬骨头。之后我和赵辉律师奔波在北京的大街小巷,找派出所、管片民警、街道办事处、计生办、居委会协调各方关系。整个工作过程,我们不但不收取当事人一分钱,反而要自己拿出钱来支持调查取证的工作。有时外出赶上饭点儿,我还会出钱请当事人吃饭。为了能准确掌握被告的住址,我利用春节休假的机会亲自前往街道居委会,核实被告曾经的住址。为了了解这个孩子母亲当年的家庭情况,我和赵辉律师还到北京郊区这个孩子的姥姥、姥爷家去走访,希望得到他们的配合,了解孩子母亲的准确信息。可令人气愤的是,我们居然被这个不通情达理的姥姥侮辱,甚至谩骂。我们为了能为这可怜的孩子上户口、办身份证,多次到辖区派出所与干警沟通。功夫不负有心人,经过两年多坚持不懈的努力,我们不但拿到了胜诉的判决,还为这个孩子上了户口,拿到了身份证。我记得在辖区派出所,当时将这个孩子带大的"奶奶"激动地对我们说:"你们解决了困扰我二十年的难题,我一步一叩首去感谢你们都不多,这是花钱都办不下来的,你们真是好律师,是我们的大恩人啊!"在我国现有的户籍登记制度下,要给一个私生子上户口,而他的亲生父母却无法找到,真是太难了。我想在代理工作中真的需要一种锲而不舍的精神,为了这可怜的孩子,为了他的未来,我们作为保护未成年人的公益律师,一切付出都是值得的。在如何切实维护私生子的合法权益方面,这个案子应引起有关执法部门的思考。

2009年,我与赵辉律师又一次合作,代理了一起最高人民法院指令再审的案件。再审申请人是一个在北京打工的来自山东贫困山区的 16 岁女孩，她申请的是人身损害赔偿。这个女孩 14 岁就来北京为一个开黑作坊做豆制品的老板打工，在一次操作时不幸被不合格的机器轧断了右臂，被截肢。在诉讼中，虽然一、二审法院判那个老板赔偿六十多万元，但遗憾的是法院根本找不到被执行人。四年过去了，这个女孩子一分钱也未拿到，没有了右臂，没有学历，没有工作，她曾经想到自杀。在最高人民法院指令北京市高级人民法院再审阶段，我们为这个女孩提供法律援助。根据相关的法律规定，我们认为房屋出租单位应承担连带责任，这一意见得到最高人民法院的支持。我记得开庭那天，正巧我们与再审被申请人公司的两位副总同乘一部电梯，其中一位问我："听说你们是免费提供法律服务，不收当事人一分钱？"我回答："对，我们法律援助律师不收取当事人一分钱。"看着我也这把年纪了，他说："值得敬佩啊！"没想到在开庭过程中，再审被申请人主动提议，在法院主持下调解解决此案，这就意味着接下来的执行将一路畅通。双方很快就调解的内容达成了一致，再审被申请人同意一次性给付申请人 20 万元。调解协议书在开庭后第三天就拿到了，20 万元在领取调解书后的第二周就到了法院的账户。本案审判长激动地对我们说，提起再审的案件，这么快就解决了，而且给付款项也这么快就支付，真是很少见的，有你们这么好的律师代理此案，真是这个孩子的福气。这个案件得以圆满解决，我想其中一个重要的因素，可能是我们无偿、全力为这个女孩提供法律援助的精神感染了再审被申请人。案件结束后，这个女孩用左手给法官和律师写了感谢信并送来锦旗。孩子的父母都是没有文化的农民，他们拉着我和赵辉律师的手泣不成声。可喜的是，之后这个女孩不但考上了当地的一所高中，还以优异的成绩考上了一所管理学院的大专,她说要用自己的行动回报曾经给予她帮助的好心人。

二、以真心的爱温暖孩子们受伤的心灵

我经常思考这样一个问题:当一个孩子、一个家庭的合法权益受到侵害而下定决心寻求法律的支持时;当他们经过多方努力终于拿到一份生效的判决喜出望外时;当他们在短暂的高兴之余却发现被告并没有履行法院判决中应给付的义务时;当他们得到法官的答复是,被执行人已无可供执行的财产,此案只能中止执行时,这个孩子所在的家庭又是一个国家级贫困县,他们会怎么想呢?他们会是一种什么感受?我们要让他们去理解法律不是万能的,法官很同情你,但也很无奈,中国的现实就是执行难,我们必须面对吗?此时受害者都是未成年人,甚至是无民事行为能力的人,让他们尚未健全的心智去深刻理解中国司法实践中的现实是根本不可能的。虽说有的地方已建立了司法救助金,但救助金额有限,真正被救助的未成年人却很少,此时孩子和他们的父母只能抱怨,只能无奈地以泪洗面。而"新起点·小额爱心"项目填补了因各种原因导致的此类案件无法有效执行的空白,开拓了一条对弱势群体予以保护的新途径。

我参加了许多场捐助活动,每次活动都是一次真正意义上的教育活动。有的捐助活动现场,孩子的父母、爷爷、奶奶、姥姥、姥爷甚至舅舅、姑姑都会从十几里甚至几十里以外赶过来。当这些还不太懂事的孩子和他们的父母接过捐助款时,会不由自主地热泪盈眶。当我将这个项目的宗旨、对家长的嘱托、对孩子们的希望告诉他们,发自内心地与他们交流时,捐助现场有时会是一片哭声,甚至有的家长会情不自禁地高呼:"感谢

党！感谢政府！"孩子们当时就表示以后要好好学习，长大了回报帮助他们的好心人。我记得在天津市的一次捐助活动结束后，我与一位14岁受助的女孩儿交流，问她是否有理想，长大后想从事什么职业。这个女孩儿稍加思考说："阿姨，我的理想是长大了也当一名律师，像你们一样，去帮助那些需要帮助的孩子。"她的回答让我喜出望外。每次捐助活动，孩子的家长更是感激不尽，纷纷表示再苦再累也要把孩子拉扯大，把他们培养成为对社会有用的人，在他们长大了有能力时也去帮助弱者。每次捐助活动，我都会教育孩子们要从小学会坚强，不要自暴自弃，鼓励家长要直面人生，不要怨天尤人。我不能肯定一次捐助活动会对受捐助孩子的人生轨迹有多大影响，对他今后世界观、人生观的形成有多大帮助，但我可以肯定并骄傲地说，在他们的家庭遭受不幸而雪上加霜时，我们及时地雪中送炭，给他们以温暖，这一切是不能用有数的捐助款来衡量的。作为一名普通的党员律师，我辛苦并快乐着，因为我在用自己的实际行动，践行党的宗旨。

我经常会思考，看一个党员律师是否合格，重要的不是听他怎么说而是看他怎么做。全国律师协会未成年人保护专业委员会主任佟丽华律师有一次和我交谈时说："大姐，我们这个社会上有些人是说了不做；有些人是说的多而做的少；有些人是又说又做；有些人是少说多做，而你是没说先做。"我想这是佟主任对我的褒奖吧。古人云："听其言而观其行。"我只是在做我应该做的事情罢了！

目前全国很多地区都已开展了这项"小额爱心"活动，我想它的意义在于：使受助人感受到社会的关爱，树立生活的信心；缓解暂时的家庭困难；促进孩子的身心健康。我们"新起点·"项目获得了团中央、中国法学会颁发的未成年人健康成长法制保障制度"创新最佳事例奖"和困境儿童社会爱心制度"优秀事例奖。"我想这个项目之所以能够持续十五年，离不开资金的提供者黄倩仪律师十几年来持续的支持，没有她的大爱，这个项目再好也难以维持。

另外还有很多律师和朋友知道这个项目，主动为这个项目捐款，献爱心。我记得几年前在参加朝阳律师协会的一次理事会上，我向大家介绍"小额爱心"项目后，北京商安律师事务所主任熊智律师马上就举起手说，要为这个项目捐款一万元，之后很快捐助款就到位了。2019年5月，我应北京市桂润律师事务所之邀，与这个律所的律师就我参与的未成年人保护工作进行座谈，在谈到我的心得体会时，律所的刘罡明主任打断了我的讲话说：王大姐已经快七十岁了，为了维护未成年人的合法权益还辛苦地到处奔波，我们要以实际行动向王律师学习，我建议我们律师事务所为中致儿童关爱基金会的"小额爱心"项目捐款两万元，大家同不同意？在场的律师异口同声地说："同意！我们桂润所的律师也要为孩子们献爱心。"这一突如其来的场面令我激动不已，三天后捐助款就到账了。

中国著名女作曲家，已94岁高龄的黄准老师，得知我在做儿童保护的公益事业时，也委托我为"小额爱心"项目捐款两万元。1961年她为电影《红色娘子军》作曲时曾三次到海南采风，所以老人家希望为海南的困境儿童捐款。为此我与海南省律师协会未成年人保护专业委员会主任李吾平律师商量，决定选择一个国家级贫困县，满足黄准老师的心愿。2019年12月22日，在海南省国家级贫困县的白沙县人民法院的礼堂，我们为23名困境家庭的儿童送去了香港黄律师和上海黄奶奶的祝福。孩子们纷纷表示，一定要好好学习，不辜负黄律师和黄奶奶的期望。

几年前，在我与好朋友刘伟一次聊天时，她得知我第二天要前往北京市门头沟区为两个孩子捐款，这两个孩子都因父母离婚，抚养费不能得到有效执行，影响到孩子的健康成长，我为这两个孩子每人提供了1000元的资助，刘伟毫不犹豫地从钱包里拿出全部的6000元人民币，告诉我说："大姐，这就算是我的'小额爱心'吧！"这样门头沟区的这两个困难家庭的孩子每人就意外地多了3000元的捐助款。

我的好朋友，中学的同班同学胡迎庆，他们夫妻俩都是工薪阶层，得知我在做未成年人保护的公益，主动拿出2万元积蓄，和我一起为国家级贫困县海南省临高县的困境儿童捐款。时任临高法院的刘嘉院长在活动之后表示说："王律师，今后我们院对没有得到有效执行、家庭生活困难的未成年人，每年从司法救助金中给每个人拿出3000元以解决他们的燃眉之急。"我的老同学胡迎庆还组织她所在的北京服装学院的老师，为困境儿童捐助衣物、书籍和学习用品，我们委托临高县法院转交给那些需要救助的孩子。

我的爱人老邵和女儿邵维都主动为这个项目捐款。我经常会被这些长辈、律师、亲朋好友的无私奉献而感动。客观地说，我们这个"小额爱心"项目确实有很强的社会需求，执行难是近期难以彻底解决的难题，特别是涉及国家级贫困县，这些家庭本身就贫困又遇上了官司，被执行人确实没有可供执行的财产，最终判决得不到有效执行，而法院又不是慈善机构，不能总是法官自己贴钱给执行申请人，目前司法救助金又非常有限，这就是现实，我们必须面对，那我们就以实际行动为他们做一些实事吧！

全国律师协会未成年人保护专业委员会的各个地区未成年人保护专业委员会的主任、副主任都有很强的责任心和沟通协调能力。他们身体力行与辖区的法院、共青团、妇联建立跨部门合作，在活动开展前做了大量的调查摸底工作，尽快将符合捐助条件的孩子的相关材料上报。他们工作认真、细致，考虑问题全面，这是"小额爱心"项目得以顺利进行的重要保障。我为我们这个团队有这么多优秀的无私奉献的律师而骄傲、自豪，他们是中国儿童保护事业的中坚力量。

三、为和谐社会的构建增砖添瓦

一个出色的律师应该具备许多优秀品质，就代理案件律师而言，应该想尽办法化解矛盾而不是激化矛盾，把一件复杂的、尖锐的矛盾化解掉是一件非常有意义的事。和谐社会的构建要从和谐家庭做起，从每一个具体案件做起，家庭是社会的细胞。律师需要有一定的思想境界还要有扎实的基本功，既需要有智商更需要有情商。一次在我参加的诉讼当中，在法庭审理结束后，对方的当事人对我说，王律师，我们应该找您当代理人。我马上说，您客气了！也出现过这种情况，我是被告的律师，案件结束后，原告当事人找到我说，王律师，希望能请您做我们公司的另一个案件的代理人。在我代理的一起离婚案件中，我是原告的代理人，开了几次庭，但案件的双方就财产分割僵持不下，如果对二人名下的几套房子进行评估后再分割，就要支付不少的评估费用，所以我一直主张调解解决此案，这样对双方都好。在最后一次开庭时，案件的被告居然主动提出协商解决，这让我很惊讶，夫妻二人矛盾如此尖锐，女方怎么会有这么大的转变呢？庭审后我们一同走出审判庭，被告当事人问我："王律师，您是做未成年人保护的律师吧？"我说："你怎么知道的？"她又说："在最后的法庭陈述中，您谈到对我的女儿未来成长和教育方面的几个观点，很专业，我也非常认同。昨天晚上我看央视12频道的《法律讲堂》，那是您在讲课吧！讲得真好！"我说："怎么这么巧啊！你在看这期节目。"之后这起原本矛盾激烈的离婚案，经双方的共同努力，在法官的主持下得以调解解决了，对双方都没有造成伤害，这是最好的结果。我想这就是偶然中的必然吧，也是一个党员律师应该具备的人格魅力。

两年前有一位多年的老朋友找到我，希望我在他女儿的离婚诉讼中作为他女儿的代理人，我没有拒绝，但希望先了解一下情况、弄清事实。之后在与他们老两口和他们的女儿交谈时，我发现双方的老人过多介入了子女的家庭生活，还经常激化双方矛盾，久而久之导致小两口分居，已无感情可言，这是导致小两口离婚的重要因素。为此我考虑先不要急于诉讼，必须与双方的老人面对面地交流一下，做做工作再说。特别是这小两口已有了一个可爱的宝贝女儿，所以我考虑先与双方老人谈谈，看看是否必须走到离婚这一步。接下来约好在一天的傍晚，我与双方四位老人一起见面，大家吃个晚饭，我想在饭桌上交流气氛可能会相对好些。坐在我面前的这四位都是有知识、有文化、头脑清楚、思维敏捷、年龄在60岁出头的小两口的长辈，所以没必要拐弯抹角，我便单刀直入谈了我的看法。中心意思是：你们的孩子是自由恋爱结婚，都受过高等教育，小两口结婚七年了，七年之痒的说法是有道理的，所以有些小摩擦很正常。孩子们有时回家与父母唠叨唠叨、诉诉苦也是人之常情。关键是作为长辈应动之以情、晓之以理，不能总是护短，看不到自家孩子存在的问题而一味地责怪对方和对方的家长，甚至还说一些伤害对方和对方家长感情的言语。据我了解，这小两口都是因为鸡毛蒜皮的小事吵架，并没有原则问题，为此就离婚，作为长辈你们想过离婚后孙辈抚养教育的问题了吗？想过她未来成长中可能存在的心理问题了吗？想过这么懂事可爱的孩子她的真实感受了吗？……我还列举了目前单亲家庭存在的现实问题。四位长辈认真听了我的一席话，你看着我，我看着你。停顿了好一会儿后，接下来都抢着发言，而且主动做自我批评，表示回去后要认真反思，让我给他们一段时间。双方长辈不停地说："王律师您比我们年龄大，还让您费心跑一趟，真是辛苦您啦！谢谢！"大家心平气和地一起吃了晚饭，在停车场即将各自回家时，女方家长说："王律师，真是听君一席话，胜读十年书呀！"男方家长接着说："做儿童保护的律师与一般律师就是不一样。"我马上说："你们客气啦！回去都好好想一想，希望听到好消息呦！"此时我心里想，明白人就是不一样，一点就透，这趟没白来。过了一段时间，我的朋友来电说，目前小两口已开始在一个屋檐下正常生活。没过几天，我收到我朋友的女儿发给我的一段视频，视频中是这小两口参加他们女儿的文艺演出，正忙着为孩子录制视频呢。看到他们重归于好，我真是高兴，我得到的是花钱也买不到的信任、喜悦、幸福，太值了！划算！

司法实践中如何把握"度"，在情、理、法三个方面如何协调相互的关系，找到一个契合点，那可真的是一门学问，正如《红楼梦》中的名句"世事洞明皆学问，人情练达即文章。"有很多时候情商可能比智商还重要，为了正义、为了法律的公正、为了维护当事人的合法权益，我们要不断地提高自己的法律素质，学无止境，永远在路上。

目前，法院受理的离婚、继承案件比较多，我相信我们的律师一定能在一个更高的起点上思考问题，配合法官的工作，下功夫促进调解。全国范围内有数万名党员律师，如果我们每个党员律师在平时的工作岗位上都能用党员的标准严格要求自己，恪守律师执业道德，将敬业精神放在第一位，运用我们的专业知识为当事人服务，做好每件法律事务，抵制来自方方面面的诱惑；不该拿的钱一分都不拿、不该说的话一句都不说、不该做的事一件都不做，守住我们的底线，传递正能量，就能树立律师良好的社会形象，推进我国民主与法制建设的进程，律师应该成为我们这个社会进步不可或缺的中坚力量。

作为一名有着47年党龄，受党多年教育的党员，作为一名普通的党员律师，我只有努力工作，勤奋学习，尽职尽责，以实际行动为和谐社会的构建出把力，为未成年人的健康成长做些实事，为中国的法治建设贡献力量，才不愧于党员律师的光荣称号。

法律讲堂

断臂女孩的维权之路

2009年7月一个骄阳似火的夏日,来自山东省一个贫穷山区的断臂女孩,经过四年多的艰难诉讼,以申请再审人的身份,在北京市高级人民法院庄严的审判庭,从主审法官手中接到了她日思夜想的民事调解书。此时坐在旁听席的她的父母哭成一团,这是怎么回事?他们为什么如此激动?这女孩儿的断臂是如何造成的?为什么打了四年官司?诉讼中却称原告、被告或上诉人、被上诉人,怎么又是再审申请人,这又是一个怎样的

程序呢？

事情还要从 2002 年的 2 月说起。这个断臂女孩儿叫秀秀，当时只有 14 岁，是一个肢体健全、健康活泼、非常可爱的女孩。秀秀的家在山东省一个贫困山区，刚刚上初中一年级的她，长得就像一个大姑娘，亭亭玉立。秀秀是家里的老大，还有一个弟弟和一个妹妹。她父亲没有读过几年书，她母亲连学校大门都没有进过，都是老老实实种庄稼的农民，辛辛苦苦劳动一年下来却没有什么收入。秀秀看着父母一天到晚就是算计着怎么能多挣点钱，怎么能生活得好一点，怎么才能把孩子拉扯长大。秀秀是家里的老大，总想带头帮助家里挣点钱，减轻家里的负担。于是与在北京打工的同村的李大哥商量，希望介绍她到北京去打工。虽然父母有些舍不得，知道孩子初中还没有毕业，但一想这孩子出去闯闯也许能有出息，另外最重要的是确实还能减轻家里的生活负担，于是就勉强同意了。离开家的那天晚上，秀秀一边拉着妈妈的手，一边拉着爸爸的手，斩钉截铁地说："爸爸、妈妈你们就放心吧！我已经长大了，一定能挣到钱的。"妈妈含着眼泪说："孩子，能干就干，不行咱就回家，可别硬撑着！"第二天秀秀便辍学，带着简单的行李，与这个同村的李哥一道坐火车来到了北京市东郊一个加工豆腐的小作坊，开始了 14 岁女童的外出打工之路。

为什么称小作坊呢？因为这个加工厂只有两间房子和一台机器，老板和老板娘都是秀秀的老乡。按理说老乡帮老乡是理所应当的，可这个老乡就像"周扒皮"。在秀秀干活之前就说清楚了，干一天只给十三块三的工钱，干一天算一天的工资，没有休息日，早上七点开工，晚上七点下班。这样一算一个月一天都不休息，工资还不到四百元。面对这样大的劳动强度和极低的工资收入，秀秀却连连点头说："老板、老板娘你们放心吧！我一定好好干，不会让你们失望的。"秀秀的工作是进行豆制品的加工和晾晒，好强的秀秀虽然年龄小，但不怕吃苦受累，忙的时候一天能干 12 个小时。大家想想，在城里 14 岁的孩子，正是在父母身边撒娇的年龄，而秀秀却要超负荷劳动，一天下来腰酸背痛，但她很少休息，第一个月的工资，懂事的秀秀就给她爸爸妈妈寄去了 300 元。秀秀的父母用这钱给她的弟弟、妹妹买了新书包、新衣服，背着新书包、穿上新衣服的弟弟、妹妹就像过节一样高兴。

由于秀秀纯朴肯干，老板和老板娘非常满意，豆制品销路很好，每天源源不断地运往北京周边的农贸市场。这时大家可能会问，这个加工厂怎么就一个人呢？事实上这个小作坊原来曾雇过两个人干活儿，在秀秀来之前都因为工资低、强度大、干活儿时间长，加上老板娘脾气不好，动不动就口出不逊，所以干不了几个月就都辞职了。而秀秀的到来让老板和老板娘高兴不已，为了鼓励秀秀多干活儿，又怕秀秀离开，2004 年正月，老板每个月给秀秀五百元的工资，但仍然是按天计算。这个时候秀秀的妹妹已经 14 岁了，个头和姐姐长得差不多，身高将近 160 厘米。妹妹一天到晚磨着父母要到北京找姐姐，为家里打工挣钱。秀秀与老板和老板娘一商量，这对夫妻俩马上就同意了，但有一个要求就是要再加一台机器。从此 16 岁的秀秀和 14 岁的玲玲姐妹俩，每天开着两台加工豆制品的搅拌机，不停地把加工出来的豆制品从屋内搬到屋外晾晒。此时秀秀和玲玲的父母不放心这姐俩，于是过了几个月也来到了北京，在加工厂附近租了一间平房，同时帮助一家停车场收费，挣点零花钱。

2005 年 3 月 6 日，这是一个让这对姐妹终身都不会忘记的日子，一个带给秀秀不幸的日子。那天早上八点半钟，已经上班近两个小时的秀秀，在车间里看着两台机器，妹妹玲玲不停地将制作好的豆制品一次次从屋子里送到院子里晾晒。秀秀正在往一台机器里加原料的时候，不小心右胳膊的袖子被机器一边的一个零件挂住了，在这千钧一发之际，任何人都会想到马上关上开关。大家可能想不到，这是一台不合格的机器，第一，这台机器遇到紧急情况时，不能自行关闭开关；第二，这台机器上根本没有开关，两台机器只有一个放在墙上的电闸控制着开关，就是说只有拉下墙上的电闸，才能让机器停止运转。而这个电闸距离秀秀操作的机器还有几米远，秀秀根本无法操作，只能任凭机器把自己的右胳膊随着衣袖往里卷。我们通常说十指连心，更何况是一只胳膊，秀秀当时痛得也喊不出声音来，当妹妹进来时看到姐姐趴在机器上已经昏迷，旁边都是血，吓坏了，就赶紧把电闸拉下来，然后向老板求救。老板所住的房屋就在加工厂旁边，马上来到机器旁，把秀秀扶了下来，用剪刀把卷进机器里的衣服剪断，秀秀此时慢慢苏醒过来，就在老板把卷进机器里的胳膊往外掏时，那个右胳膊也随着掉在了地上。秀秀让妹妹马上去叫住在附近的父母，却被老板拦住了。这时老板叫来一个亲友找了一辆车把秀秀拉到医院。在三四个小时之后，秀秀的父母才赶到医院，在医院的秀秀把所有的希望都寄托在抓紧时间把胳膊接上，但这个老板心疼钱，一直在拖延时间，由于距出事四个多小时才上手术台，医生说只能选择截肢。事后秀秀的父亲问过大夫，大夫说："如果在出事之后一两个小时之内上手术台，胳膊还是有可能接上的，只是会短几厘米，现在我们也无能为力了。"

秀秀无论如何也想不到刚刚十七岁的她，来北京打工竟然会失去了右臂，从此天天以泪洗面。而这个老板一共才为秀秀掏了一万五千元的医药费，住院期间与秀秀的家人商量希望私了，还表示一定要为秀秀安假肢。事实上这个老板在出事后的第四天，就想把机器都卖了，做好逃避责任的准备，只是因为出租房屋的公司需要他配合证明自己没有责任，才没有走成。出院后的秀秀一家让老板兑现在医院的承诺，尽快为秀秀安装假肢，可万万没有想到的是，这本是老乡的老板态度居然来了个一百八十度的大转弯，强硬地说："要钱没有，要命有一条！"老板的态度真是让这个家庭雪上加霜。

下一步到底该怎么办？有人告诉秀秀一家，千万别打官司，请律师要花钱，到法院还要交诉讼费，就算胜诉了也可能执行不了，拿不到钱呢。此时的秀秀为了讨回公道斩钉截铁地说："我一定要打这个官司，我就不相信法院不主持公道。"那些天秀秀的父母几乎天天哭，妈妈拉着秀秀的左手说："好好的一个闺女胳膊被截断了，今后可咋办啊？"

随后的四年中，秀秀通过北京市法律援助中心开始了一审的诉讼，有两位律师作为她的代理人，在调查取证时律师发现，开办豆制品加工厂的这个"黑作坊"居然没有办理工商登记，属于无照经营，所用房屋的所有权属于一个大型国有企业。这个企业每月收取这个加工厂的水费、电费、卫生费，而且还专门配备了380伏的用电。根据我国《安全生产法》的相关规定，生产经营单位将生产经营项目、场所、设备发包或者出租给不具备安全生产条件或者相应资质的单位或者个人的，责令限期改正，没收违法所得；发生生产安全事故，给他人造成损害的，承包方、承租方承担连带赔偿责任。于是秀秀作为原告，将黑作坊老板、房屋出租方作为被告，向法院提起诉讼。2005年6月一审法院裁定驳回秀秀对房屋出租方的起诉，判老板赔偿秀秀残疾赔偿金、残疾辅助器具及误工费、交通费、伤残鉴定费（当时伤残鉴定为四级）共计67万元。法院认为季秀不能提供出租方与黑作坊老板之间有租赁关系的直接证据，所以驳回了对出租方的起诉。

随后秀秀又开始了二审的诉讼，结果二审维持了一审判决。判决生效后，秀秀申请法院强制执行，但执行庭的法官来到豆制品的加工厂却发现，早已是人去屋空，只剩下两台锈迹斑斑的机器。执行法官不辞辛苦，又千里迢迢来到那位被执行人的老家山东，结果发现家里只有几间平房，根本没有能力支付近70万元的赔偿款，真是老百姓所说的执行难，难于上青天啊！

一个打击接着一个打击。秀秀的一家人，在没有拿到一分钱的赔偿款几乎绝望之时，听说有一个机构可以帮助她们，于是抱着一线希望，拿着一、二审判决来到北京青少年法律援助与研究中心寻求救助。这是一个专门为未成年人提供司法保护的民间机构，接待秀秀的中心主任佟丽华律师斩钉截铁地说："我们帮你起草申诉状，到最高人民法院申请再审，一定要为你讨回公道。"山重水复疑无路，柳暗花明又一村。

2009年6月24日最高人民法院指令北京市高级人民法院再审，确定出租房屋所在的公司为再审被申请人。6月30日上午9时在庄严的北京市高级人民法院审判庭，三位法官认真审理了这起申请再审人秀秀与被申请人黑作坊老板和出租方所在的公司人身损害赔偿纠纷一案。北京青少年法律援助与研究中心指派我和赵辉律师作为秀秀的代理人参加诉讼。黑作坊老板经公告送达没有出庭，但出租房屋所在的公司非常重视此案，来了两位副总。开庭那天上午本案书记员带领律师和当事人一同前往法庭，在法庭调查和质证后，再审被申请人主动提出，希望此案在法院的主持下调解解决，这令律师和法官都很惊讶，因为一个案件到了再审阶段，双方矛盾应该是相当激烈、水火不容的，能调解解决的案件很少。之后这两位副总提出了调解方案，我们与秀秀商量后，她也表示同意。

就这样历时四年多，此案在北京市高级人民法院得以顺利调解解决，被申请人在开庭一周后就将在法庭上承诺的赔偿款汇入了法院账户上。总之，这个打了四年多的官司终于画上了一个圆满的句号。这就是我在刚开始讲的，为什么秀秀一家人拿到调解书会哭成一团，这是悲喜交加的眼泪，也是发自内心感动的眼泪。在法庭上，拿着这份沉甸甸的盖有北京市高级人民法院大印的民事调解书，秀秀一家人不停地给律师和法官鞠躬，说得最多的一句话就是"感谢法官！感谢律师！"秀秀还给法院和律师送去了锦旗。当时正值北京最热的7月，秀秀仍然要穿一件长袖的衣服，右手戴一个白色的手套。从事发到领取这份调解书已经四年多了，经过历练后秀秀长大了、懂事了、坚强了，她已不再有伤心的眼泪。

几年之后她告诉我和赵辉律师说，她回到老家又开始走进教室读书，当年她已经20岁却刚开始读初中二年级。现在已经能用左手熟练写字了，她说初三已毕业，全班60个同学她的成绩排名第11位。这笔赔偿款法院汇到秀秀的账户上后，秀秀配了假肢。她说会好好支配这笔来之不易的20万元，她要继续读高中、读大学。我说："秀秀，不要给自己太大的压力，只要努力就好。"秀秀斩钉截铁地回答："王律师，您放心吧！我不会让您失望的。"这段不平凡的经历让秀秀成熟多了，但这个成熟的代价也确实太大了。之后我了解到，秀秀经过自己不懈的努力，取得了社工专业的大专证书，这孩子还真是有志气。

2017年我被评为北京市顺义区助人为乐道德模范，在颁奖仪式上主持人问我："王律师，您认识屏幕上这个人吗？"我回头一看，这不是秀秀嘛！马上回答："当然认识了，她曾是我的当事人。"没想到此时大屏幕缓缓打开，秀秀穿着白色的呢子大衣，穿一双高筒皮鞋从后台慢慢走了出来，这一突如其来的场景令我激动万分，我和秀秀都不由自主地热泪盈眶，拥抱在一起。几年没见，秀秀俨然已是亭亭玉立的大姑娘了，长得端庄而漂亮。在舞台上，秀秀说："王律师，没有您，就没有我的今天，我能叫您一声妈妈吗？"我马上说："可以！当然可以！我的好孩子！"此时会场下响起热烈的掌声，我们再次拥抱在一起，秀秀还为我唱了一首感人的歌曲。之后参加颁奖仪式的东方太阳城社区的蔡书记告诉我，给我颁奖时的场面很感人，台下许多领导和代表都感动得哭了。活动结束后，我在后台还看见了秀秀的男朋友。小伙子长得很帅，浓眉大眼，白白净净的，两个人是在工作中相识的，马上就准备结婚了。我还嘱托小伙子要善待秀秀，家里的重活儿要主动干，要一生一世关心她、爱护她，将来有了孩子，就是三口之家，好好过日子。这个男孩马上表态说："王阿姨请您放心，秀秀是个好姑娘，我喜欢她，我一定会好好照顾秀秀的。"

通过这个案子，我想告诫未成年人的父母，家里生活再困难也要让孩子完成九年义务教育，起码十六岁以后再出去打工，这是最基本的要求，父母一定要把好这个关。当年十四岁的秀秀本应坐在明亮的教室里读书，遗憾的是，她的父母在秀秀刚刚读初中二年级的时候就同意她外出打工，她的身心发育还没有健全。如果当年秀秀是一个成年人，她就会知道这是一台不合格的机器，知道在操作中可能会出现危险，就会特别小心，甚至会要求老板更换机器。我还想告诫那些想发财却不顾未成年人身心健康的老板们，你们明明知道不能雇用十六岁以下的童工，但这些孩子成本低，工资少又好使唤，为了追求更大利益就敢于冒着违反法律的风险，于情于理于法都是不允许的。你们也有孩子，你们会让自己的未成年子女在这种恶劣的环境中干高强度、密集的工作吗？法律的底线是靠道德来维持的，那个黑作坊老板为了逃避纳税，不去办理工商营业执照，明明知道秀秀是童工，不但不加以保护，反而使用不合格的机器设备。我想这位黑作坊老板应反思自己的行为，有朝一日扪心自问，也许会良心发现，但愿他会主动执行法院判决。我还想告诫打算出租公房的那些单位，绝不能将房屋出租给不具备安全生产条件或不具有相应资质的单位和个人。本案中虽然秀秀不能出示黑作坊老板与出租方的租赁合同，但在此房屋中经营五年之久的事实是客观存在的，出租房屋所在公司的过错是显而易见的。如果该公司认真审查承租人的资质，了解其经营情况，悲剧也许就不会发生。

最后我不得不说，我们要建成法治国家，我们的国民就应该知道，儿童的利益是最大的利益，各级法院在审理未成年人案件中应以有利于儿童的生存和发展为前提，儿童最大利益原则是处理儿童有关问题必须遵守的原则，也是制定保护儿童权利必须遵循的原则。但愿秀秀的悲剧不再重演。

最近我了解到，秀秀结婚后2019年家里又添了一个可爱的宝贝儿子，一家三口过着幸福的生活。我将秀秀抱着儿子的照片，用微信发给了全国律师协会未成年人保护专业委员会顾问佟丽华律师、张雪梅主任，北京市律师协会未成年人保护专业委员会主任赵辉律师，他们由衷地为秀秀有如此美满的生活而高兴，并让我转达他们对秀秀美好的祝福！我们曾帮助过的未成年人，经过自己的努力能有一个幸福的家庭和美好的未来，这是我们这些做儿童保护的公益律师最高兴的事情。

妈妈请给我上户口

2006年,一个男孩在过完他18岁生日后的第二天,来到辖区的人民法院,将他的亲生母亲告上了法庭。母子为什么会反目成仇?这中间到底发生了什么?在整个事情的背后是怎样一段鲜为人知的故事呢?我们还要从这个男孩的身世开始说起。

这个状告自己母亲的孩子叫小帅,中专毕业,刚过完18岁的生日。他从中专毕业后正面临找工作的问题。大家都知道,找一份工作不容易,尤其是对仅有中专学历的小帅来说就更难了。小帅为了能找到一份工作,自食其力,自己养活自己,跑了不少单位,碰了不少壁,也受了不少白眼。最后通过找关系,有一个小工厂决定聘用他。但就在办手续的过程中,出现了一个问题,也就是因为这个问题,小帅把到手的工作也弄丢了。就是因为小帅没有法律意义上的"身份",说得明确点就是没有户口,他的情况也就是我们通常说的"黑户"。也就是基于这个原因,小帅将自己的母亲告上了法庭,要求她在规定时间内,给自己上户口。

一个从小在城市里长大的孩子怎么会没有户口呢?他的父母为什么不给他上呢?难道是他的父母都已经去世了?不可能啊!我们刚说过的,如果他的父母去世了,他还怎么能状告自己的母亲呢？而且更奇怪的是，即使小帅没有户口，现在由于种种原因，需要补上，为什么不能直接和自己的父母说，要求他们给自己上户口，而是非要用起诉这种方式来解决问题呢？小帅是不是我们老百姓所说的"超生"的孩子，他的父母交不起罚款，所以一直没能上户口呢？不是的，小帅出生的时候，他的父母并没有其他的孩子，他是独生子，而且小帅的母亲现在还很富裕，住在一个很高档的小区，生活上一点困难也没有。那前面的这些问题怎么解释呢？其实，所有的这些问题都与小帅的身世有着密切的关系。小帅从有记忆开始就从未见过自己的亲生父母，他是由一位赵奶奶抚养长大的。为什么亲生父母不抚养自己的孩子？因为小帅从出生那天开始就被视为一个不受欢迎的人。事情还要从19年前开始讲起。

小帅的母亲叫张晶，19年前她还是个学习好、孝敬父母、很懂事的女孩儿，可就是一次偶然的事件，彻底改变了她的人生轨迹。一天放学时，一个同学约她参加自己的生日聚会。就在那个生日聚会上，张晶认识了一个叫刘平的年轻人。那时候，张晶刚18岁，刘平高中毕业，刚刚开始工作，还不到20岁。结果两个人一见钟情，很快就发展成了男女朋友的关系。一直品学兼优的张晶就像中了魔一样，经常与刘平约会，无心读书，还时不时地旷课。刚开始，她的父母还没有察觉，可时间一长，就觉得不对劲了。一天晚上九点多钟，张晶回到了家，刚刚放下书包，父母二人就瞪着眼睛迎了过来。爸爸先说："张晶你看看表都几点了，老实交代到哪里去疯了？""爸爸，我在同学家复习功课呢。"张晶回答。这时妈妈对张晶说："咱们家就你这么一个孩子，你可要好好读书，马上就要高考了，你可要用功读书，抓住机会啊！"张晶不耐烦地说："行了，行了！我心里有数，你们就别瞎操心了，烦不烦呀？"张晶的爸爸一听就火了，说："你还烦？我比你更烦，我可听说你在外面交了一个男朋友，到底有没有这回事？你马上跟他彻底断了，否则今后你就别回这个家，我们就当没有你这么一个女儿。"张晶一看父亲真的急了，不但没有害怕，反而激动地说："不认就不认，以后我还就不回这个家了。"说着拿起书包就往外跑，18岁的张晶从此便投入了刘平的怀抱。

不久，张晶怀孕了，这对于刘平来说简直是个天大的事情，未婚先孕的张晶和刘平都还很年轻，说起来，两个人都还不到20岁，谁都没想到要当爸爸妈妈，但事已至此，怎么办呢？张晶没脸告诉父母，又面临高考，没办法只能含着眼泪办理了退学手续。十月怀胎，一个男孩儿就这样来到了这个世界，刚满18岁的张晶当上了年轻的未婚妈妈，他们给孩子起名叫小帅。添丁进口本来是件高兴的事，可小帅的降生不是这样。由于小帅的姥姥、姥爷不认这个亲外孙，所以根本不管小帅，而小帅的奶奶早年就去世了，爷爷虽然还健在，可是个残疾人，根本就没有能力照顾小帅。张晶和刘平你看着我，我看着你，满脸惆怅，这两个人自己还是孩子呢，对怎么照顾小帅一点准备都没有，可以说这两个人整天是忙得四脚朝天。而且那时候张晶没有工作，刘平收入又不多，很快三个人的经济越来越拮据。这时候张晶就想出去找工作，但孩子怎么办呢？她一走孩子就没人管了。

看着生活中种种的不如意，这时候的张晶开始后悔了，后悔当初没有听父母的话。可她也恨父母，她想，再怎么着我也是你们的宝贝女儿，你们怎么就这么狠心，不拉女儿一把，想着想着就抱着刚满月的儿子一个劲儿地哭。由于张晶心情不好又没有食欲，营养不良，没几天就没有了奶水，孩子吃惯了母乳改吃牛奶很不适应，天天哭闹。这时她对刘平说，你好歹是小帅的父亲，你得想想今后我们该怎么办。刘平看看张晶痛苦的样子不知所措，突然间眼前一亮，对张晶说："我听说咱们院的赵妈一直给别人带孩子，这两天好像她带的孩子要上幼儿园了，正准备再找个孩子带呢，要不咱们把孩子让她带，这样你不就放心，可以上班了嘛！"张晶一听这是个好主意。于是第二天，两人抱着刚刚过完满月的小帅，拿着孩子的出生证明和家里仅有的1000元钱，来到了赵妈的家。张晶满脸惆怅略带祈求地说："赵妈您可怜可怜我们吧！我们确实有困难，这孩子实在是带不了，我们想把他交给您帮我们带好吗？今天先给您1000元钱，等我们挣了钱再给您补上，我给您写个字据。"要说这1000元钱在当年确实也是个不小的数目。

赵妈名叫赵元，是个很能干的人，虽说文化程度不太高，但人很精明，40多岁，人长得挺漂亮，平时还比较讲究穿着打扮，丈夫早年因病去世了，所以家里的经济状况一直不是很好。而且赵妈只有一个女儿，叫佳佳，当时刚20岁出头，正在上大学，所以为了供孩子上学，也为母女俩混口饭吃，她从很早以前就开始帮别人带孩子。由于赵妈带孩子口碑好，别人都放心把孩子放在她这里，每个月给她一定的费用，过年过节还会给赵妈红包。按理说，刘平和张晶把小帅送来，这个赵妈应该高兴，又可以有收入了。可赵妈一点都不高兴，而且还很为难。因为这时候，有另一家人也想让她带孩子，并且开的价码较高。虽说张晶拿了1000元钱，之后再给多少钱也没有明确，只是说挣了钱就会拿来，亏不了赵妈的，可这是个未知数啊！所以赵妈就想拒绝他们。谁知话刚出口，张晶就从赵妈的表情上看出点道道来了，马上抱着小帅就跪在了她的面前，一把鼻涕一把泪地把小帅的身世仔仔细细地都说了一遍，最后恳求她说："赵妈，您就看在这孩子可怜的分儿上帮帮我吧。我知道我们有错，我们对不起孩子,可事情已经这样了,我们得养活他,得为他今后着想。但现在我们没钱了,家里就剩这1000块钱了,我全带来了,都给您,您要答应帮我们看孩子,就是给我们全家一条生路,我们永远都忘不了您的大恩大德。"这时赵妈也不知说什么好了,女人的怜悯之心完全打乱了她之前的思路,就勉强答应了下来,于是就从张晶的怀里把小帅接过来了。而这个小帅似乎和赵妈还真是很投缘,圆溜溜的大眼睛看着她。赵妈一看,小帅这刚满月的孩子还真可爱,从心里就开始喜欢上了,她一想,看谁家的孩子不是看啊,钱少点就少点,谁让她跟这个孩子投缘呢!

于是从那天开始,小帅就来到了赵奶奶家,而且一待就是18年。那么他的父母为什么一直把他寄养在赵妈家不再管了呢?

原来,刚开始的时候,小帅的父母几乎天天下了班都来接孩子。可过了半年,刘平突然辞去了原来的工作,说是要与几个朋友去南方闯闯,而且一去就是小半年。张晶一边带孩子,一边上班,结果突然有一天,一个坏消息传来,说刘平在南方出事了。张晶一听,赶快收拾收拾就直奔南下的火车,把小帅就托付给了赵元。刚开始,赵元没有在意,可左等右等,张晶和刘平都没有任何消息,也没再回来。这时间一长,她的心里就开始打鼓了。这俩人不会出什么事了吧。也就是从那天开始,赵元开始四处打听张晶和刘平的消息,后来赵元听说,张晶曾经在某个晚上回来过,但回家收拾收拾东西后,很快就离开了。这时赵元就觉得奇怪,心想再有着急的事情,既然已经回来了,也应该看一眼孩子再走吧,怎么连个招呼都不打呢?于是她接着继续打听张晶夫妇的下落。但一个月、两个月、一年、两年过去了,这对夫妻还是音信全无,真是"黄鹤一去不复返,白云千载空悠悠"。

妈妈请给我上户口

而当时赵元天天盼望小帅的父母早点来接孩子，可这一盼就是7年，直到小帅快7岁，眼看就该上小学了，还是不见他父母的踪影。上学是要有户口的，这是一个非常简单的道理，小帅没有户口，公立学校不收，可孩子要接受教育，这关系到小帅的前途，没办法赵妈只有自己掏钱托人让小帅上一所私立学校，当年单赞助费就要三万元。怎么办呢？我们前面说过，赵元就是因为家里生活不富裕才帮别人看孩子的，这么一大笔的赞助费她能拿得出吗？小帅真是幸运的，因为就在她母亲突然离开后不久，赵元的女儿佳佳大学毕业了。毕业后和几个同学开了个公司。经过几年的打拼，等到小帅要上学的时候，公司已经颇具规模了。她知道这事之后，毫不犹豫，立刻拿出钱来交了赞助费，让小帅上了小学，解决了赵元的燃眉之急。

事情暂时是解决了，可为了避免以后的麻烦，这时候的赵元想，那我给小帅上户口吧，就落在我的户口本上。虽然她怎么也不明白，小帅的父母为什么不给孩子上户口，但是她想到张晶曾经把小帅的出生证明留在她这里，所以她就拿着出生证明来到了辖区派出所，但谁知道这事情根本不像她想象的那样，因为他们之间没有血亲关系，小帅根本不能在她家落户。没办法，上户口这件事，只好暂时放下了，但赵元依旧没有放弃寻找小帅父母的念头，只不过为了孩子的身心发育，这一切都是在暗中进行，这位善良的赵奶奶一直对小帅隐瞒着他的身世。

日子过得真快，转眼间小帅又该上中学了，慢慢也开始懂事了，经常问赵妈有关自己的身世，赵妈总是支支吾吾打马虎眼。从辈分上讲，小帅称赵妈为奶奶。有一天小帅认真地问奶奶："别人都有爸爸、妈妈，我为什么没有？他们到底是谁？在哪里？他们为什么不来看我？我为什么这么大了还没有户口？这中间到底发生了什么我不知道的事情？"这一连串的问题，让赵元不知如何回答，赵妈太为难了，告诉不是，不告诉也不是。在小帅再三追问下，终于有一天赵元和她的女儿佳佳一五一十地把小帅的身世告诉了他。小帅沉默了片刻后说："奶奶，我的命怎么这么苦，我还不如一条狗啊，现在连狗都有户口，可我没有，他们当年不想管我，可以不生下我，可生下了我，他们怎么可以不管我呢？"说着说着跑到他家附近的一个街心公园，抱着一棵大树哇哇地大哭，泣不成声。赵妈和她的女儿追了出去，怎么劝小帅都不肯回家，最后赵妈告诉小帅说："你妈你爸不管你，奶奶管你，只要我有一口饭吃，我都不会让你受委屈。"从那天以后，虽然小帅对奶奶的感情更深了，可小帅的心理负担也更重了，上课心不在焉，学习成绩直线下降，经常一个人坐在公园的椅子上望着天空发呆。有时天黑了才回家，这一切赵元看在眼里，急在心里，于是更加急切地到处托人打听小帅父母的消息，同时再次到当地派出所找片警，希望按特例解决小帅的户籍问题。可民警明确告诉赵元，我国法律规定，只有孩子的亲生父母才能为孩子申报户口，当务之急是要想办法找到小帅的爸爸妈妈才行。

小帅没有户口，中考受到影响，没有户口连身份证都办不了，更谈不上就业了，后来赵元和她的女儿四处托关系，总算把小帅送进了一所中专学校。为了以后的生计，她想怎么也要让小帅学一门手艺，万一哪天自己真的走了，留下小帅一个人，他起码能自食其力地活下去。而这时候的小帅，虽然一想起自己的母亲就恨她，但也从没想过要把妈妈告上法庭，他只是想如果能有一天找到自己的父母，一定要亲口问问他们，当初既然生下了自己，又为什么把自己抛弃了，这么多年为什么从没来看过自己。

赵元还真是执着，通过多方打听，经历了近20年的寻找之后，终于找到了张晶的住址。为了给孩子一个惊喜，也是怕猛然间母子相认双方都尴尬，所以赵元拖着生病的身体，决定先去见见张晶，先把事情办好后再告诉小帅。

这天，赵元按照地址找到了张晶的住处。当她站在张晶家门口的时候，吓了一跳。原来张晶住的地方是个非常高档的小区，那里住的都是有钱人。赵元心想，这下可好了，小帅的妈妈这么有钱，等她与孩子相认以后，小帅就能过上好日子了，自己也就能全身而退了。但万万没想到的是，这才是麻烦的开始。

门一开，赵元立刻就认出了张晶，但张晶却似乎不认识赵元了。后来张晶听了赵元谈到小帅的现状以后，眼泪不由自主地流了下来，便说："赵妈，我对不起小帅，也对不起您。但是，我也有我的难处。"赵元一听，这话里有话啊，便说："你有什么难处？你的经济条件这么好。"张晶这时候解释说："赵妈，不瞒你说，这房子不是我的，是我丈夫的。我跟刘平早就分手了，后来我和现在这个人结婚了，他不知道我年轻时候的那些事儿，而且我们现在又有了一个儿子，还领了独生子女证。你说，我要是告诉我现在的丈夫，我曾有一个那么大的儿子，他能放过我吗？肯定得和我离婚啊！"所以张晶最后告诉赵元，为了她现在的家庭和孩子，只能对不起小帅了。赵元一听这话，非常生气，说："你这还像个当妈的吗？我和小帅不图你什么，这么多年我们都熬过来了，没想要你的钱。但是有一样，你必须得给小帅把户口上了，他马上就18岁了，没有户口就没有身份证，以后怎么工作，怎么走上社会，你总不能不给你的儿子一条活路吧。"可张晶还是支支吾吾地说："我要是给小帅上户口，我丈夫还是得知道啊，要不这样吧，我想想，看看能不能做做我丈夫的工作，过一个星期再给您回话。"没办法赵元揣着一肚子的气回家了,晚上她是翻来覆去睡不着,就怕张晶事后又反悔。

就这样,赵元在焦急不安中过了一段时间,一天赵元接到了张晶的电话。赵元挺高兴,心想毕竟是母子,这个张晶还是舍不得小帅。可是还没等她高兴两分钟呢,张晶的话就像一盆凉水从头浇了下来。

电话里,张晶一边哭一边恳求赵元好好照顾小帅,说自己思前想后不能放弃现在的家庭,也不能让现在的丈夫知道自己这些事,万一丈夫知道了,以后她就没有好果子吃了,所以没办法只能委屈小帅了,还没等赵妈说话,张晶便挂上了电话。

此时赵元觉得这件事不能就这样不了了之,于是放下电话,连忙就往张晶的住处跑。可等她赶到的时候,却发现还是晚了一步,小区的保安说,这家人昨天突然搬走了。而且赵元还了解到,这个房子本来就是他们临时租住的,根本不是他们买的,所以搬走很方便。

这时候的赵元真是彻底绝望了,但两天之后,她又接到了张晶发来的信息说,让赵元去找小帅的生父,让他给孩子上户口。赵元一想,当爸的给上户口也行啊,便连忙根据短信上提供的地址来到了小帅的亲生父亲刘平家。

小帅的父亲会给他上户口吗?当然没有。他又是用什么理由来拒绝的呢?这一天赵元终于找到短信上的那个地址,一看那平房非常破旧,敲了半天门,等了很久才有人来开门。赵妈问:"刘平住这儿吗?"开门的是刘平的一个朋友,他听了赵元的来意之后说:"大妈,这事儿您还是得找孩子的妈来解决。因为刘平今年年初的时候出车祸去世了,他的爷爷早就不在了,他们老刘家已经没人了,我是他们远房亲戚。"赵元一听,差点就晕过去,心想完了,小帅这辈子怎么办?她已经走投无路,回家便和女儿商量,觉得现在事情已经不能靠这么瞎跑解决问题,必须要依靠法律手段来解决了。

最终小帅作为原告将自己的母亲张晶告上了法庭,就出现了这个故事刚开始的那一幕。他们要求法院判令被告支付教育费171400元,抚养费172800元(800元×12个月×18年),要求法院判令被告为原告小帅办理户口登记。由于张晶未领取开庭通知,法院以公告送达方式60天后开了庭,以缺席审判认真地审理了此案。最终法院作出判决,明确:父母对子女有抚养教育义务,被告作为小帅之母,未尽到对小帅的抚养义务,违反了其法定义务,应予谴责;赵元在与小帅无血缘关系的情况下,自行抚养小帅多年,其诉讼请求要求被告支付抚养期间的抚养费、教育费,合情合理,应予支持。被告经本院依法公告传唤,无正当理由未到庭应诉,本院依法缺席判决:被告张晶于本判决生效之日起七日内向原告支付教育费、抚养费共计三十一万三千元。驳回原告的其他诉讼请求。

赵元和小帅接到这份判决既高兴又无奈,高兴的是法院毕竟支持了三十多万元的教育费和抚养费,已经不少了,但下一步执行却是一个大问题。无奈的是法院认为办理户口登记不属于法院受理范围,应该通过户籍管理部门解决,所以小帅的户籍问题仍没有得到解决。但令人欣慰的是,判决一个月后,小帅的母亲张晶主动和赵元联系了,表示自己受不了内心的谴责,给付了部分抚养费,还是决定帮助小帅尽快把户口上了,但要落在赵元的户籍上。在辖区所在的派出所办理小帅的户籍和身份证的那天,张晶却不想见到儿子,这令赵妈和小帅非常不理解,也许有她的难言之隐吧!

事情似乎得到了解决,但通过这一案例,我们可以从法律和道德层面得到许多启示。首先,应明确父母的法定责任,《中华人民共和国未成年人保护法》第十条第一款规定：父母或其他监护人应当创造良好、和睦的家庭环境，依法履行对未成年人的监护职责和抚养义务。对小帅的监护和抚养是小帅父母法定的义务，尽管张晶和刘平未婚，小帅是非婚所生，但他们同样应履行这一职责，不论他们有什么苦衷都不能放弃这一义务。现在社会上有一些年轻人，婚前同居，甚至长时间同居而未办理结婚登记手续。像小帅父母这样的人没有责任感、自私、无情无义，第一个受伤害的是孩子。根据联合国《儿童权利公约》第七条第一款之规定：儿童出生后应立即进行出生登记，并有出生获得姓名的权利，有获得国籍的权利，以及尽可能知道谁是其父母并受父母照料的权利。《人口与计划生育法》规定，违法生育的父母要缴纳社会抚养费。本案中小帅父母均无法找到，所以，赵元女士即便代其缴纳数额不菲的抚养费，小帅的户籍问题仍然无法得到解决。所以在这里我也要奉劝那些对婚姻、子女不负责任的，甚至自己的子女为非婚生的年轻父母，你们要对未来的孩子负起责任来，未婚同居的男女要慎而又慎地对待生育问题，不要做出一失足成千古恨的事情。

我国有近两亿农民工，还有不少从小城市到大中城市打工的年轻人，有的夫妻严重超生，也有重男轻女思想严重的人，他们非要生一个儿子才行，所以出现生了孩子不上户口的现象。我们从事未成年人法律事务的律师遇到过不少这样的案例。《社会抚养费征收管理办法》第三条规定：不符合人口与计划生育法规定生育子女的公民，应当依照本办法的规定缴纳社会抚养费。第八条规定：当事人未在规定的期限内缴纳社会抚养费的，自欠费之日起每月加收欠缴社会抚养费的千分之二的滞纳金。而我国相关规定，将非婚生和计划生育外未成年人的户口登记与其出生的合法性联系在一起，计划生育法规立法的目的是预防人们超生，对于那些以身试法的，给予一定的经济惩罚。但孩子是无辜的，一个没有户口、没有身份的孩子注定难以获得一个平等成长和竞争的生存环境，所以年轻的父母不要遗弃孩子，要对孩子负责任。

我们讲的这个案例似乎有些沉重，就像一部电视剧的剧情，但现实生活中确实存在这一现象。违法生育中，违法的是父母，承担法律责任的更应该是父母，如果让孩子去承受由于父母的违法而带来的一切不幸，那这部分孩子的合法权利又如何保护？我们经常说一切为了孩子，为了孩子的一切，为了一切孩子，这些孩子中就应该包括像小帅这样的孩子。

老师有话请好好说

我要给大家讲的是两个在学生与老师之间发生冲突后,不应该发生的案例,下面咱们先说第一个。

事情发生在我国西部的某个城市,一天一个叫王旗的中学生放学回家后,便马上进入自己的房间把门反锁上,王旗的父母以为孩子在做功课,所以没有打扰他,直到该吃晚饭了,妈妈高声喊道:"儿子歇会儿吧!我给你做了你爱吃的糖醋鱼。"儿子还是没有动静,这时王旗的父亲觉得有点不对劲,心想,平时到了吃晚饭的点儿,王旗总是主动到厨房看看妈妈做什么好吃的,有时还会帮把手,今天这是怎么了?便去敲儿子的房门,儿子勉强开了房门,却用手捂着自己的左脸,王旗的父亲着急地问:"这到底是怎么回事?"并上前掰开王旗的手一看,父母二人都吓了一跳,只见儿子的左脸又红又肿,这到底发生了什么事?

这个叫王旗的中学生只有15岁,在这个县城的一所普通中学读初三，学习成绩一直还不错，与同学和老师的关系也都很好，对老师有礼貌。这一天下午第二节是化学课，王旗认为老师讲的他基本上都懂了，就随意玩起了圆珠笔。他熟练到能将这支小小的圆珠笔在右手的食指、中指和大拇指上迅速地旋转，而且能连续转上好几圈。虽然是在课堂上，周围的同学也不由自主地把目光都投向了王旗。正在王旗玩得开心时，突然间被讲课的徐老师发现了，老师随即拿了一把米尺在他的头上敲了一下。王旗玩得正专心没有一点思想准备，这突如其来的举动吓了他一大跳，他吐了一下舌头，马上用手揉了揉头部，在紧张慌乱中他的圆珠笔掉在地上，于是王旗俯下身把圆珠笔捡了起来，心想徐老师这是怎么了，平时对自己不错，今天怎么动手打人呢，于是他愤愤不平地瞪了徐老师一眼。他看徐老师又回到了讲台前在写板书时，又继续玩起了那支圆珠笔。徐老师好像有第六感觉，板书还没写完突然转过身，用眼睛死死地盯着王旗，这时王旗玩得正兴高采烈，哪能注意到老师的表情，所以根本没有终止这一行为的意思。徐老师这时的表情开始发生了变化，全班同学都看得清清楚楚，唯有王旗全然不知。只见徐老师的眼睛瞪得圆圆的，满脸的肌肉紧张，好像在跳动，脸色红红的，紧闭着嘴唇，手里拿着米尺直奔王旗的课桌前，毫不犹豫地抽打了一下王旗的左脸。这一突如其来的举动，把王旗都吓蒙了，他只觉得脸上一阵火辣辣的，头晕眼花，耳畔嗡嗡作响，他趴在课桌上，这回可是没有精力再玩圆珠笔了。徐老师打完王旗后，嘴里还念念有词："我让你还玩儿，我还管不了你了！"然后回到讲台前继续上课，好像什么都没有发生一样。这时课堂纪律有些乱，同学们都已没心思听课，眼睛不由自主地看着王旗，同桌的同学还问王旗疼不疼，要不要紧，用不用上医院。这节化学课同学们都觉得时间特别长，下课的铃声终于响了，年轻的徐老师像没事人似的走出教室，而同学们都关心地围到王旗身边。有的同学埋怨王旗不该上课不听讲而玩圆珠笔，大多数同学都责怪老师不该动手打人。看着王旗难受的样子，班里有几个女同学都难过地流下了眼泪，这一天下午王旗只上了两节课，不到四点就回到了家。

　　王旗的父母和爷爷了解到这一切后，简直都快疯了，爷爷用手摸着孙子红肿的脸心疼地说："疼吧，爷爷用凉毛巾给你敷一敷，这样能消肿。"此时的王旗再也忍不住了，依偎在爷爷的怀里一个劲儿地哭，那叫一个伤心啊！王旗的父亲是王家的独子，王旗是王家唯一的长孙，从小到大王旗一直懂事听话，别说挨打了，骂都没被骂过一句，今天受了这样的委屈，又当着全班同学的面被老师打，王旗心里别提有多难受了。当时明确告诉父母，明天不会再去上学了，而且要求父母为他转学。尽管那天晚上妈妈做了王旗爱吃的糖醋鱼，可王旗一点食欲都没有，当时还出现了头痛、恶心、呕吐、言语混乱、幻听等症状。

　　作为知识分子的王旗的父母非常理性，尽管心疼儿子，可考虑再三，两人一致认为不能完全听儿子讲的，万一事实有出入怎么办？应该做一些调查工作。于是他们连晚饭都没吃，马上找了几个家住在附近的王旗的同班同学，了解当时的情况。这几个同学详细地描述了王旗被打的经过，基本上与王旗说的一致，这说明儿子确实没有撒谎。在调查的过程中，令王旗的父母万万没有想到的是，王旗这次已是第三次被打，而且班上的大多数男生都曾经被这位老师打过、骂过。有个同学因没有完成作业还被徐老师惩罚，让他上课期间连续一周打扫楼道，有的同学被打后不满意顶了嘴，还会被扇耳光。王旗的父母在了解到这些情况之后，简直都不敢相信自己的耳朵，人民教师怎么可以这样对待学生？难道有话不能好好说吗？再说了，出了这么大的事,当家长的怎么一点儿都不知道呢?王旗的父母越想越觉得问题严重,决定向校方反映,不能让这不合格的教师伤害更多的孩子。第二天王旗的父母到单位请了假,便一起找到了这个学校的校长,校长立刻把徐老师叫到校长办公室,令王旗父母更加惊讶的是,徐老师不但没有丝毫歉疚感,反而理直气壮地说:"你们家孩子上课不听讲,还做小动作,屡教不改,影响了其他同学听课,我没办法只是用手拍了拍他的脑袋,可不像你们说的那么严重。"校长在进一步了解情况后,得知王旗父母说的是实情。校长对徐老师进行了严肃的批评并取消了他晋升职称的资格,限期做出书面检查,向王旗赔礼道歉,还多次派校领导到王旗家里看望,每天指派老师为他补课,并主动支付了各类费用几千元。王旗的父母考虑孩子马上就要中考了,这时为孩子转学对孩子学习很不利,所以这件事双方就算协商解决了。

另一个案例发生在我国东北,一个县级人民法院依法判令某中学赔偿其学校初中一年级的学生张平平经济损失13828元(其中包括护理费、营养费、交通费等)。学校为什么成为被告而且败诉?在这个学校就读的张平平又为什么将学校告上了法庭?这其中到底发生了什么?

13岁的张平平住在我国东北的一个小县城,这个女孩儿个头不高,眼睛大大的,人长得白白净净的,很可爱。刚刚上初中与同学们还不太熟悉,所以平时不太爱说话,属于那种内向型的孩子。9月底的一天上午,第三节是数学课,教数学的是个30出头的男老师,姓赵,身材挺胖的,身高有一米七八,身材显得很魁梧,平时总是很严肃,很少与同学们交流,上课来下课走,这个班的同学都有点怕他。这一天快下数学课了,赵老师让同学们交数学作业,最后问了一句:"还有没有同学没交作业呢?"数学课代表马上举手说:"老师,张平平还没交呢。"这时赵老师马上叫张平平的名字,让她交作业,张平平不知当时在干什么呢,没听见老师在喊她的名字,还在忙着手头的事。这时赵老师就有些不高兴了,心想这个同学怎么还在座位上不动呢?于是又重复地喊了一声:"张平平快交作业了!"这时张平平还是没有动,此时只见赵老师大步走到张平平面前一看,才知道张平平正在着急地赶写没有完成的数学作业,于是一气之下就把平平的作业本拿起来狠狠地往地上一摔,并把平平从座位上拉起来,还不停地推搡。接下来的举动令全班同学为之一震,赵老师居然朝着张平平同学的脸上打了两个耳光。当时张平平就感觉到头晕、眼黑、耳鸣,几乎摔倒,这时正好下课铃声响了,赵老师若无其事地走出了教室。同学们马上围了过来,班长立即跑出教室,将此事告诉了班主任王老师。王老师把张平平带到办公室,看了看张平平的脸说,你先不用上课了,回家休息吧,如果感觉不好就去医院。这样一个13岁的柔弱女孩含着眼泪一个人回到了家。当时正是中午,平平的爸爸妈妈还没有下班,懂事的平平心想还是别告诉父母了,免得让他们着急上火,她中午饭都没吃,就这样一个人在家里躺了一下午。

平平的爸爸是县城水泥厂的工人,妈妈是毛巾厂的工人,虽说两个人的文化程度并不算高,但他们都知道知识的重要性,平时总是教育孩子要好好学习,听老师的话,千万不要与老师顶嘴。平平被老师打的那一天,夫妻俩前后脚下班回家,当他们看见女儿蒙着被子躺在床上都吓了一跳。平平的妈妈想,平平是不是生病了,哪儿不舒服啊,早上上学时不是还好好的吗?便说:"平平,快让妈妈看看。"妈妈越说要看看,平平越是捂着被子不让看。这时平平的爸爸觉得不对劲,便把被子一掀,两个人看着女儿都瞠目结舌。平平的爸爸说:"我们的女儿这是怎么了，脸蛋儿又红又肿。平平谁欺负你了，快告诉爸爸。"平平趴在床上不停地哭，而且出现了恶心、头晕、头痛、呕吐、神志不清等症状。妈妈心痛地说："你就先别问那么多了，咱们还是带孩子去医院吧。"最后，经诊断平平得了阻塞性脑积水，医生让平平住院治疗。之后平平父母在了解了发生的一切后，便来到学校找到校领导和赵老师理论。他们的态度令平平的父母大失所望，不但不承认平平的病症与学校有关系，而且不同意支出医疗费。无奈之下为了讨回公道，就出现了我们开始将讲的那个情况，双方终于对簿公堂。

在法庭调查过程中，校方出示了一份对张平平十分不利的证据。什么证据会对平平不利呢？校方向法院提供了6份张平平同班同学亲笔签字的证据，都证明赵老师没有动手打张平平，对此平平当庭就提出了质疑。在这里需要指出的是，我国民诉和最高法院的司法解释均规定了当事人举证要实事求是，不得作伪证。而学校出示的这份证据，是校方领导和赵老师找到6个班干部，强迫按照他们要求的内容书写的，并不是孩子们的真实意思。这几位班干部都怕老师将来给"小鞋穿"，谁也不敢提出反对意见，只能按照老师的要求写。当法官了解到证据的取得方式后，在第二次开庭时明确表态，这6份证据不予认可。最终法院经审理认定：原告张平平在学校学习期间，被赵某因张平平未完成数学作业而采取推搡、打耳光的方式体罚，这种体罚是张平平阻塞性脑积水病症的促发因素，损害了原告的身心健康，违反了教师的职业道德及规范，应承担张平平因此而遭受的一切经济损失。

我们讲的这两个案例，一个是通过诉讼解决的，一个是通过非诉讼解决的。尽管教师对学生的体罚行为就全国范围而言是少数，但社会影响非常恶劣，不能不引起我们的特别关注。

《中华人民共和国义务教育法》明确规定:"教师应当尊重学生的人格,不得歧视学生,不得对学生实施体罚、变相体罚或者其他侮辱人格尊严的行为。"在这里我们首先要明确什么是体罚、变相体罚。体罚、变相体罚是针对学生进行惩罚的行为。衡量某个老师的行为是否是体罚或变相体罚要把握两个关键要素:一是是否以惩罚为目的;二是是否直接针对学生的身体。体罚的形式一般是教师直接针对学生身体的殴打,而变相体罚则有更多具体的表现形式,例如:对学生实施罚站、罚跪、威胁、辱骂、刁难等。有专家认为,变相体罚,甚至比直接的身体打击更易伤害学生,体罚对学生造成的伤害往往超出教师的预期。由于被体罚的对象是非常脆弱的未成年人,其身体和心理都没有发育成熟,教师的行为可能导致伤害学生身体的后果,比身体伤害更严重的是,在体罚案件中,大量的学生出现了精神障碍方面的心理疾病,这些疾病造成的影响可能伴随学生终身。这两个案例中的两个孩子,很难说不会出现这一心理疾病。

我国法律明确禁止对学生实施体罚、变相体罚。我在网上有时会看到某地某学校老师在教室疯狂打学生的视频,我很难想象这是人民教师所为,尽管是极个别现象,但社会影响非常恶劣,是短时间内难以消除的。

尊重儿童是联合国《儿童权利公约》的基本精神,《中华人民共和国未成年人保护法》第21条规定:"学校、幼儿园、托儿所的教职员工应当尊重未成年人的人格尊严,不得对未成年人实施体罚、变相体罚或者其他侮辱人格尊严的行为。"《中华人民共和国义务教育法》《中华人民共和国教师法》等一系列法律中,对禁止体罚、变相体罚都有明确的规定。那么为什么还会出现对学生体罚和变相体罚的行为呢?原因是多方面的,其一是中国传统教育所致,有些家长对不听话的孩子,采取粗暴的形式进行教育，认为不打不成才，打是亲骂是爱，不打不骂易学坏，所以有的老师也理所当然地认为学生应该听话；其二与教师自身修养和心理素质有关，有些基层县、乡镇老师认为自己学历高、工资低，在社会上没有地位，遇到不顺心的事就向学生发泄。所以教师心理健康也很重要，许多教师不懂调节自己的情绪，甚至家里有一些烦心的事情很容易把情绪带到教育教学工作中去，学校的主要领导应当对这一社会现象投入更多关注。作为被教育者的学生，即使他们犯了再大的错误，作为教书育人的教师也必须采取正确的教育方法，有话好好说并不是一件非常难做到的事情。我们的人民教师必须明白，体罚和变相体罚对学生的身心健康有极大的伤害，在生理上有可能致学生伤残，严重的甚至会导致学生自杀；在心理上，会使学生缺乏安全感，会产生恐惧、焦虑症，严重的会摧残扭曲学生的人格，伤害学生的尊严。国外有学者就体罚对学生的身心健康产生的影响，做了大规模的调查。这些在学生时代曾被体罚过的儿童，他们成人之后吸毒、酗酒的可能性是正常儿童的两倍。更可怕的是，有的患上了焦虑症、抑郁症，有的有反社会倾向，成家后对配偶及子女滥用暴力的概率大大增加。苏联伟大的教育家马卡连柯指出：对学生要求越严格，对他们就越要尊重。

　　这里我们讲的仍然是一个与未成年人成长有关的沉重话题。我国目前有3亿多未成年人，他们是祖国未来的建设者，他们的成长状况如何，直接关系到中华民族的整体素质，而教师肩负着这一神圣的历史使命，教育者必须先受教育，让我们的人民教师永远无愧于人类灵魂工程师的光荣称号吧！

我也有隐私

这是一件发生在我们身边的真实案件。俗话说"一日为师,终身为父",在我们的传统观念里,老师、师长是受到特别的尊重的。甚至过去在每家每户,逢年过节祭祖时的牌位上,都写上"天地君亲师"。这说明什么?除了天、地、古代的君主、自己的父母之外,最受尊崇的就是老师了。那么如果这么受人尊重的老师被人告了,大家会怎么想?而且这对师生原本可以说是情同母女,她们会为了什么反目,又为了什么让一个年仅16岁的孩子站上法庭控告自己的老师呢?这一切还要从一封离家出走的信说起。

在北方某城市的一个小区里,一天清晨六点钟,一位名叫

我也有隐私

李冰的母亲从厨房里把早餐端出来，放到餐桌上，然后转身来到女儿刘媛的房间门口，轻轻敲了敲门没反应。于是又敲了敲门说："媛媛，该起床了，再不起，上课就迟到了，快点起床啦！"说完，李冰就又回身来到餐桌旁边，去给女儿剥鸡蛋。但是两个鸡蛋都剥完了，刘媛还没从房间里出来。李冰看了看表心想，这是怎么了，平常不用叫都能自己起床，今天怎么叫了好几次还没动静？于是便推开了女儿的房门，令人吃惊的一幕就在她眼前出现了。

原来刘媛房间里空空荡荡的，根本没有人。刘媛的床上干干净净，整整齐齐，连一个褶儿都没有，床上根本就没有睡过的痕迹。这人呢？李冰看到这种情况，心里觉得很奇怪，这么早女儿不在房间，能去哪儿了呢？

这时候当妈的心里就开始紧张了，家里的卫生间、储物间、阳台和家门口的公共走廊都看了一遍，连个人影都没有，这孩子到底去哪儿了呢？这时候李冰觉得事情恐怕有点不妙。于是连忙把丈夫叫了起来："快起床，你还睡呢，女儿不见了！"这位原本睡得迷迷糊糊的父亲，一听到女儿不见了，当时就惊醒了。夫妻俩马上开始想女儿可能去哪儿了呢？这时候刘媛的父亲似乎突然想起了什么，又来到了女儿的房间，果然在刘媛书桌的台灯下面压着一封信，信是这样写的：

亲爱的爸爸妈妈：

我对不起你们，辜负了你们对我的期望。我知道我不应该这么做，但是没有办法，我再也不想上学了。不想看到同学，更不想看到老师，你们别埋怨我。或许有一天我会回来，但我也不知道这一天会是什么时候，爸爸妈妈保重身体。

女儿刘媛

看到这样的信，刘媛的爸爸妈妈又气又急，气的是这孩子主意也太大了，怎么这么不懂事，有什么事情不能解决，为什么非要采用这种极端的方式呢？急的是孩子离家出走了，可她身上又没有多少钱，能到哪儿去呢，孤身一个人，年纪还那么小，又是女孩子家，能不让人着急吗？

可不管怎么急，怎么气，关键还是要把刘媛找回来。可是到哪儿去找呢？茫茫人海，总得有个方向啊。这时候刘媛的母亲李冰突然一拍大腿，喊了一句，那小子肯定知道！找他问去。

那么李冰嘴里说的那个小子是谁呢？他又为什么会知道刘媛的去向呢？

刘媛母亲李冰所说的是那小子，是她女儿的同学，他怎么会知道刘媛的去向呢？又为什么敢肯定地说他和女儿的失踪有关系呢？

原来两个月前，也就是还在放暑假的时候，李冰发现女儿刘媛和以往有些不同。刘媛是班里的学习委员，学习成绩一直非常好，每次考试都是班里的前五名，也就因为这样，她的父母从没有因为学习问题替她操过心。刘媛自己也非常懂事，每到节假日都自觉学习，从来没让老师、父母催过。可这次放假，李冰发现刘媛不像以往的假期那么爱学习了，她经常玩手机，甚至怕父母发现，她晚上居然在被窝里看手机。有时与同学聊天，一聊就是一个小时。而且还经常出去，一问去哪儿，就说是同学聚会。李冰心想，哪儿那么多的聚会啊，肯定是女儿找借口出去玩了。

一天，李冰买菜回家，发现自己家楼下的马路牙子上蹲着一个男孩儿，似乎在等什么人，拿着手机好像在发着微信。由于这个男孩穿着打扮很时髦，用我们现在的话说，特别扎眼，所以李冰就注意到他了，而且心里还觉得特别扭，觉得这样的孩子看着特别不顺眼，就多看了两眼，觉得很眼熟，但怎么也想不起来在哪里见过。于是她一边看着这个男孩子,一边上了楼。进了房间,李冰刚把菜放下,就看见女儿拿着书本正要往外走,李冰忙问:"干什么去?"女儿一边急匆匆地往外走,一边说:"出去有点事儿,一会儿就回来。"李冰又问:"什么时候回来?今天晚上我可给你做好吃的。"可刘媛连头也不回,飞快地就跑了出去。李冰这时候就觉得很奇怪,平常女儿不是这样的,办事从来不会毛毛躁躁的,今天这是怎么了?是不是有人在楼下等着她呢?于是李冰下意识地走到阳台上,想看个究竟。结果她一看,大吃一惊。她看见女儿刘媛和刚才自己在楼下见到的那个打扮得很扎眼的男生手拉着手一起走了。这时候,李冰突然想到,刚才那个男孩自己见过,就是女儿班上的一个同学,叫晓勇。

这时候李冰的心"怦"地跳了一下,她心里想,这下完啦!女儿恐怕是交上男朋友,早恋了。尤其是她联想到女儿平时种种反常的表现后,更是肯定了这种猜测。怎么办呢?女儿刚17岁,过了暑假就上高三,紧接着就面临着高考,这时候出了这种事,该怎么办呢?想来想去,李冰觉得再仔细侦察一段时间,看看他们到底进展到了什么程度。

于是从那天开始,李冰就开始了"侦察员"的地下工作,刘媛打电话、出门儿、看书、发微信等所有的事情都要监视,一连监视了一个月,直到刘媛开学。她越监视越觉得问题不简单,她认为给女儿打电话的人肯定是那个男孩儿,出门就是去约会,看书不专心,还总给同学发信息。于是一天晚上,趁着吃饭的时间,她决定从侧面试探试探。她指着电视里有关校园恋爱的电视剧说:"媛媛,你觉得这个电视剧好看吗?"刘媛说:"我没看过,不感兴趣。"李冰又说:"你们班里有没有同学谈恋爱的?"刘媛说:"可能有吧,谁爱谈就谈去呗!"李冰趁机接着问:"那我们家媛媛长得这么漂亮,有没有人追啊?"刘媛一听,哈哈哈大笑说:"当然有啊,不过我都瞧不上。"说完刘媛就回到了自己的房间。女儿说的是一句玩笑话,可当妈的听了,心里便七上八下的。到底应该怎么办呢?思前想后,李冰与刘媛的爸爸商量后,决定去找刘媛的班主任张老师求教,请她帮忙。

当李冰把刘媛的情况告诉张老师以后,张老师也是一惊,答应马上开始调查这件事情,如果发现有什么蛛丝马迹马上与她沟通。听了这话,李冰当然是非常感谢。而张老师也的确很关心刘媛这个学生。我们前面说过,刘媛是学习委员,功课一直很好,在各个方面表现都不错,可以说她是张老师的重点关注对象之一。张老师对她一年后的高考可以说是寄予厚望,所以当从刘媛的母亲那里听到这个信息后非常重视,很快就找了刘媛谈话。但是几次谈话都没什么结果,刘媛都否认自己在谈恋爱。张老师也和刘媛的母亲通过几次电话,反映了一下刘媛在学校的情况。所以过了一段时间之后,这件事情看起来也就不了了之了。

但就在这个时候,刘媛突然离家出走了。这到底是怎么回事呢?刘媛的离家出走和前不久发生的所谓"早恋"事件有没有联系呢?

于是,李冰让丈夫去派出所报警,而自己马上直奔女儿的学校。这时候是冬天,天气非常冷,李冰到学校的时候大门还没有开。李冰就站在校门口等,过了半个小时才陆陆续续有同学来上学,又等了一会儿,李冰看到了那个曾经在自己楼下徘徊过的男孩,连忙三步并作两步,冲过去一把就把他给拉住了,便问:"你把我女儿给拐哪儿去了?"晓勇吓了一跳,看了看李冰说:"我不认识你。"于是使劲地把李冰的手给甩开又说:"你是谁啊?是不是认错人了!"李冰说:"你不认识我,我可认识你。放暑假的时候,你可没少到我们家楼下溜达,你说,你把媛媛给弄哪儿去了?"晓勇一听,一头雾水,说:"您说的是刘媛吧,我不知道啊,她怎么了?""你小子还问我,我还想问你呢!"

就在他们双方相互争执的过程中,刘媛的班主任张老师来了,看到这种情景,连忙上前了解情况。一听是刘媛找不到了,马上就带着她的母亲到学校找了部分与刘媛接触多的学生了解情况。经过了解,李冰最后得知,晓勇确实不知道刘媛离家出走的事情,而且事前也没有听刘媛说起过,同样,班上的其他同学也不知道刘媛的去向。李冰想起刘媛在信中曾经提到过,自己不想再上学,不想再见到老师和同学,是不是在学校发生了什么自己不知道的事呢?便将媛媛的信拿给张老师看。李冰还问张老师是不是有什么事,但是张老师笑了笑说:"能有什么事呢?学生来学校不就是上课、学习嘛!没事的,刘媛的表现一直比较正常,事前没看出有什么异常的情况。"李冰听了这话心里觉得有点不太舒服,可也想不出有什么不对劲的地方。

那么刘媛为什么要出走呢?她到底去哪儿了呢?李冰同丈夫天天寻找女儿的下落,还与在外地的亲戚联系,但一直没有消息。时间一天天过去,转眼刘媛离家出走快半个月了。就在李冰他们夫妇觉得希望越来越渺茫的时候,警方传来了一个好消息,说是苏州方面告知,有一个女孩儿在一家餐馆打工,体貌特征像是刘媛。于是他们直奔苏州,经过一番波折后,终于找到了女儿。

当李冰夫妇见到女儿时,眼泪一下就流了出来。他们看见在家里一直娇生惯养的媛媛正在一个小饭馆,穿着油乎乎的白色工作服,在给就餐的客人端茶倒水,虽然戴着工作帽,可从那熟悉的马尾辫能看出头发也是油油的,看起来是很长时间没有洗过了。

看到女儿这个样子，李冰的心都揪在一起了。她很想马上就冲上去问个明白，为什么她要这么做，到底出了什么事情不能对父母讲。但她又想到，孩子现在突然见到我们，情绪可能还不太稳定，怕刘媛再受到刺激不辞而别。所以李冰就没有马上询问，而是先找到小饭馆的老板，将孩子的情况说了一遍。老板看来很实诚，告诉媛媛的父母说："这女孩说家里穷，想出来挣钱养家，我这儿又正好需要一个勤杂人员，所以就留下了，我哪里知道她是在说谎话，我可是管吃管住，还给工钱，你们女儿很勤快的。"此时媛媛的爸爸说："我们不要工钱了，要带孩子回去读书。"于是，老板将媛媛带到她父母身边，没想到媛媛见到爸爸妈妈没有任何表情。这样他们先带着孩子离开了那个小饭馆，找了一家酒店，让女儿洗了个澡，吃了顿饭又睡了一觉。等刘媛睡醒起来，已经是第二天中午了。从女儿这么疲惫的身体来看，李冰觉得孩子这段时间肯定吃了不少苦。于是就说："媛媛，明天咱们和爸爸一起回家好吧。"听了这话，刘媛还是没有任何反应。于是李冰接着又说："回家好好休息休息，你这么长时间没上学，功课也落下了不少，咱们还得补回来呀。这都高三了，你上学可不能耽误。"话刚说到这儿，李冰后面的话还没说，刘媛就突然大哭了起来，喊着："我不回家，我不上学，就不上学。"李冰夫妇一看，都傻了。以前那么一个爱学习的孩子，怎么突然开始厌学了呢？而且刘媛离家出走前，留下的那封信上也写了，不想再回到学校。

那么刘媛这次离家出走的行为，真的与学校有关吗？李冰夫妇觉得问题不那么简单。再联想到事发后班主任张老师的反应，刘媛的父母觉得这其中肯定发生了什么他们不知道的事情。于是俩人决定先带孩子回家，然后慢慢再弄清楚。

我也有隐私

回到家之后，经过再三的询问和做工作，刘媛终于说出了事情的真相。

原来自从李冰向张老师反映了女儿反常的种种情况之后，张老师特别重视。她通过观察，发现刘媛似乎和班上的晓勇走得比较近，但要说两个人谈恋爱，也不能确定。张老师考虑了好几天，决定要找刘媛谈一谈。

一天下课，张老师把刘媛叫到了自己的办公室，说："刘媛，我觉得你最近的成绩好像有点下滑啊，是不是有什么事儿，分散你精力了？"刘媛看了看张老师，纳闷地说："没有啊，我觉得自己的成绩没什么变化吧。"张老师一听这话，心里的火一下就上来了，把一份卷子狠狠地扔在了刘媛的面前："你看看，这次测验你得了多少分儿？这是你该有的成绩吗？"刘媛一看，老师真生气了，顿时话也不敢说，就低着头。这时候张老师一看，觉得刘媛该说实话了，于是就说："刘媛，最近你是不是和咱们班的晓勇同学走得比较近啊？"刘媛说："没有，我们住得比较近就是有时候一起上下学。""还有呢？"张老师追问。"真没了。有的时候晓勇有不会的数学题会问问我，就这样。"刘媛回答。张老师本来是打算等刘媛承认以后，苦口婆心地教育教育她，结果没想到，这个媛媛是死活也不承认自己和晓勇之间有"恋爱关系"，这下张老师很生气，后果很严重。

什么严重的后果呢？有一天张老师趁上体育课，同学们不在教室的时候，居然到刘媛课桌里将书包拿到了办公室，希望能找到蛛丝马迹。之后还发现书包里的一个记事本，进行了仔细的翻看，为的就是要从其中找到一点证据。结果看到有这样的记录：某日与晓勇一块儿看电影。为此张老师便发挥想象力，认为他们俩肯定是男女朋友关系，否则为什么要与晓勇一块看电影。接下来张老师在一次班会上，当着全班同学的面说刘媛

·167·

做了不检点的事情,今后要大家离她远一点。这使原本性格活泼的刘媛在班里顿时成了"众矢之的""孤家寡人",同学们远离她,不敢和她说话,这一切都让刘媛感到了巨大的压力。刘媛在日记中写道,以前那么宠爱我的老师,现在却经常呵斥我,而且是当着全班同学的面,这让我无地自容。昨天,我又做噩梦了,我又梦见老师在班会上严厉地批评我,这样的日子什么时候才能结束啊!

张老师为什么要用这种手段呢?目的很简单,就是为了让刘媛好好反省自己的问题,好好承认错误,不要影响学习。但是她没有想到,这样的做法给刘媛带来了巨大的精神压力,再加上进入高三以后学习压力本身就很大,所以在这双重压力之下,刘媛最终选择了离家出走。

听了女儿的话,李冰泪流满面。她根本没想到女儿在学校受了这么大的委屈,她心里这个后悔啊。后悔自己当初为什么去找张老师,如果不找老师,女儿就不会受到这种折磨,也就不会出走。同时她又恨,恨张老师为什么不向自己说实话。李冰心里想,我是让你教育我女儿的,可不是让你欺负我女儿的。而且通过那么多次的电话,张老师从来没有说过自己是这么对待刘媛的,每次只是说刘媛的表现如何不好,如何要家长配合学校严格管理。想到这儿,李冰再也坐不住了,不顾丈夫的阻拦,直接到了学校,要找这个班主任张老师说道说道。可谁知道,张老师听了李冰的话,一改以往温文尔雅的作风,很冷漠地说:"这件事情您不应该找我,我是本着对你女儿负责的态度,才严格管理,才翻看她的书包,我要是不看她的记事本,我怎么知道她的思想动态呢?再说,不是您说把孩子交给我,让我严格要求的吗?"李冰本来觉得自己挺有理的,可听了张老师的话,顿时愣住了,觉得怎么变成自己没理了呢?放下刘媛的父母与学校交涉先不说，我们再说说刘媛的情况。

回家以后的刘媛，心情一直很压抑，后来被诊断患上了抑郁症，而且对离家出走的流浪生活表示出了向往。为了缓解女儿的情绪，李冰夫妇最终决定为孩子转学。本来事情应该就到此为止了，但实际上并没有结束。因原学校提供的学籍卡被涂改过，转学手续迟迟没有办妥，所以李冰一家人认为学校是故意刁难他们。再结合刘媛的遭遇，经反复思考他们决定要通过法律途径解决问题。刘媛认为张老师公然翻看自己书包中的记事本，在班会上说自己早恋，让同学远离自己，以侵害自己的隐私权为由向法院提起了诉讼。要求老师赔礼道歉，恢复名誉并赔偿精神损失。

张老师得知后大吃一惊，她怎么也想不通，以前十分喜爱的学生怎么会把自己告上法庭。她觉得自己当老师十几年了，什么样的学生没见过，早恋的学生更是遇到不少。以前也私自看过学生的日记、信件，可是谁也没说过什么，学生也从来没有提出过异议，怎么这次惯例的做法反倒让自己成了被告呢？张老师甚至还想，孩子就是孩子，就得让大人来管，要是这个不能动，那个不能动，什么都不能看，怎么能知道孩子心里想什么，又怎么能管好孩子呢？而且十几岁的孩子能有什么隐私啊！

未成年人有没有隐私权？当然有了。那么隐私权都包括哪些内容呢？隐私权作为一种基本的人格权利，是指公民享有私人生活安宁与私人信息依法受到保护，不被他人非法侵扰、知悉、搜集、利用和公开的一种人格权，保护隐私是人类文明进步的重要标志。

我们说，孩子是要管，是要教育，但也要注意教育方法。他们虽然年纪还小，但也是一个独立的个体，应该尊重他们，而且我国的法律关于这方面也有明确的规定。

首先，未成年人的个人人格尊严受到法律的保护。

《中华人民共和国未成年人保护法》第五条规定：保护未成年人的工作，应当遵循下列原则："（一）尊重未成年人的人格尊严；（二）适应未成年人身心发展的规律和特点；（三）教育与保护相结合。"第十九条规定："学校应当根据未成年学生身心发展的特点，对他们进行社会生活指导、心理健康辅导和青春期教育。"第二十一条规定："学校、幼儿园、托儿所的教职员工应当尊重未成年人的人格尊严，不得对未成年人实施体罚、变相体罚或者其他侮辱人格尊严的行为。"

其次，未成年人的个人隐私受到法律的保护。

未成年人有隐私权。《中华人民共和国未成年人保护法》第三十九条明确规定：任何组织和个人不得披露未成年人的个人隐私。未成年人由于年龄小，身体和心理尚未发育成熟，不具有民事行为能力或只具有限制民事行为能力，因而要受到家长、学校和老师的监护。但学校和家长有时因为缺乏法律知识而造成了对未成年人隐私权的侵犯。常见的侵犯未成年人隐私的表现有偷看偷拆未成年人信件、偷看未成年人的日记、偷翻未成年人的书包等。无论学校老师还是家长，对未成年人的以上行为都是侵犯隐私权的行为。即使是在关心孩子、帮助孩子的前提下侵犯未成年人隐私权的行为也应该禁止。虽然他们是未成年人，但是他们也有自尊，也有不愿告诉别人或不愿公开的个人的事情，包括他的日记、信件、生理方面的疾病、曾经遭受过的侮辱、经历的痛苦以及生活习惯、生活方式等。而且，正因为未成年人年龄小，心理承受能力较弱，更需要全社会，尤其是他们的父母和老师加以关心和爱护，尊重他们的隐私权，维护他们的人格尊严。

经过艰难的举证，最终法院认为，班主任张老师在对刘媛进行教育管理中，确有翻看其书包、笔记本等歧视性行为，侵害了她的人格尊严。张老师的上述行为和刘媛离家出走、精神抑郁的事实之间有因果关系，造成了一定的伤害，应向刘媛做出口头赔礼道歉并给予一定的精神抚慰金。据此，最终判决被告自判决生效起7日内就侵害原告的人格尊严，口头向原告赔礼道歉，并赔偿经济损失3000元，学校承担连带责任。

尽管李冰并不认为这场官司是由早恋引起的，然而这场风波的起因，的确是由于青少年的感情问题而引发的。很多异性学生之间的交往真正以恋爱为目的的并不多，但却被扣上"早恋"的帽子。早于一般年龄的恋爱就称为早恋，人类是有感情的动物，现在中学生的生理年龄和心理年龄都比以前提前，这个变化我们必须认可。而这个年龄的孩子往往会出现叛逆，我们不能对同学之间纯洁的友谊太过敏感。有的专家认为：老师和家长要给予他们相应的性知识和性伦理的教育，将科学的信息告诉孩子，对孩子进行自尊、自爱、责任感、自制力的教育。像这个故事中的刘媛，学习成绩下降，老师和家长应该共同分析，找出原因，与孩子诚恳地面对面交流，寻求心理疏导，让孩子敞开心扉。老师和家长应该了解孩子们这个特殊时期的生理和心理特点，给予他们正确的引导。不要采用简单粗暴的处理方式，避免这种事情的再次发生。

午夜罪恶

我要和大家讲的是一个真实的案例,从这个案例中我们值得去思考一些与未成年人成长相关的法律问题。

这个案件的主人公叫王强,在他 17 岁生日那天,发生了一件事儿,而就是这件事情彻底改变了他的人生。人民法院以强奸罪、抢劫罪判处其有期徒刑 12 年。一个年仅 17 岁的孩子,还没有成年,可以说他的人生才刚刚开始,怎么就会犯下这么重的罪呢?我们还得从他生日的那天开始讲起。

王强所在的是我国北方的一座大城市,而他的生日又是在冬天 1 月 20 日。大家知道,北方的冬天是非常寒冷的,可以说是天寒地冻、寒风刺骨,而他生日那天正是最冷的时候。因此到了晚上八点多钟,路上的行人已经不多了。这时候王强正与两个在网吧结识但并不太熟悉,从外地到这座城市打工的朋友一起吃饭。这两个人一个叫刘勇,一个叫张亮,都比王强大。刘勇比王强大两岁,张亮比他大四岁。他们在一家以前经常去的小饭馆吃饭,边吃边聊,可能是因为那天天气特别冷,三个人断断续续喝了将近四斤白酒,以至于他们三个说起话来都有点不利索了。这时候王强就说:"咱们是不是吃得差不多了,我结账吧。"说着就要掏钱,但这时候,年龄最大的张亮突然伸手把他给拦住了说:"别、别、别,今天是你生日,哪儿能让你掏钱啊!我来我来。"旁边的刘勇一看也赶快要掏钱。这时候王强就说了:"两位哥哥,你们就别争了,平常我没少蹭你们的,今天我过生日怎么也得我请,要不下次我都不好意思见你们了。"总之,三人又推让了一番,最后还是王强把账给结了。不一会儿,餐馆的服务员就把找的零钱给王强拿过来,可能是这王强喝得实在是太多了,手有点儿不听使唤,一抖钱就掉了。这时候有个服务员就赶紧帮他把钱捡起来,放到桌子上了。王强这时候就多看了这个女服务员一眼,说了声:"谢谢哈!"然后收好钱和刘勇、张亮一起走出了饭馆的门。王强这时候是不是准备回家呢?不是。这时候他并没有回家的打算,他在外面还没待够呢!

一个未成年的孩子,在夜里四处游荡为什么不回家呢?他的生日为什么不与父母一起庆祝?这种特殊的日子,这么晚还不回家,难道他的父母就不着急吗?出了门,王强几个人又要去哪里呢?他们所要去的地方与所犯的罪行之间有没有什么联系呢?

寒冬腊月,又是夜里,三个人一出饭馆儿的门就打了一个寒战,王强就说:"天儿也太冷了,去哪儿好啊?"这时候张亮看了看王强说:"咱们先去网吧待会儿吧!一会儿哥哥有个礼物要给你。"王强一听,哦!自己长这么大过生日还没收过什么像样儿的礼物呢!所以他心里还挺高兴。到了网吧,三个人找到位置坐下来,干什么呢?浏览黄色网站。几年前的网吧不像现在比较规范,那时候还是比较混乱的,未成年人也能随便出入。看着看着,王强就发现张亮开始打电话,打的时间还不短。一会儿等他终于挂上电话,他就走过来对王强和刘勇说:"强子,咱走吧!拿你生日礼物去!"王强就问:"什么礼物啊?"张亮说:"哎呀!你就别问了,跟我走吧,就是咱们几个好好玩玩呗!保你喜欢。"王强听后问了一句:"玩什么啊?到哪儿去玩啊?"张亮说:"去了你就知道了,我都联系好了,保你俩开心。"说着,张亮拉着他们两个走出了网吧,三个喝醉酒的小伙子摇摇晃晃地上了马路。

那么这三个大小伙子到底要去哪儿呢?

这时已是深夜12点钟,公共汽车早都停了,没办法,三个人只好打了辆出租车来到了一个小区。进了小区后又走进一个楼门,到了二楼的201室,张亮首先去拉防盗门,说来也怪,防盗门居然没有上锁,王强这时候意识到一定是张亮刚才打电话联系的那个人的住处。随后又去敲里面的木门,敲了半天也没人开门,此时张亮急了,用脚使劲踹门,没踹两下门就被踹开了,刘勇和王强也跟着张亮走了进去。张亮进去后,发现房间里黑乎乎的没有开灯,于是张亮把灯打开,便开始大声喊一个叫丽丽的名字,这时这个叫丽丽的女孩儿正坐在卧室的床上看电视。听到有人叫她,就回头很轻蔑地瞟了他们一下,此时,王强马上就认出了她是谁。

丽丽是一个外地人,才20岁,在这座城市做餐馆服务员。而她工作的那个餐馆正是王强他们今天去过的那个,这个丽丽不是别人,也正是给王强捡掉到地上钱的那个女服务员。那么张亮带他们来这儿到底是为什么呢?

这时候张亮看见丽丽坐在床上没动,还用那种眼神看他们,就非常生气,冲着丽丽就喊:"怎么着,还装什么呀!刚才打电话的时候咱们不是说好了吗,我会给你钱,你为什么还不开门?"丽丽说:"你们走吧,我今天身体不舒服。"张亮一听,脸色立刻就变了,说:"你装什么啊,谁不知道你的那点破事儿,这又不是第一回了!今天你不开门,不给我面子,怎么着,你还想反悔？当着我哥们儿的面，你让我的脸往哪儿搁？"说着张亮仗着酒劲儿冲上去，对着丽丽劈头盖脸地就是一个大巴掌，然后就开始扯她的衣服。这时候王强似乎才有点儿明白怎么回事。原来这个丽丽傍着一个所谓的"大款"，这个两居室就是那个"大款"为她租的。"大款"不来的时候，她就会经人介绍收几百元钱做"三陪"小姐。而张亮刚才在网吧打的那个电话，就是打给她的。

这时候张亮一边仗着酒劲儿撕扯丽丽的衣服，一边招呼刘勇和王强。张亮说："你们俩站在那儿干什么呢，快动手啊！"于是，刘勇也仗着酒劲儿冲了上去，一起撕扯丽丽的衣服。丽丽一边拼命反抗，一边使劲儿呼救，刘勇怕邻居听见就狠狠地捂住了她的嘴，并且威胁她："你再出声，我就把你给做了。"丽丽吓坏了，不敢大声叫喊，但还是拼命抵抗。那么就在张亮和刘勇侮辱丽丽的时候，王强在干什么呢？

王强被眼前的一幕彻底吓呆了，本来酒喝得太多，他的头就晕乎乎的，而此时他不明白张亮为什么要这么粗暴地对待丽丽，也不明白自己好端端的一个生日怎么就会变成这个样子，这时候他感觉头更晕了。正在他发愣的时候，张亮又说话了，他毕竟比王强大四岁，所以看到王强的表情他就明白了，说："怎么着，你不动手啊，这可是哥哥为你准备的，怎么你跟她一样，也不给我面子吗？"说着，那个凶样儿就露出来了。

王强这时候该怎么办啊？他心里七上八下的。首先，他不想参与，他看到张亮和刘勇这么凶残地对待丽丽，心里觉得很难受。王强才17岁，还没有成年，他在认识张亮之前，生活也是比较平静的，根本没见过这样的场面。其次，他还有点害怕，他怕如果自己不跟张亮他们一起干，自己以后没什么好果子吃。更重要的是，张亮说这可是专门为了他的生日才煞费苦心的。

话都说到这个分儿上了,王强能怎么说呢。毕竟是一个17岁的孩子,很多该坚持的原则和立场,这时候都被他排在了哥们儿义气后面。

这个时候王强虽说有些不清醒,可他还是下意识地马上说:"大哥对我这么好,我怎么会那么不懂事儿呢。我就是觉得头有点晕,想吐。"而张亮和刘勇听了这话,就用怀疑的眼光看着他说:"你今天喝的没我们俩多吧!"王强说:"那是你们俩酒量好。"这时候他就想,自己要是不过去,那也真是太不给张亮面子了。平常自己经常蹭吃蹭喝的,这要是真走了,那以后还怎么和张亮他们在一起啊。于是晃晃悠悠地就走了过去。

就这样三人先后将丽丽强奸了,当晚丽丽受到了非人的折磨,她的脸、脖子、身上多处受伤,被咬得青一块儿紫一块儿,光着身子躲在墙角低声啜泣。这时候年长一些的张亮心里又冒出一个鬼主意,他冲到墙角,抓住丽丽的头发,开始威胁:"别哭了,吵死人了,赶快告诉我钱在哪里,如果你老实交代,我就饶了你。"面对张亮的淫威,丽丽明白,这个时候的张亮是什么事情都能做得出来的。无奈,丽丽将存放现金的地方告诉了三个人,但最后三人仅翻出300多元现金。张亮一看只有这么点儿钱,不甘心,就又在房间里到处找,最终找到一部手机。

此时,看着三人在那里寻找钱财,丽丽想,如果现在不跑,不知道自己还会有什么样的悲惨遭遇。所以她就趁着张亮、王强他们不注意的时候,忍着身体的剧痛,慢慢地开始挪动身体。然后看准机会,一下子跑到卫生间,回身轻轻插上房门,打开了窗户。这时候窗外的北风呼啸,窗户一开,一阵刺骨的冷风就吹了进来,丽丽这时候可是光着身子,什么也没穿,所以不禁抖了一下。她站在窗前,看看黑漆漆的窗外,深深吸了一口气,然后纵身跳了下去。

丽丽竟然跳楼了，一个冬天的深夜，没穿衣服，这些所有的不利因素加在一起，丽丽还能从楼上跳下去，这说明什么？丽丽真的是受够了，跳楼的勇气不是人人都能有的。

幸运的是，前面我们已经提到，丽丽所在的楼层不高，就在二楼。而且丽丽在这里生活了一段时间，对周围的环境又比较熟悉，知道自己的窗户下面没有障碍物，加上她本身又很年轻，虽然刚刚受了侮辱，但是身体基本的协调能力和柔韧性还是有的。因此，她跳到地上之后，只是趁势做了一个前滚翻动作，很快就站了起来，基本上没受什么伤。

虽然丽丽已经成功地逃了出来，但是一个新的问题又出现了。丽丽没穿衣服。这么冷的天气，如果不穿衣服，没有马上得到救助，丽丽很快就会被冻坏，等到天亮的时候恐怕就不行了。当时已将近凌晨两点钟，周围十分安静，一个过路的人也没有。一是天气太冷必须马上获救，二是怕张亮他们发现追来，所以丽丽没有多想，马上走到单元门口，找了一层的一户人家，一边敲门一边喊："大婶、阿姨快开开门，我有急事求救！"这时被敲门的那家女主人，听到急促的呼救声和敲门声，马上打开灯十分害怕地跑到门上的猫眼往外一瞧，不看不要紧，一看吓了一大跳，虽然楼道里的灯不太亮，她也清楚地见一个女子蹲在她家门口一丝不挂。看着眼前的一切，这家女主人有点胆怯，毕竟家里只有自己一个人，但是女孩不断的求救声容不得自己紧张，她想这个女孩子肯定是遇上大麻烦了，便马上打开门，将丽丽领进了屋，又拿来衣服让她穿上。之后又将丽丽带进卧室，此时丽丽说："阿姨，我先用您家的电话报警，然后再告诉您发生的事情好吗？"阿姨说："没问题，快打吧！"

张亮、王强、刘勇发现丽丽不见了，才知道丽丽从洗手间窗户跳下去了，三人马上意识到虽然不知丽丽在哪个人家，但她肯定会报警，警察很快就会来，所以立即叫了一辆出租车，离开了犯罪现场。

王强很长时间一直是一个人住在出租屋，回到家，酒醒过后的王强十分害怕，他赶紧拨通了父亲的电话。电话通了，他马上说："爸爸，爸爸，不好了，出大事情了！"

被从睡梦中吵醒的父亲极其不耐烦地说："你能有什么大事情，这么晚了，有事明天再说。"

听着父亲不耐烦的语气，王强更加紧张，开始哭诉起来："爸爸，爸爸，真的出大事了，这回你得救你儿子呀！"

听着儿子开始哭泣，王强的父亲意识到真的有事情发生了，他赶紧问儿子到底出了什么事情。

王强边哭边说："爸爸，我和别人把一个女孩给强奸了，我该怎么办……"

听到"强奸"这两个字，没有等王强说完，父亲一股怒气涌上心头，对着电话这头的王强一阵呵斥："你是不是我儿子，我怎么会生你这么个畜生，哭什么哭呀，赶紧去自首吧，否则你就没救啦！"

就这样，王强的父亲赶到了他的住处，陪着他一起去了辖区的派出所。此时，大家可能会问，王强为什么不和父母住在一起呢？如果住在一起，父母为他过生日就不会发生今天的事情。

说来王强也是一个苦命的孩子，王强原来生活在北方的一个城市，早在他还上小学的时候父母就离婚了，他被判给了父亲。但是由于父亲外出打工，不能照料他，所以他一直由爷爷奶奶带大。而爷爷奶奶由于可怜他小小年纪身边就没了爸妈，得不到应有的照顾，所以对他特别宠爱，甚至可以说是纵容。而王强从小就不爱学习，长大了就喜欢攀比，讲究吃喝，穿戴名牌。虽然爷爷奶奶能满足他物质上的要求，但由于他们没有文化，只是一味地娇惯，之后王强越来越厌学，连九年义务教育都没完成，在初二的时候就辍学了。而不久后，爷爷奶奶又相继因病去世，王强这下可就真成了没人管的孩子了。那么他爸爸为什么不管他呢？原来他父亲早已经组织了新的家庭，而且又有了一个儿子，为了新家的安定团结，很少关心王强。但是王强的爷爷奶奶去世后，孩子总得有人管吧，无奈之下，王强的父亲把他带到了这个城市，住在一起是不可能的，况且他继母也不让。所以他父亲就出钱，在外面租了一间房子，让他自己住。平常没事儿，偶尔来看看，基本上都是王强一个人生活，久而久之，缺乏约束的王强就在外面认识了很多"新朋友"，这其中就有我们提到的张亮和刘勇。

那么已经违法犯罪的王强最终会得到怎样的判决呢？他作为未成年人会得到怎样的量刑呢？

之后经过法院审理，认为三被告违背妇女的意志，使用暴力、胁迫手段，强行轮奸妇女；并以非法占有为目的，强行劫取他人钱财，其行为均已分别构成强奸罪、抢劫罪，依法均应惩处。张亮和刘勇犯强奸罪、抢劫罪均被判处无期徒刑，剥夺政治权利终身，并处罚金22000元和14000元。王强犯罪时尚属未成年人，案发后能主动到公安机关投案，如实供述罪行，尽管法官采纳辩护人的意见，王强最终也为他严重的危害社会行为付出了12年的代价。在这两个罪名中，对成年人来讲，抢劫罪中的入户抢劫罪和强奸罪中的两人以上轮奸均可处十年以上有期徒刑、无期徒刑或者死刑。

在王强被押送原籍前，我作为他的辩护律师，在看守所见了王强最后一面。王强见到我时，他对自己的行为非常后悔，他迫不及待地问我："阿姨，我到现在还不明白为什么判我这么多年,你快告诉我,我还不到十八岁啊,而且我在号里听说未成年人犯罪可以减刑,还有我当时喝了不少白酒,神志不清醒,连一条直线都走不了,是不是可以少判?"看着眼前这个身高将近 1.90 米,有着清秀而稚嫩面孔的小伙子,我很难将案卷中记录的恶劣、残忍、令人发指的犯罪事实和眼前这个年仅 17 岁的帅小伙子联系起来。但从他的话语当中我也深深感受到他对于法律知识的匮乏。

首先王强不清楚刑事责任年龄这个概念,他曾天真地认为未到 18 周岁的人犯罪不会被判刑。在这里我们不能不提到刑事责任年龄这个法律概念。简单地说,刑事责任年龄就是多少岁的人犯罪应当负刑事责任。《中华人民共和国刑法》第十七条规定:已满十六周岁的人犯罪,应负刑事责任。十六周岁称为完全负刑事责任年龄。根据这一规定,凡年满十六周岁的人,实施了《刑法》规定的任何一种犯罪行为,都应当负刑事责任。《刑法》第十八条规定:"醉酒的人犯罪,应当负刑事责任。"而遗憾的是王强居然认为他当时是喝醉了酒才实施了荒唐的行为,所以犯罪不会被判刑。这也反映出未成年人犯罪时的一种心理状态。他们觉得自己不到十八周岁,还没有成年,即使犯了法也没什么事儿,大不了就是关几天。这种想法虽说很天真,但是很有代表性。我因工作关系去过几家未成年犯管教所,在与少年犯座谈时,大多数少年犯都说,如果事先知道法律对刑事责任年龄的相关规定,他们就不会铤而走险。

一位在北京未成年犯管教所工作 18 年的民警告诉我:一个未成年人犯罪所受影响的覆盖面可以达到 20 多人(包括孩子的父亲、母亲、姥姥、姥爷、爷爷、奶奶、姑姑、叔叔、舅舅、姨等)。所以如何预防未成年人犯罪一直是全社会着力思考的问题,因为他们毕竟是家庭的希望,是祖国的未来。

目前未成年人犯罪中单亲家庭的比例相对高一些，大家都知道我国离婚率有逐年上升的趋势，特别是大中城市更加突出。北京市海淀区在被调查的 100 名未成年刑事案件中，父母离婚的有 29%，再婚家庭有 7%，两项合计达到 36%。我代理的离婚案件中，都涉及孩子的抚养和教育问题，无论是调解还是判决结案，我都会对我的当事人就孩子未来的成长提出建设性的意见，甚至会与案件的另一方去沟通，防患于未然。当孩子被判刑后，这些痛苦不堪的父母均后悔莫及，这个案件中的王强就是这种情况。如果当初他的父母能给予孩子和睦幸福的家庭，教育孩子从小心存善良，就决不会等到孩子进入铁窗，才痛心疾首。但愿更多的家庭能够从中汲取教训，反思家庭教育的失误，不要重蹈覆辙。

溺爱结出的恶果

一个寒冷的冬季，17岁的本应是高中二年级的阳光男孩刘小飞，却身穿囚服站在庄严的法庭等待法官宣判："被告人刘小飞犯故意杀人罪、抢劫罪，判处无期徒刑，剥夺政治权利终身。"当法槌落下、宣判结束的那一刻，身高175厘米的刘小飞已经站立不住了，他戴上冰凉的手铐，被法警拖出法庭。一个17岁的男孩为什么会犯如此重的罪行？他的成长轨迹又是怎样的呢？我想这是大家急于想知道的。

刘小飞生活在一个非常体面、生活条件非常优越的家庭，父亲是这座城市某局的副局长，母亲也是一位领导，他父亲是三代单传，刘小飞又是刘家的长孙。刘家有个老理儿，就是每年大年三十，刘家三代人都要到刘小飞的爷爷奶奶家团聚，家人一块儿吃年夜饭。刘小飞是长孙，下面还有三个表弟表妹比他小两三岁。在刘小飞10岁那年,四个孙子辈的孩子排成一排跪在爷爷奶奶面前连磕三个头,一起高声说:"祝爷爷奶奶健康长寿。"这爷爷奶奶高兴地马上拿出四个红包来,每个红包上还写着他们的名字。孩子就是孩子,没有城府,接过红包后按捺不住喜悦的心情便马上打开,想知道这红包里到底放着多少钱。当他们知道刘小飞是1000元,而其他三个都是500元时可就不干了,吵吵闹闹地去找爷爷奶奶理论。与小飞差不多大的表弟居然还哭着问道:"爷爷奶奶你们偏心,凭什么小飞比我们多500元,你们是不是眼睛花了,弄错了,我不干。"这时爷爷开口了:"小飞的爸爸是刘家的长子,小飞是刘家的长孙。长孙今后担子要比你们重,要支撑起刘家的门户呢,这是咱家的规矩,多少年都不能变,以后每年压岁钱小飞都会比你们多些,就不用争了。"这时,其他三个孩子你看看我、我看看你又开始理论:"爷爷你这是封建思想,我们不同意。"可是不管怎么理论爷爷奶奶都无动于衷,这时的小飞心里那叫一个美,慢条斯理地说:"我是刘家的长孙,这是无法改变的,爷爷说了,我长大后,还要为刘家立门户做贡献呢!这叫地位高,责任重大。"从那以后每逢大年三十,小飞的压岁钱都比其他几个同辈人多一倍,而每年小飞都期望那一天能早日到来,一种强烈的优越感油然而生。

我们在前边已经介绍了,小飞的爸爸是当地某局的领导,每天配有专车接送上下班,而小飞呢,经常会借光蹭车,与他爸爸享受同等的局长待遇,真是风吹不着,雨又淋不着。天热时车里有空调,冬天自然有暖风,真是自在。有一天放学时正赶上下大雨,他爸爸的司机早早就在校门口等候了,同学们看着司机打着伞把小飞接上车,真是羡慕加嫉妒,而小飞呢,拉着两个最好的朋友说:"快上来,让你们也借借光吧!"从那以后，他的这两个好朋友就商量了一个回报小飞的计划，只要他俩有机会蹭车，小飞做值日的事就由他们代做，小飞也认为这是对等的，同学互相帮忙嘛！

小飞这孩子智商高，从小就聪明爱学习，初中毕业后以全校第二名的优异成绩考入了市重点高中，他爸的心里别提有多高兴了。单位的同事和街坊邻居谁见谁夸，说这孩子将来肯定能成大气候。小飞在上高中的第二个月就被推荐为班长，还在团委中还担任了宣传委员，经常主持全校性的文艺演出。不到一学年就成了学校中的名人，不管是老师还是同学无人不知、无人不晓。在老师心目中，小飞被当作一个好苗子重点培养，小飞的父母更是为他们有这么一个出类拔萃的儿子而自豪。

一次学校组织春游，小飞与他的两个好朋友到一家大商场去采购，他买了一身运动衣、一双旅游鞋、一顶棒球帽。小飞拿着一张信用卡去结账，账单清楚地显示3886元，他的同学惊讶地说："刘小飞你也太敢花钱了，你爸妈同意吗？"小飞看着同学的表情反而很奇怪地说："少见多怪，这算什么，我爸妈说了，只要我喜欢就可以买，这张信用卡就是他们给我的，反正是我爸妈结算。"说着拉着这两个同学到了一家像样的馆子慰劳了一番，之后叫了一辆出租车，分别把同学送回家。等他回家后，家里的阿姨便责备小飞："你不回来吃饭也不说一声，你看这条红烧鱼我都为你在微波炉里加热过两次了。"小飞忙说："阿姨，我就是爱吃鱼，虽说我吃过饭了那就再吃点儿吧！"阿姨急忙说："今天烧的是带鱼，可香呢！"这时小飞马上沉着脸说："我告诉你多少次了，不能吃无鳞的鱼，这种鱼胆固醇高，对身体有害，你怎么一点儿健康知识都不懂，没文化真可怕！"小飞妈妈听后马上也对阿姨说："小飞说得对，当阿姨的也要提高养生知识，这鱼就留着你自己吃吧！"说着就去欣赏小飞买的衣物，还不停地赞扬，质量好、款式新、有眼光。小飞爸爸接着说："儿子，你穿上这身衣服给我看看。"小飞马上穿上新买的名牌运动衣、运动鞋，戴上棒球帽挺着胸脯站在爸爸妈妈面前，问道："怎么样？""哎呀！真精神，我儿子就是帅！"小飞爸爸说着竖起大拇指又道，"比你老爸年轻的时候还帅呢！"小飞妈妈也不示弱，马上接着说："都说儿子长得像妈妈嘛！"小飞的情商确实高，接着补充了一句："我像妈妈又像爸爸才会这么聪明！这周日我就穿着这身衣服跟爸爸去钓鱼好不好？""好的，没问题！"这一家子，一唱一和的，好不开心。

时间过得挺快，转眼间该放暑假了，有一天小飞对爸爸说，假期要约几个同学外出旅游，让爸爸妈妈为他买一只世界名牌的箱包。父母接了这个艰巨的任务后，便马上到各大商场购买，遗憾的是转了几个知名商场，根本没有小飞说的那个品牌。几天过去了，小飞沉着脸说："你们怎么连这点事都办不成。"小飞的爸爸马上解释说："这两天我单位有一个领导到北京去开会，我已经跟他说好了，一定要买到，儿子你就放心吧！"功夫不负有心人，小飞父亲的同事还真靠谱，开完会，下了飞机连自己的家都没回，直奔小飞家，拿着一个漂亮的黑色箱包问小飞的爸爸："局长大人，您看我按您的要求完成任务了吧。"小飞爸爸马上把小飞叫过来问："儿子你看一下是不是这个品牌啊？"小飞看了看，表情又有些不对头说："牌子是没问题，可颜色不对，我不是说要买军绿色的吗？怎么买了一个黑色的，多老气！"小飞爸爸的同事马上解释说："我去了好几家商场、专卖店都没有小飞说的颜色，黑色耐脏也挺大气的，所以就买了。""叔叔是我用还是你用？你怎么能替我做主呢？"小飞爸爸看出儿子不满意，便无奈地说："这箱子我要了，我经常出差，也用用世界名牌，咱们给代理商打个电话，让他们邮购一个军绿色的不就行了吗？儿子，你放心，耽误不了你的旅游，爸爸向你保证。"小飞无奈地点了点头，这件事就这么过去了。

到了高中二年级，小飞除了穿名牌服装，还买名牌手机，平时经常到发廊找专人给他理发，双休日还与几个同学去舞厅，逛夜市。一个周末，小飞在一家歌厅和几个同学唱歌喝冷饮，一位曾是小飞初中时的女同学，穿着时尚的吊带短裙走了过来，问他："刘小飞你还认识我吗？我是刘小徽啊！咱们俩的名字有两个字可都一样呢，你不会忘了吧？"看着这个浓妆艳抹的女孩儿，小飞惊讶地说："哎呀！是小徽啊！你可比上初中时漂亮多了，真是女大十八变啊！你怎么在这儿？不是考上一所职业高中了吗？"刘小徽马上回答："怎么，你上高中能来，我上职高就不能来这儿吗？"说着主动拉着小飞的手说："走，咱们去跳舞吧，别在这儿干坐着，多没意思。"小飞也不好意思拒绝，与小徽双双走进了舞池。也许是这两个孩子都有感觉，这次偶然相见之后，从此小飞和小徽便形影不离。一次又是周末，他们约了几个社会上的所谓哥们儿一块吃饭，几杯红酒下肚，小飞就有些飘飘然，他说："今天兄弟我请客，大家吃好、喝好。"一个比他年长几岁的小伙子举起酒杯说："从今天开始我们就是生死兄弟，以后大家有福同享，有难同当。小飞虽说年龄比我们小点，但人家学习好，智商高，又有好的家庭背景，我推荐他当我们的大哥，大家看怎么样？""同意！同意！"在座的七八个人异口同声地说。这时刘小徽拿起酒杯自豪地说："既然小飞是你们的大哥，那以后你们就要叫我大嫂喽！"说话间还当着大伙的面，亲了一下小飞。小飞虽说没有什么思想准备，但在那个场面上也不能退缩，便也拿起酒杯激动地说："既然大家看得起我，今后各位兄弟姐妹的事就是我的事，不用客气。"大伙这么一听便热烈鼓掌，那天的那顿丰盛的晚餐自然是小飞结账。

溺爱结出的恶果

　　刘小徽自从交上了刘小飞这个既帅气又有家庭背景,连她做梦都没想到的男朋友,更加飘飘然,还到处炫耀,每天喜形于色。周末两人去看电影、逛商场、进出酒吧,有时还居然敢在酒店开房间。从此小飞也无心学习了,每天睡觉时总把手机放在枕头旁边,与小徽一通电话就是一个小时。渐渐地,小飞的父母发现儿子有些不太对劲,给他的信用卡还出现透支的情况,经常回家很晚。一次班主任给小飞的妈妈打来电话说小飞这个学期开始旷课了,期中考试有两门主科只有60分,明确告诉小飞妈妈,这样下去明年高考就成问题了。这下小飞的爸爸妈妈还真的着急了,在周末的一天,非常认真地跟儿子谈了一次话。爸爸说:"小飞你可是咱刘家的希望啊!我们已为你计划好了未来,等大学毕业后出国留学,费用都为你准备好了,你可不能让我们失望。"小飞的父母哪里知道,他们的宝贝儿子已步入了一个无法自拔的深渊。

　　一天刘小飞带着小徽逛商场时,小徽站在手机柜台前死盯着一款手机就是不走,说:"小飞,我的手机都不新潮了,给我买这款新的吧!你看这款有活动促销,才5000多元,也不算太贵,好吗?"小飞马上解释说:"你别着急,过几天吧,最近我手头有点紧。"这时小徽撒娇地对小飞说:"那你保证,咱们拉钩。""男子汉大丈夫,说话算话,何况你又是我女朋友,你就等我的好消息吧!"小飞这话是说出去了,可他心里在不断地打鼓,信用卡的额度都用完了,父母给的生活费也花完了,前天他还说了谎话,谎称自己的钱包丢了,又向父母要了八百元钱。现在他当着小徽的面把这牛吹出去了,下一步可怎么办呢?五千多块钱又不是小数目,到哪里去弄呢?经过几天激烈的思想斗争,他开始精心策划一起先杀害出租车司机,然后把车上的现金拿走,最后将出租车改装再卖掉的罪恶行动。而这一行动,小飞可不只是一闪念，几天后他居然真的就实施了。

那天晚上，刘小飞叫了一辆出租车，他有意识地坐在司机的后边，在郊区的一个偏僻的角落下车，在司机准备机打票据时，刘小飞便猛地用一条事先准备好的电线，死死缠住了司机的脖子。没有任何思想准备的司机，连呼救的机会都没有，就这样惨死在一个中学生手里。之后刘小飞将司机拖到旁边的小树林里，劫走了出租车上的 1700 元现金和一部桑塔纳轿车。为了满足给女朋友买一部手机的欲望，他离经叛道，拿自己的前途、生命作为赌注，而孤注一掷。事隔几天，正当刘小飞在一家汽配厂，面对着喷漆改装后的轿车憧憬着那大把钞票时，黑色的枪口对准了他，冰凉的手铐为他短暂的人生画上了一个重重的休止符。

刘小飞在一次未成年犯管教所组织的"'新知、新路、新说'黄丝带与您同在"的征文活动中，向所有在押的未成年犯宣读着自己的忏悔："如果往事可以重来，时光可以倒流，那么我决不会再选择这样一身囚服，选择这样一个身份，如果惭愧能够赦免罪行，泪水能够洗刷耻辱，我决不会再触犯神圣的法律，也决不会再充当这反面教材。但是，这个世界上没有如果，只有结果。选择了什么样的起点，就选择了什么样的终点。种瓜得瓜，种蒺藜者必得刺，播种了罪恶，得到的只能是手铐、脚镣。而我的结果，也只能是成为一名被判处无期徒刑的杀人犯、抢劫犯。"从这段文字来看，刘小飞确实有点文采，同时透过这段文字，我们也可以感受到他的忏悔，正像他所说的，这个世界上没有如果，只有结果。

法院开庭宣判的那天正值冬季，天空飘着洁白的雪花，小飞的父母撑着伞站在法院的大门口，想最后看儿子一眼。不知那天是风大还是小飞妈妈体力不支，小飞看见妈妈手中的伞随

溺爱结出的恶果

风飘落,妈妈一只胳膊被爸爸紧紧拽在怀里,他明白这时爸爸唯恐妈妈看到他时再次晕倒。望着风雪中苍老的双亲,小飞多想跪在他们面前重重地磕上三个响头,说声儿子不孝。当囚车的铁门在他身后"咣当"一声关上的时候,小飞看到妈妈已晕倒在爸爸的怀里,那伸出的一双手在空中绝望而无助地摇晃,小飞像疯了一样从囚车的铁栏里伸出双手,肝胆俱裂地哭喊着"爸爸……妈妈……"然而一切都晚了。

这个案子从法律角度分析还是比较简单的,根据《刑法》第十七条第三款的规定,已满十四周岁不满十八周岁的人犯罪,应当从轻或者减轻处罚。根据《刑法》第四十九条的规定,犯罪的时候不满十八周岁的人,不适用死刑。刘小飞的两个罪名对于成年人来讲肯定会判处死刑。刘小飞虽然没有自首,但是他犯罪时只有十七周岁,所以法院判处了无期徒刑。

这个案子给大家更多启示的是对孩子的教育问题,特别是家庭条件优越的独生子女。北京市某法院曾对 100 名未成年犯进行调查,属于溺爱型家庭的占被调查者的 80% 左右。溺爱就是过分的、不讲原则的爱。刘小飞家庭条件确实优越,爸爸妈妈都是地方官。从小全家人都宠爱他,使他养成了任性、蛮横、唯我独尊的个性。溺爱型家庭在孩子心灵上播下了自私、任性的种子,极易发展形成不良的人格,而最终走上犯罪道路。刘小飞犯罪的原因是多方面的,包括他在中学阶段就交女朋友,结识一些社会上的不良青年,虚荣心强,自我控制能力差等,但我们要说,对一个正在成长中的未成年人来讲,家庭是他的第一课堂,父母是他的第一任老师。

最近我看了电影《误杀》,之后非常自然地联想到刘小飞一案。刘小飞和电影中那个"坏小子"有很多相同之处。影片中那个"坏小子"素察的父亲是泰国某地的议员并准备竞选市长,妈妈是当地警察局的局长，他在家里被娇生惯养，在社会上结识了一些不三不四的青年，专横跋扈、无恶不作。电影中有这么一段情节，男主角李维杰从外地赶回家，听妻子讲述了自己的女儿平平被素察侮辱并要将视频上传到网上，素察到平平家里以此来威胁母女俩，女儿在妈妈受到危害时，急于想从素察手中抢回那个记录有视频的手机时而误杀了素察。本案中小飞生长在条件非常优越的干部家庭，从小就被特权笼罩着，父母有权、有钱，他小小的年纪，在朋友圈子中就被称为"老大"。一个年仅17岁的中学生就被前呼后拥着，他知道即便犯了事也有老爸顶着呢！最后从量变到质变，胆子越来越大居然敢铤而走险，行凶杀人。当然最后的结果是公正的，刘小飞受到了法律的审判。

作为一个长期从事儿童保护的律师，有时我也会思考，我们身边有些腰缠万贯的商人和个别领导干部，对自己的子女娇生惯养，他们的孩子从小就有特权思想，长大后就有可能利用父母手中的权力，为所欲为、胆大包天，甚至做出违法乱纪的事情。我因工作关系去过多个未成年犯管教所，面对面地与在押的少年犯促膝谈心。他们在反思自己之所以走上犯罪道路时，都会说到家庭教育的失误，甚至还有父母对他们的误导，使他们在世界观形成的初期，产生错误的思维方式，错误的价值观，错误的处世哲学，最终胆大妄为实施了违法犯罪行为，有些人甚至走上了不归路。有的孩子不到18岁就开豪车，行为不检点，之后因轮奸罪被判刑，引起了全民的热议。大家都知道"我爸是李刚"事件，其核心人物仅仅是个某城市某区公安局的副局长，他的儿子大白天居然在大学校园开车撞伤两个学生，酒后驾车撞人后还口出狂言，叫嚣道："有本事你们去告我，我爸是李刚。"这跋扈到了何等地步，让普通百姓触目惊心。

溺爱结出的恶果

我们常讲,榜样的力量是无穷的,好的榜样传递的是正能量,而不好的榜样带来的是非常不好的社会影响,损坏了党的形象,这样的案例不胜枚举。作为一个普通的党员,希望身处领导岗位的干部为了国家的利益,为了我们执政党的形象也要身体力行,好好教育子女,因为这也是干部的重要工作内容之一,也要列入议事日程,千万不可小视。如果你们连自己的子女都教育不好的话,还有什么资格、有什么脸面坐在台上指手画脚,去对你的下属指指点点、说三道四呢?"己不正焉能正人",如果你们的子女做出违法乱纪的事情,造成不好的社会影响,可能会抵消你辛辛苦苦为社会做出的任何贡献。我们党是执政党,领导干部的一言一行、一举一动,以及你们的家属和子女的表现,老百姓都看在眼里。凡因必有果,凡果必有因。刘小飞的父母应该深刻地去反思自己教育的失误,但只能是亡羊补牢。希望从这个案例中,我们能汲取教训,言传身教。爱是伟大的,更是神圣的,而溺爱为家庭、孩子、社会带来的只能是悲剧。

一次恶作剧埋下的苦果

几年前,在北京市一个基层人民法院未成年人审判庭,一名年仅 15 岁的男孩低着头站在被告人席位上,在接受法庭的审判。一个初中生,一个未成年人,他到底犯了什么错?法庭会怎么判?他还能继续读书吗?我想这一连串的问题都是大家非常关心的。

原来这个男孩叫张帅,刚刚 15 岁,上初中三年级,身高 1.70 米,一双充满灵气的大眼睛,时时闪耀着稚气和好奇,白白净净,人称小帅哥,是个人见人爱的男孩。张帅在学校可是个风云人物,学校运动会上跑、跳、投样样拿得起,还参加了学校的足球队,学校的文艺演出也少不了他的身影。他不但会跳会唱,还会吹笛子,在初中三年中,老师们都喜欢他,同学们也都羡慕他,他家里的墙上挂了不少奖状,他的父母也为此而感到骄傲。

在学校成为焦点的张帅本应是个阳光男孩,可是他父母前两年感情不和离了婚,张帅跟着母亲生活,父亲定期来看望他。妈妈对张帅关爱有加,有时发现孩子的一些毛病能迁就就迁就,从不批评,而父亲恰恰相反。一天下班,父亲来看张帅,在家里待了两个小时还不见儿子回来。快八点钟时,张帅满脸通红,摇摇晃晃地回到家,原来是他的一个同学过生日,他和朋友到饭店庆贺一番,还喝了几瓶啤酒。父亲见此情景气得对张帅连打带骂,张帅的母亲就上前护着,生气地说:"你要打就打我吧,你今后再敢打儿子,就别来看儿子了。"一边说一边哭,这一切让张帅无所适从。他父母之间的互相指责,让张帅觉得家庭不是一个避风的港湾,而是一个无休止的战场,他在家中得不到快乐,他的快乐源泉是同学们的崇拜和羡慕。他在同学面前总是扮演"帅哥"的角色,他的周围总是有一些比较瘦小的男生簇拥着,时不时还有同学请他吃饭,给他买一些生活用品,为此,张帅自我感觉非常好,走路也是抬头挺胸,很神气。

一天放学后,一个叫王南的同学找到张帅说,高年级有一个叫李月的男生经常欺负他,还向他要钱,不给就打他,有一次还公开翻他的书包和衣兜,他为此非常害怕,精神上很紧张,都不敢上学了,希望张帅帮他出出这口气。张帅听了以后也非常生气,决定替王南摆平这件事。他想如果找几个朋友打李月一顿,自己可能会暴露,快初三毕业了,学校给个处分不值得,最好神不知鬼不觉地给李月一点厉害。经过认真的思考,张帅终于想出一个所谓的"好主意",和王南一商量,王南拍手叫绝,说:"真是个妙计啊!你可真聪明,我算服你了。"

张帅是如何实施他的复仇计划的呢?又是一天放学后,张帅找到他家小区的三个保安,这三个保安是从农村来的,而且都在一个村,比张帅大一些,十七八岁。平时他们就经常在一起玩,非常熟悉,有时几个人在一块吃吃喝喝都是张帅请客。他对这三个保安说:"我朋友在学校被人欺负了,明天我把我朋友和欺负他的那个人都约出来,到一个没人的地方,你们三个人就假装抢我们的钱、手机,等回到小区你们再把钱和手机还回来。"三个保安一听觉得很有意思,像电影、电视剧中的情节一样,都同意帮张帅这个忙。

第二天是周六,上午九点钟,张帅以一起去打台球为名约王南和李月出来,当他们走到一条僻静的胡同时,三个保安依事先的安排迎面走来,张帅假装上前问路说:"这条路能不能走出去,不会是个死胡同吧?"此时三个保安将他们三人围住,其中一个保安推了张帅一下,张帅打了他胸部一拳。他们假装打张帅,让张帅三人蹲下,并说:"把兜里的钱都拿出来。"张帅从兜里掏出60元钱给他们,王南把手机拿了出来,李月说他什么也没有。其中一个保安说:"你不拿出来,我用砖头拍你。"李月一害怕,就把新买的手机拿了出来,三个保安瞬间就跑了。李月此时很害怕,他对张帅说:"你是我大哥,你帮我把手机要回来吧。"张帅说:"我也不认识他们,我的钱也被抢了,咱们就自认倒霉吧。"说完,张帅还把李月送到公交车站。之后张帅又和王南一起找到那三个保安,要回了王南的手机和自己的钱。张帅对三个保安说:"如果李月报案就把手机还给他,如果没有报案,就把手机卖了,几个人把钱分了吧。"

李月被抢后还就真的报案了,民警很奇怪,为什么三个人被抢劫了,只有一个人来报案?于是民警给王南和张帅的父亲打电话了解情况。张帅的父亲又着急,又纳闷儿,亲自带领张帅来到派出所,让他说清楚被抢的经过。到了派出所,张帅感到实在瞒不住了,就原原本本地交代了整个经过。当天,公安机关以张帅涉嫌抢劫为由将其拘留。后来在张帅的协助下,警察将三个保安抓获。

出事后,张帅的父母为他请了律师,当律师到看守所见到张帅时,他表现得彬彬有礼,语言清晰流畅还富有表现力,对起诉书中起诉的事实供认不讳,在谈到对自己的行为如何认识时,他有些激动地说:"我真的很后悔,不仅害了自己,也害了同学。我真想回家,和爸爸妈妈在一起,我特别想上学,如果能让我回到学校,我一定会好好学习。"说着,他流出了悔恨的眼泪。律师向他讲解了相关法律知识,让他认识到自己行为的错误,深刻反省,同时告诉他法律对犯罪的未成年人有特殊保护,但他必须让法官看到自己真诚的悔罪表现。在做通了张帅的思想工作、对他进行法制教育后,律师开始准备辩护意见。

律师首先与张帅的父母沟通,指出家庭教育中存在的问题,让父母尽快与法官联系并写保证书,保证今后加强对孩子的教育。之后又与张帅就读的学校联系,说服了学校继续接收他,并让学校告诉法官,学校可以保证张帅上学的权利。开庭时,张帅的班主任还特地参加,向法官介绍张帅在学校的表现。之后,律师出示了对张帅的性格特点、家庭情况、社会交往、在校表现、成长经历和实施犯罪前后的表现等详尽的社会调查。

在法庭上,律师为张帅进行辩护,在指出张帅系未成年人,有自首、立功的法定从轻减轻处罚情节后,又结合社会调查的结果,指出其具备监护和帮教条件,如果判处非监禁刑将有利于张帅的教育改造,能使其比较顺利地融入社会。最终法院充分考虑了律师的辩护意见,对张帅免予刑事处罚。判决宣告当天,张帅即被释放,家长对律师的工作非常感谢。

这个案子给我们许多启示与思考。

一个未成年人走上犯罪道路,不仅仅是其自身原因造成的,更多的是与家庭教育的缺失、社会不良环境的影响密不可分的。因此,让犯罪的未成年人独自承受法律的惩罚是不公平的,家庭、学校、社会都应进行反思。

在司法保护方面,我国法律对违法犯罪的未成年人实行教育、感化、挽救的方针,坚持以教育为主、惩罚为辅的原则。

而且对未成年罪犯适用刑罚，应当充分考虑是否有利于未成年罪犯的教育和矫正。因为对未成年人判处刑罚的目的是教育挽救，而不只是惩罚。我们认为，对未成年人尽量适用非监禁刑罚将更加有利于其身心发展，能更加有效地预防其再次犯罪。

从预防犯罪的角度主张适用非监禁处置措施，可以增强感化力量，促进未成年罪犯回归社会。对未成年犯在贯彻执行以教育为主、惩罚为辅的原则前提之下，对情节轻微的犯罪尽可能地适用非监禁刑，通过社会各界的帮教监督可以促使其更好地改过自新。另外，从未成年人自身的心理和生理特点看，宽松的改造环境更易于未成年罪犯的教育和改造。未成年人生理、心理各方面都很不成熟，大部分未成年人尚未形成稳定的思想意识，具有很强的可塑性，犯罪属于冲动型、偶发型犯罪，比成年人更易于教育和改造。因此，对未成年罪犯适用刑罚，应当充分考虑其犯罪动机、手段、背景，考虑是否有利于未成年罪犯的教育和矫正。从实践层面看，未成年人在监狱服刑不仅易产生交叉感染，且会给未成年罪犯造成很大的心理负担，并不利于其改造，在刑满后亦可能受到家庭、学校、社会的排斥，较难重新融入社会，进而破罐破摔，再次犯罪。因此，对那些犯罪情节较轻微、社会危害性不大、有强烈悔过意愿的未成年罪犯实行非监禁处理，在很大程度上可减轻实施监禁对未成年人心理的负面影响，调动其自我改造的积极性，更有利于其身心矫正和恢复正常。

对未成年罪犯通过教育改造使其能够接受社会规范，得以顺利融入社会，才能体现司法的价值。事发时，张帅才15周岁，认识能力低于成年人。他根本认识不到自己的行为会造成什么严重后果，仅仅是出于"哥们儿义气"就盲目地去帮助同学，这充分体现了未成年人犯罪的特点。法院的判决充分考虑了未成年人的特点,在法定的范围内最大限度地保护了未成年人的合法权益。

另外,我国正处在社会变革的重要时期,有些城市未成年人犯罪率仍呈上升趋势,这一状况折射出新时期家庭教育和学校教育所面临的紧迫问题。尤其是在单亲家庭中成长的孩子有着同龄人难以体察的艰难与辛酸。对于他们而言,无论是教育环境或是感情培育都是失衡的。这就为他们误入歧途提供了滋生的土壤。张帅出事后,父母都后悔不已,为张帅的事情四处奔波,饭吃不下,觉睡不着,终日为孩子的前途和命运焦虑担忧,目的就是拯救自己的孩子。他父亲曾说,我知道孩子走上邪路都是和家庭环境有关,母亲过于放纵,我过于严厉,不能耐心地与孩子沟通,经过认真的反思,我认识到自己也有不可推卸的责任。

现代社会应该是一个法治社会,法律素质应当成为公民的一项基本素质。因此,在基础教育阶段,培养学生具有基本的法律意识、掌握基本的法律知识、学会运用法律手段保护自己,是学校德育的一项重要工作。但是,由于多种因素的影响,我们发现学校的法制教育并不乐观,一些学校的学生违纪现象突出,校园暴力、校园欺凌事件也时有发生。一些青少年法律意识淡薄,缺乏基本的法律知识,在不良环境的影响下很容易走上违法犯罪的道路。这表明学校法制教育还存在很多问题。面对新的形势,进一步加强和改进学校法制教育工作、普及法律知识、增强学生法律素质、预防青少年违法犯罪现象的发生已成为一项紧迫的任务,学校的老师在向孩子灌输知识的同时,不能忽视心理和品德的培养。

尽管张帅的案件在法律上有了一个圆满的结果,但是从人生长远的角度考虑,仍将不可避免地给他造成负面影响,几个月的看守所生活，或多或少会在他身上留下痕迹，这对于一个年仅 15 岁的未成年人来说，毕竟不是正常的经历。这个案件也引起了承办律师的深深思考，为什么一个平时表现良好的少年，会成为罪犯？家庭、学校、社会应当构建未成年人保护共同体，为他们的健康成长创造良好的环境。

婆婆、儿媳与孙子

我要给大家讲的是一个围绕着婆婆、儿媳和小孙子之间发生的故事,相信看完这个故事,您一定会对亲情、责任和抚养这几个词有新的认识。这个故事还要从几年前的一个夏天开始说起。

事情发生在一个骄阳似火的 8 月,在河北某县城的一个幼儿园门口,里三层外三层聚集了很多人,站在外圈的人踮着脚使劲往里看,站在里面的人呢,有的指指点点,有的窃窃私语,还有的直摇头。这是怎么回事呢?这群围观的人到底看到了什么?

在他们中间,一个 20 多岁的年轻女人满脸泪水,手里紧紧抓着一个 30 多岁女人的衣服领子,嘴里还不停地嚷嚷着:"还我儿子!还我儿子!"而那个被拽着衣服领子的女人则是一脸惊慌,使劲儿地想把她的手给掰开,嘴里也不停地嚷嚷着:"你快点把手放开,再不放开我可要报警了。"那个年轻的女人又说:"那你报啊,你不报警我也要报呢!"

很快警察就到了事发现场,初步对事情进行了了解。原来那个 20 多岁的女人叫刘佳,她就住在这个县城里。她有一个 5 岁的儿子——小刚,就在这个幼儿园里上学,每天下午 4 点半幼儿园放学的时候，她都会来接小刚。而今天她照例来接孩子的时候，却从幼儿园曹老师——也就是我们前面提到的那个30多岁的女人那儿得知，小刚已经被人接走了。大家想，一个母亲知道自己的孩子被人带走了，她能不着急吗？于是就发生了我们前面提到的那一幕。

讲到这里，大家可能会问，幼儿园的这个曹老师为什么会让别人把小刚带走呢？我们知道，在幼儿园接孩子必须是孩子的亲属，比如父母、爷爷奶奶、外公外婆或者是经孩子父母介绍能够确定身份、确保孩子安全的人，否则幼儿园的老师不会将孩子交给对方。近几年就更严格了，幼儿园的每个孩子都有一个胸牌，还安装了摄像头。那么这个曹老师把小刚交给的是什么人呢？是不是她认识的什么人？

警方也注意到了这点，于是警察就问曹老师，你为什么把孩子随便交给别人？那个人你认不认识？到底是谁？

曹老师听到这个问题，眼眶都红了。她说："警察同志，我真的不知道事情会闹成这样，来接小刚的人说她是小刚的奶奶。而且我问过小刚，他说那人确实是他奶奶，我想打电话给孩子母亲确认一下，但是她的手机一直打不通，而孩子又闹着要回家，没办法，我才让她把孩子带走的。谁知道他们刚走，他妈妈就来了，还跟我又吵又闹。到现在我都闹不清这到底是怎么回事。让我赔她孩子，我到哪儿赔去？难道奶奶来接孙子有什么不对吗？"

她说的到底是不是真的呢？警察很快对当时在场接孩子的部分家长进行了询问，得知当时确实是有一个60多岁的老太太来过，自称是小刚的奶奶。因为从来没有见过小刚的奶奶，所以曹老师一开始警惕性是很高的，她先是问了问有关小刚的情况，结果回答完全正确，她甚至还能说出小刚背后胎记的形状，

婆婆、儿媳与孙子

可以说对小刚的情况了如指掌。这时候曹老师就把小刚叫过来问,"小刚你认识这个人吗?"小刚眨眨眼睛看了看说:"认识啊!她是我的奶奶呀!"于是,曹老师认为这个人的身份肯定没有问题,所以就让她把小刚领走了。

听到这儿,小刚的母亲刘佳就喊了起来,她说不可能,孩子的奶奶根本不知道孩子在这儿上幼儿园,而且她也不住在我们这儿,怎么可能来接孩子呢?你肯定是在撒谎。警察一看,问题似乎不是那么简单,需要进行更细致的调查。

那么带走小刚的人究竟是谁呢?曹老师和小刚的妈妈刘佳到底谁说的是真话,谁说的是假话呢?为了弄清事实真相,警察找来了小刚奶奶的照片,和其他一些人的混在一起,然后让曹老师辨认。如果她说的是谎话,那她就不一定能挑到正确的照片。但令人惊讶的是,曹老师毫不费力地就找出了小刚奶奶的照片。看来接走小刚的真的是他的奶奶。事情到这里,按理来说,这时候的刘佳应该放心了,孩子在奶奶那里,应该是安全的。但出人意料的是,这时候的刘佳看上去比一开始更加惊慌失措,而且眼泪一下子就流出来了,嘴里还喃喃自语,完了,完了。紧接着,她突然就跪在了警察的面前,哭着说,你们一定要救救我的孩子,一定要把孩子给我救出来。这又是怎么回事呢?亲奶奶接走亲孙子,这个当妈的为什么这么担心呢?情绪为什么这么难以控制?事情还要从头说起。

刘佳可以说是这个县里土生土长的人,中专毕业后她外出打工,在南方的大城市里认识了一个名叫陈四良的小伙子。两个人一见钟情,可就在俩人决定要结婚的时候,意想不到的事情出现了。陈四良的母亲李金凤知道后,坚决提出了反对意见,死活就是不同意。因为刘佳比陈四良大三岁。虽然某些地方有"女大三抱金砖"的说法,可陈四良的母亲不是这么想的。她觉得自己的儿子还年轻，以后应该还会有所发展，这么早结婚就被耽误了。尤其后来又听同村和自己儿子一起打工的老乡回来说，刘佳在和自己儿子相好之前，曾经和一个男人同居过，就更不同意了。陈四良是家里的独子，几代单传，父亲早在他上中学的时候就去世了，下面只有一个妹妹，因此可以说他是全家人的希望。在陈四良家人的观念中，这么一个有前途的人，怎么能娶这样的女人呢！而且通过和刘佳的几次见面，李金凤觉得虽然这个姑娘是生长在县城里，长得确实漂亮，但是从小娇生惯养的，娇滴滴的也是个独生女，找了这样的媳妇，等自己老了肯定指望不上。这样种种因素加在一起，陈四良的母亲李金凤坚决不同意他们的婚事。

但是热恋中的年轻人，怎么会因为母亲的反对就不结婚呢，刘佳最终还是和陈四良领取了结婚证。遗憾的是，陈四良的母亲没有参加他们的婚礼，这使他们彼此心存芥蒂，都很不满。婚后不久刘佳生了一个男孩，就是小刚，之后她们之间的关系还是没有任何缓和的迹象，陈四良的母亲甚至没有去看过一眼自己的亲孙子。

那么刘佳会不会就是因为婚前的那些不愉快的事情而不喜欢婆婆，就不同意她和自己的孩子亲近呢？而小刚的奶奶李金凤既然不喜欢这个媳妇和孙子，又为什么突然要把孩子接走呢？这里面的原因有点复杂。

本来刘佳一家三口日子过得挺幸福，没有婆婆在身边也没有束缚倒还自在，刘佳觉得自己带孩子虽然累点儿，可感觉也挺好。但很快一个突发事件，让他们的生活蒙上了一层阴影。刘佳的丈夫陈四良原来是个车工，而且技术不错，还是工厂里的业务骨干，大家都觉得早晚有一天他能升职。可就在这个时候，却出事了。在一次操作过程中，由于操作不慎，陈四良右

婆婆、儿媳与孙子

手除拇指外的其余四个手指都被机器截断了。虽然当时进行了急救,而且对断指也进行了再接,但是结果很不理想,没有成功。也就是说,陈四良的右手因为这次事故永远地失去了劳动能力,别说原来的工作了,就连日常生活中普通的事情,他做起来都很难。

陈四良是他们工厂的业务骨干,应该说技术是非常过硬的,平时在工作过程中也一直很小心,完全按照操作规定来工作,怎么会操作失误,而且还导致这么严重的后果呢?这件事说起来还与刘佳有关系。出事前的几天,他们的孩子,也就是小刚生病了,患了吸入性肺炎,是因为喝奶的时候呛了几次,奶呛到了气管里导致的。那时候的小刚出生才两个多月,所以医院要求住院进行治疗。孩子病了最担心的就是父母,刘佳这时候就在医院里照顾孩子,而陈四良不但要继续上班挣一家人的生活费和孩子的医药费,还要抽时间照顾孩子,所以他白天上班,晚上去医院陪着刘佳一起看孩子。一个多星期后,小刚的病好了,终于可以回家了,但陈四良可是累得够呛。

出事的那天,到该上班的时候,陈四良还在床上没起来,刘佳就问他:"你是不是哪儿不舒服?"陈四良说:"没什么,就是太困了,眼睛怎么也挣不开。"刘佳就说:"那你也得上班啊,赶快起来吧,不然就迟到了,晚上回来早点睡,再好好休息吧。"这时候床上的陈四良没吭声,刘佳就推了推他说:"你到底起不起来啊,看看都几点了!"床上的陈四良有点不耐烦地说:"我这么累,就想多睡一会儿,今天我不想去了,你打电话给我请个假吧。"听了这话,刘佳的脸色可就不好看了:"明天你就休息了,到时候想睡到几点不都行吗?再说,你今天请一天假不是还得扣工钱吗?而且你一年都是全勤,我生孩子坐月子的时候你都没伺候我几天,不就是为了好好表现年终拿这个全勤奖吗？眼看这一年就过完了，因为困就要请假？你快点起来，给我上班去！"陈四良听了这话，一下就从床上坐起来了，喊了一句："你就知道钱，根本不管我的死活。"刘佳这时候也不冷静，也喊起来了："不顾你死活的是你妈，不是我，早就说让你妈来帮咱们带带孩子，她为什么不来，在老家又没什么事儿。她不就是看我不顺眼吗？我哪点儿对不起你们陈家，给你们家生了个大孙子她还不乐意，孩子这么小生病了，她说过一句关心的话没有？她但凡能来帮咱们一把，咱们能这么累吗？"刘佳一边说一边眼泪都下来了，陈四良看到这儿，心就软了，抓起衣服，一边穿一边说："行了，你在家看孩子吧，我上班去了。"

而他上班时，一直都特别困，眼睛总是觉得睁不开。结果快到中午的时候，他干着干着就快要睡着了，就在他走神的一刹那，可怕的事故发生了。

事情发生以后，刘佳十分自责，她觉得如果当时自己不与陈四良吵那一架，逼着他去上班的话，丈夫就不会出事。虽然事后，丈夫一句责备自己的话都没有，但是刘佳心里依旧很愧疚。

这么大的事情出了，陈四良的母亲就是再生刘佳的气，也得来看看自己的儿子啊！知道儿子成了残疾人，当母亲的心里别提有多难过了。再看看孙子还那么小，父亲就成残疾了，心里就更不是滋味了。这时候，李金凤心里想，如果没有刘佳，儿子肯定不会这么惨。如果那天早上她不和自己的儿子吵架，儿子也不会成了残疾人。总之，她对刘佳可以说是恨之入骨，觉得这一切的不幸都是她带来的，越想越生气。

那么李金凤会不会为了报复刘佳而故意把孩子带走呢？如果是这样的话，他们的儿子陈四良肯定是不同意的。而且在陈

婆婆、儿媳与孙子

四良发生事故的当时没想到报复，怎么会在几年后又想到要报复呢？从这点上说似乎不合情理，那究竟是怎么一回事呢？咱们还得从陈四良受伤后的事情接着说。

看着落了残疾的儿子，陈四良的母亲暗自盘算着今后要怎么办，她恨刘佳，很想让他们分开，也就是离婚。可是真的能离吗？儿子已经残疾了，孙子又那么小，要是离了婚，还能找到媳妇吗？以后不就更没有人照顾这个家了吗？再说，她也看出来儿子对刘佳还是很有感情的，因此看在儿子和孙子的分儿上，刘佳的婆婆就忍了，什么都没说，居然亲自来帮着她照顾孩子。

这时候一家人在一起吃饭就成了大问题，陈四良的工资不足以支撑全家的生活。孩子又小，母亲又来了，一家三个大人、一个孩子都要吃饭。没办法，经济的重担就落在了刘佳的身上，刘佳又开始工作了。为了多挣点钱，她是早出晚归，好不容易回了家，还要照顾孩子、忍受婆婆的白眼。可以说，这对于家中的独生女，从小就没吃过什么苦的刘佳来说真是不容易。但是一想到自己的丈夫，想到出事那天早上的事情，刘佳就觉得眼前的一切都是由于自己造成的，自己就应该受到惩罚，所以她从没和婆婆争吵过，只是默默地忍受。

陈四良手虽然不行了，但大脑没问题，家里发生的这些事情没有逃出他的眼睛。几个月后，他觉得的母亲这么做很过分，于是就提出，希望她能对妻子好一些。可是李金凤对刘佳的成见很深，觉得自己的儿子都这样了，还护着媳妇，显然是喝了"迷魂汤"，对刘佳的意见更大了。于是背地里经常教刚学说话的小刚说：坏妈妈，坏妈妈。一次刘佳下班回来，教小刚学着叫妈妈，这时候一直不会说话的小刚嘴里突然蹦出了一个字"坏"。刘佳一听愣了一下，又说，叫妈妈。这时候小刚又说了一声"坏妈妈"。这么三番五次下来，刘佳就意识到了什么，再看看婆婆面露得意的神情，刘佳全明白了。她心里非常难过，她万万没有想到，婆婆竟然讨厌自己到这个程度。而自己所做的那么多努力一丝一毫都没能改变她的想法，竟然还用孩子当作武器来报复自己。刘佳觉得一味地隐忍不是办法，于是她当天晚上就把事情告诉了丈夫陈四良。

陈四良沉默了很久，决定找个机会劝母亲回老家去，因为他实在不忍心看到刘佳再受委屈了。小刚的奶奶李金凤听了儿子的话，嘴上没说，可心里想，肯定是那个狐狸精让儿子轰自己走的。她想如果自己真走了，到时候刘佳不一定怎么欺负自己的儿子呢。于是就提出了一个条件：回老家可以，但是要把孙子小刚带走。她说，孩子太小，刘佳一个人又要照顾丈夫，又要照顾儿子，还要上班，根本忙不过来，所以要把孩子带回老家，是对他们最大的帮助。这样一来刘佳只需要上班和照顾陈四良，负担自然是减轻了。话虽这么说，可是大家想想，刘佳能同意吗？孩子如果真的被婆婆带走了，一是自己长时间见不到儿子，二是孩子教育的问题没法解决。婆婆在自己眼前还教儿子说自己的坏话呢，要是不在自己眼前，孩子在奶奶长时间的灌输下，过几年小刚不知道会变成什么样呢，所以刘佳坚决反对。一边是要带走孩子，一边是坚决不放手，母亲和妻子的拉锯战，让陈四良很为难。而他母亲回老家的事情也就这么耽搁下来了。但原本表面还能保持平静的这个家开始乌云密布，电闪雷鸣，三天一大吵，两天一小吵。而陈四良一开始还想调解母亲和妻子之间的关系，但慢慢地他也懒得再管了，日子也就这么一天天在凑合中勉强过着。

日子虽然过得不愉快，但是还能过下去，那小刚的奶奶又为什么要偷偷带走孙子呢？她带走小刚究竟是为什么？刘佳说

婆婆、儿媳与孙子

的"奶奶根本不知道小刚在这儿上幼儿园"这句话又是什么意思？难道他们之间还发生了什么事情吗？

还真的出了一件事，这件事让这家人连彼此相互折磨的日子都没有了。有一天陈四良突然不见了。没有任何征兆，没有任何线索，事后也没有任何消息，总之陈四良就是不见了。就在某一天早上，刘佳发现在枕头边有一张字条写着：这样的生活我已经受够了，所以想离开一段时间。而且拿了家里的5000元钱，另外还嘱咐刘佳要看好他们的孩子，等着他回来。于是，刘佳这一等就是两年多，直到孩子已经三岁半了，丈夫还是没有回来。

而就在他失踪的那段时间里，刘佳和婆婆之间发生了很多事情，简单地说，就是婆婆认为儿子的离家出走完全是由于儿媳妇刘佳造成的。就是因为刘佳没能伺候好儿子，所以他才会离家出走。而刘佳也是一肚子的委屈，她想，我这么辛苦地工作，养着这么一家子人，你们不感激我就算了，还天天给我脸色；而陈四良也是，有什么不高兴的，应该跟自己说啊，怎么能这么一走了之，太自私啦！留下自己和儿子来面对婆婆，这不是把自己往死路上逼吗！

于是在这两种截然不同的想法支配之下，刘佳与婆婆之间的矛盾越来越激化，终于有一天彻底爆发了。婆媳之间大吵了一架，相互指责，彼此都把这些年心里的不满全说了出来。也就是从这次吵架开始，刘佳和婆婆之间的关系连以往表面上的平静都做不到了。很快，小刚就成了她们之间争夺的焦点，这时候陈四良已经走了，但是孩子那么小，他能懂什么呢？刘佳每天都要上班挣钱，跟孩子在一起的时间很有限，而且她不是一个溺爱孩子的母亲，对小刚日常生活中的一些毛病是要管的。但小刚的奶奶就不是这样了，自从儿子不辞而别以后，小刚就取代了儿子的位置，成了她的寄托，加上隔辈人也总是更亲近。因此相比刘佳而言，小刚更喜欢和奶奶在一起，因为奶奶宠着他，不批评他，他想要什么就买什么。

刘佳对此当然是看不惯，于是就想和婆婆好好谈谈。但婆婆说了，小刚是我老陈家的人，跟你姓刘的没关系，这个家你要是不愿意待，看我们不顺眼，你可以走，我们决不阻拦。刘佳听了这话气得差点晕过去，对婆婆说："不管孩子姓什么，首先是我的孩子，其次才是你的孙子。只要我没死，我就是他妈妈，小刚就要跟着我过。哪怕有一天我改嫁了，小刚还是我的儿子，还得跟着我。"婆婆听了这话，心里可就记住了，好啊！你现在还敢威胁我了，原来在我儿子面前的温柔贤惠都是装的。而且李金凤虽然对刘佳不满，可小刚是她的亲孙子，自然是有感情的，她也怕真的有一天刘佳把孩子带走，于是很快从老家找来了女儿女婿，天天看着小刚，而且不让孩子与刘佳多接触。刘佳一看到这情况，心想再这么下去，儿子恐怕就真不是自己的了。便下定决心，为了抢回儿子必须要采取行动了。之后她辞了工作，趁着某天婆婆一家出门的时候，悄悄带着儿子回了娘家，在娘家附近找了一所幼儿园，也就是我们这个故事发生时的那个幼儿园。

警察听完刘佳的叙述后，觉得她的婆婆李金凤确实有可能找到这里而带走小刚，于是就此展开了调查。调查结果很快出来了，小刚确实被他的奶奶带回了老家。知道了小刚的下落，刘佳便亲自去了婆婆家，想把孩子接回来，她并不想把事情闹大，因为对方毕竟是她丈夫的母亲。

可令刘佳吃惊的是，李金凤看到刘佳，断然拒绝了她的要求，死也不肯交出孩子。她认为自己是小刚的亲奶奶，现在儿子失踪了，孩子理应由自己来抚养。而且小刚是他们老陈家唯

婆婆、儿媳与孙子

一的男孩，怎么能交到外人手上呢。刘佳这时候对婆婆说，如果你不交出小刚，那就只能通过法律途径来解决问题了。听到这话，李金凤笑了笑说，我一个老太太怕什么，那你有本事就自己来找吧。找到了孩子你带走，要是找不到，你也别再来打扰我们了。刘佳能找到孩子吗？当然是找不到了，孩子早就被奶奶给藏起来了。

刘佳几次和婆婆李金凤交涉都没有结果，无奈之下，她为了要回孩子，下决心要将婆婆告上法庭，要求领回自己的孩子小刚。法律对监护权有哪些规定？我国的《民法通则》第十六条对这个问题有明确的规定：未成年人的父母是未成年人的监护人，未成年人的父母已经死亡或者没有监护能力的，由下列人员中有监护能力的人担任监护人：

（一）祖父母、外祖父母；

（二）兄、姐；

（三）关系密切的其他亲属、朋友愿意承担监护责任，经未成年人的父、母的所在单位或者未成年人住所地的居民委员会、村民委员会同意的。

对担任监护人有争议的，由未成年人的父、母的所在单位或者未成年人住所地的居民委员会、村民委员会在近亲属中指定。对指定不服提起诉讼的，由人民法院裁决。

刘佳是孩子的法定监护人，她的婆婆未经刘佳的同意就将孙子藏起来的做法，肯定是违法的。那么事态会有转机吗？刘佳还真是能干的女人，她想此时只有陈四良的出现才可能扭转局面，诉讼是最后一步棋。所以她想方设法，居然找到了陈四良，而且两个人一块儿回来了。儿子的突然出现，是刘佳的婆婆根本没有想到的。老太太想通过儿子来制约儿媳，她想儿子应该听妈的话，可没想到陈四良在妈妈和媳妇之间做出了一个理智的选择，而且还亲自请了一位律师到家里来，耐心地做通了老妈的工作，最终将孩子带回了自己的家，陈四良还主动向刘佳赔礼道歉。陈四良作为家庭的顶梁柱原本想外出打工，辛苦几年，挣点钱回来，给媳妇一个惊喜，可万万没有想到，带出去的钱快用完了，也没有找到一份满意的工作，想回家吧，又怕媳妇看不起自己。之后听朋友说老妈和媳妇因为孩子的监护问题发生了矛盾，现在刘佳还亲自找上门来，觉得自己再不回家就太不像话了，便马上与刘佳一同回来了。

　　律师面对着这一家人，由浅入深，循序渐进，依据事实和法律娓娓道来：孩子的父母是孩子当然的法定监护人，奶奶再喜欢孙子也无权将孩子占为己有，隐匿起来让儿媳找不到，将孩子作为报复儿媳的工具，就更加错上加错了，这样既不尊重刘佳作为母亲的基本权利，更不利于孩子的身心健康。陈四良在发生家庭矛盾时，采取不负责态度当甩手掌柜的，放弃监护义务是非常没有责任心的表现。刘佳作为孩子的妈妈、陈四良的妻子、婆婆的儿媳妇，确实是受害者。但是必须指出的是，任何事情都有一个发展的过程，事态发展到这一步，刘佳也有不足之处。作为晚辈对婆婆要耐心，凡事要讲究方式方法。我们在面对家庭矛盾时，首先要从孩子利益最大化角度出发。你们之间一天吵吵闹闹，出言不逊，今天把孩子带到娘家，明天又将孩子藏起来，考虑过孩子的感受吗？在这样的环境成长的孩子身心发育会健康吗？律师态度严肃地说："也许我讲的话语气有些重，希望你们能够理解我的初衷，千万不要介意。"此时这一家人，你看我，我看你，同时说："您放心，不会的，不会的。"他们都不好意思地低下了头，而且各自主动承认了自己的错误。

　　这一起发生在婆婆、儿媳与孙子之间的故事很有代表性，

婆婆、儿媳与孙子

我国城乡大多数家庭还都只有一个孩子，目前离婚率相对前几年要高些，我们不去分析这个现象是社会进步的表现还是其他。但涉及孩子的监护、抚养等法律问题不断出现。有一点必须把握，那就是我们一定要从孩子的利益出发，从是否有利于孩子的健康成长去考虑，不能一味地感情用事，甚至做出那些出格的事。这个家庭的矛盾暂时平息了，但不敢保证今后不会再出现新的矛盾，甚至导致家庭的破裂。《民法总则》第十九条规定："八周岁以上的未成年人为限制民事行为能力人。"在父母离婚时，为了孩子随父亲或随母亲生活发生争执时，应该考虑子女的意见。

作为一个从事儿童保护的律师，我希望我们的下一代都能生活在一个幸福的家庭，都能有一个幸福的童年，长大了都能对自己的童年有一个美好的回忆。我更希望我们当父母的、当长辈的，无论遇到什么问题，都要将是否有利于孩子身心健康和有利于孩子未来的成长放到第一位，"儿童利益最大化"要成为融在我们中华民族血液中永远不变的理念，因为孩子是家庭的，更是我们国家的，难道不是吗？

和为贵

——吴老一案引起的思考

我这里说的吴老，是前中国美术家协会主席吴作人。1995年吴老先生将深圳的一家印刷公司告上法庭，认为这家公司侵犯了他的著作权，要求法庭判决被告停止侵权，并赔偿经济损失68万元。我作为被告的律师，认真看了吴老起诉书中陈述的事实与理由，包括到法院阅卷，看到吴老提供的相关证据后，很快我就清楚地意识到，这个案子我的当事人没有胜诉的可能。我的当事人是深圳的一家印刷公司，公司董事长从朋友那里借到吴老的两幅画作，一幅画作是《金鱼》，另一幅画作是《熊猫》。吴老是中国著名的画家，这两幅画作可以说是吴老的代表作，中国老百姓也非常喜欢。这家印刷公司的初衷，是打算将吴老这两幅画制作成宣纸挂历，让老百姓有可能欣赏到大家之作。

由于这家公司的宣纸印刷水平相当高超,而且取得了国家发明专利证书,真可以假乱真。在20世纪90年代的中国,几乎家家墙上都挂着各种图案的挂历,既是家里的装饰又非常实用,所以将吴老先生的《金鱼》和《熊猫》这两幅作品制作成宣纸挂历,可以说也是形势发展的需要。一是名人的大作,二是宣纸印刷水平高,非专业人士根本看不出来是宣纸印刷出来的,在市场上销售得确实非常火爆。为了弄清事实,诉前我专程从北京飞到深圳,拜访了这位年轻有为的从北京到深圳下海做生意的公司董事长。

我们第一次相见就莫名有一种亲近感,这位老板在北京曾是公务员,下海后与几位朋友共同出资,成立了这家中日合资的印刷公司,生意还真不错。这位老板长得很帅气,浓眉大眼,有一双炯炯有神会说话的眼睛,谈吐非常有分寸,有条有理。在谈到成为本案的被告时,他的表情马上发生了变化,非常委屈地告诉我:"王律师,这两幅画是我花钱从朋友那儿借来的,我们有协议的,用完之后还要还给人家呢,那您说我是不是应该对这两幅画作就具有使用权了,我就想不明白怎么就构成侵权了呢?"我耐心地向他解释:物权和著作权是两个不同的权利,尽管你签了协议,将这两幅画通过朋友借到手,但你和你的朋友只是具有了这两幅画的物权,这两幅画作的著作权人永远是吴老,不会因为吴老的画在你手里,著作权人就变成你了。吴老这两幅作品所有权的转移,不能视为作品著作权的转移,你的朋友将吴老的画收藏,他有权占有该画作。你不能因此就认为,他借给你之后,你就可以将此画作再次印刷出版,这两幅画作的著作权人仍然是吴老先生。你在家里悬挂这两幅画欣赏没有问题,但是你将吴老这两幅画印成宣纸挂历到市场上出售,以营利为目的,就侵犯了吴老的著作权。我的当事人,这位年轻的老总听了这番话，似乎明白了，便迫不及待地又问我："那你说这件事下一步我们应该怎么办？如果这场官司我们输了，对公司今后的发展会非常不利！王律师，你一定要帮我，我真的输不起。"在弄清事实之后，我经过反复思考，拿出了一套解决方案，我的当事人基本上予以认可。

首先，以公司的名义给吴老写一封书面道歉信，表示我们的诚意。之后我与吴老的律师取得了联系，准备亲自到吴老家致歉。让我没想到是，在联系到吴老之后，这位德高望重的老先生居然同意见我了，真是有大家风范，我暗自惊喜。

我记得那是一个夏天的上午，吴老和他的太太萧淑芳先生，还有他们的女婿商老师在家里等我。我第一次见到两位中国著名的大画家，加上我又是晚辈，说句心里话，多少有点紧张。可那天，当我看到二老慈眉善目，非常善良，马上放松了心情。吴老虽然坐在轮椅上，但精神状态很好，因为我是被告的律师，站在他们的面前真有点儿拘束。可吴先生和萧先生、商老师非常热情地与我握手，请我坐下，还让阿姨端来了茶水，茶几上放着果盘，萧先生还主动拿了一个橙子递给我。我在问候二老之后，便把我来的目的，一五一十地向二老进行了汇报，并呈上了我当事人的书面道歉信。最后，谈到了我方的基本观点，我非常诚恳地与二位大家交换了意见："你们二老是中国书画界的前辈，我的当事人非常喜欢你们的作品，他主观上确实没有侵权的故意，希望二老能给年轻人改正错误的机会。他不了解著作权法的相关规定，所以在经营中出现了失误，吴老的诉讼等于给他上了一堂生动的法制教育课。"我能看出来，二老听得很认真，还不时地点头，这让我很兴奋。看到吴先生和萧先生对我很热情，很亲切，我便没有了拘束感，就像聊天一样。

接下来又非常诚恳地谈了我的第二个观点，我说"吴老您的大作是有限的，中国的老百姓都喜欢您的作品，但客观地讲，一般的工薪阶层确实是买不起，我的当事人也是一个北京小伙子，非常喜欢您的作品，所以才花大价钱从朋友手里借来了，用完之后还要还给人家。他希望您的作品能够走进千家万户，让更多的百姓有机会欣赏，可万万没想到却出现了失误，他让我代表公司和他本人向您表示诚挚的歉意。"此时我向两位大画家深深鞠了一躬，"希望吴老一定要理解他的初衷，如果可能的话将来这位小老板还期待与您合作呢。"此时吴老和萧先生问我："这家公司打算怎么合作？谈谈看。"我马上谈了具体的想法："我的当事人是这样考虑的，等这个案子结束后，我们可以共同选择吴先生和萧先生的代表作，由这家公司制作成宣纸挂历，吴老也有很多亲朋好友，之后制作的宣纸挂历可以送给他们，这是一件多好的事情，如果二老同意，我们一定要签署一份协议。"吴老和萧先生基本上同意这种合作方式，这是我万万没想到的，又给了我一个惊喜。大家就是有大家风范，有水平，有涵养，有气度，办事痛快，不能不让我肃然起敬。在长期的艺术生活中，吴作人先生和萧淑芳先生伉俪情深、合作默契，在此次沟通中又显示出宽宏大度、与人为善、高风亮节的风范，我作为晚辈真是受益匪浅。出乎意料的是，吴老还主动将起诉书中主张的68万元的赔偿金，降低到18万元。我当时高兴得不知说什么好了，又代表我的当事人给二老深深地鞠了一躬，表示感谢。我明确答应吴老，会尽快将第一笔10万元赔偿金送到法院。

这样短短的一个多小时，双方都同意和平解决这个案子，双方律师很快起草了和解协议书。几天之后，在协议书的基础上，法院制作了调解书，双方当事人的律师签字生效。本案的审判长是时任北京市中级人民法院知识产权法庭庭长别小壮，承办人是资深法官王范武和董建中。从合议庭的组成人员足以看出北京市中级人民法院对此案重视的程度。这个案件结束之后别庭长对我说，在社会上这么有影响力的案件，能用这种方式而且这么快双方就和解了，是他们没有想到的。我想这其中除了得到吴作人先生和萧淑芳先生的谅解，还有一个重要因素就是双方律师积极的沟通、配合。

这个案件结束后没有几天，按照双方的约定，我与深圳这家印刷公司的一位副总专程到了吴老家，挑选吴先生和萧先生的画作。那天在吴老家客厅的地板上，摆放着几十幅吴老和萧先生的画作，每一幅作品都值得我认真地欣赏，"惟妙惟肖、栩栩如生、妙手丹青"，我都不知道应该用什么词汇来形容啦。接下来双方开始了真挚友好的合作，公司用最快的速度、最高的宣纸印刷水平完成了制作，当我们将吴老和萧先生画作制作的宣纸挂历送到二老面前时，我看到他们满意的目光，一页一页翻看着，不停地说道："不错，真是不错，一般人还真看不出来这是宣纸印刷的。"我当时的高兴劲儿可以用喜上眉梢来描述，这件事确实办得漂亮，这就是真正意义上的双赢吧。

更让我没有想到的是几个月后，萧淑芳先生突然给我打电话，电话中急切地说："小王律师，国内有一家很有名气的国际拍卖公司，拍卖了吴老的画作《骆驼》，几经交涉还没有给付拍卖款，我真的很生气，这家公司太不守信用了，希望你帮我打这个官司。"当时我听了这番话有点蒙，在电话里就直接问道："萧先生，我之前可是被告的律师，您不会搞错吧！您怎么会找我呢？"萧先生明确地回答我说："小王律师，上次那个案子，我们合作得很愉快，我对你印象很好，我相信你能帮我办成这件事儿。"接下来我没有辜负萧先生对我的期望，全额拿回了拍卖款。重要的是萧淑芳先生委托我办的这个案子，也是在法官主持下与被告协商解决的。接下来又是一个没想到，这个案子结束后，被告的公司老总居然给我来电求助，非常诚恳地告诉我，他自己有个欠款纠纷，希望我能帮助他。这次又是原告的老总找到被告的律师，也太有意思了吧！这起码说明被告对我的信任。我想没有被告的配合，萧先生的案子也不会如此迅速地和解，人家有求于我，我不能置之不理。在我仔细了解案情后，提出了一个用非诉解决的方案，毕竟两个人是发小，不要剑拔弩张的嘛！对此那位老总非常认可。

　　萧先生的案件结束了，我兴高采烈地来到萧先生的家里，当面将一个存有拍卖款的存折递给萧先生，萧先生打开一看存折上的数字，非常惊讶地说："那家拍卖吴老画作的公司，将全款都给了，速度还这么快，小王律师你告诉我是怎么办到的。"我微微一笑，得意地告诉萧先生："这可是需要高智商的呦！"没过几天，萧先生来电话让我再去她家。我说："您是不是又有什么事情需要我帮忙？"作为长辈的萧先生亲切地说："小王律师，没有事情就不能请你到我家来做客了吗？"我马上回答道："能，当然能！"接下来又一次没想到的是，我到萧先生家还没有坐稳，老人家将早已准备好的她的画作递给了我，我一看是一幅梅花，在画作的上方还专门题字：王毅伟律师锦绣前程。萧先生亲切地说，小王律师，"锦绣前程"这四个字用在你身上，很贴切的。我激动得都不知道说什么好了，不停地给萧先生鞠躬说："谢谢！谢谢！"我想这是萧先生给予我的最大鼓励和鞭策。之后我请了一位知名的装裱老师，将这幅画装裱后一直挂在我家的墙上。十多年过去了，我还经常会驻足欣赏这位大家的作品，真是看不够。

　　我记得曾有一位记者采访我的时候，问了我一个问题，她说："王律师，你能用一句话告诉我，律师的最高境界是什么吗?"我稍加思考后说:"能将复杂的案子简单化,化解双方的矛盾,尽可能促进当事人和解。"那位记者面带微笑地说:"您回答得很精辟。"

吴老一案确实引起我许多思考,作为律师会遇到各种类型复杂的案子,如何促进双方当事人化解矛盾、解决矛盾、调解解决,这是法官也是律师应着力思考的。这其中需要专业知识、智商,更需要情商。心理学家认为,情商水平高的人具有如下特点:社交能力强,外向而愉快,不易陷入恐惧或伤感,对事业较投入,为人正直,富于同情心,情感生活较丰富但不逾矩,无论是独处还是与许多人在一起时,都能怡然自得。律师在司法实践中,有时高情商比高智商更重要,作为一名优秀的律师,在提高自己的情商方面,下再大的功夫都是值得的。

世界上的事情就这么巧,2019年11月,我和老伴儿一同去上海看望她93岁的姨妈(我婆婆的亲妹妹),当今年龄最长的中国著名女作曲家黄准。黄准曾为200多部电影、电视剧作曲,她为电影《红色娘子军》创作的《娘子军连歌》,可以说家喻户晓;她创作的歌曲《小猫钓鱼》《劳动最光荣》收录在小学音乐课本中,广为流传;电视剧《蹉跎岁月》的主题歌《一支难忘的歌》被当年的知青传唱。

在上海期间,我们应邀住在黄准姨妈的家里,一天我在浏览姨妈家书柜中的书籍时,偶然在书柜中看到一本萧淑芳先生的画选,我顿时眼前一亮,马上拿出来打开一看,映入眼帘的是扉页上的一行字:慧珠黄准雅正。落款是萧淑芳,时间是1998年5月28日,封面上"萧淑芳画选"几个字是吴作人先生题的,盖有吴老的印章。我当时太惊讶了,这个世界也太小了吧,因为慧珠是我爱人的母亲,也就是我的婆婆,黄准是我婆婆的亲妹妹。原来几十年前她们与吴作人先生和萧淑芳先生就是好朋友，我怎么会一点都不知道呢，太不可思议了！看来我命中注定就要为吴作人先生和萧淑芳先生办好这两件让他们棘手的案件。只可惜当年我不知道他们之间是朋友关系，那时他们要早知道是由好友慧珠儿媳的我，亲自代理这个案子，不知会多高兴呢，中间的坎坷可能会少得多。

我和老伴儿轻轻地打开萧先生的画选，一页一页地翻看，一页一页地欣赏，那是萧先生的花卉草木绘画专集。花儿是无所不在灿烂生命的语言，没有花儿的世界是不可思议的。我不懂绘画，不敢妄加评论，但欣赏萧先生的画作，色彩明快，风格隽永，会被她的作品深深地感染。萧先生喜欢山丹、杜鹃、扶桑、丁香、绣球，所作多以《山花》为题。我们的时代需要人间高洁精神的光彩，需要花儿的芬芳清气，让我们走进萧淑芳先生创作的花儿的天地，领略美的光辉。

在离开上海之前，黄准姨妈说，她要将这本萧先生的画选转送给我，我当然非常高兴。93周岁的黄准姨妈在扉页的右下角处写道：转毅伟惠存。落款"黄准2019.11.1"。93岁的老人，钢笔字还写得那么潇洒，黄准姨妈那么理解我的心思，我真幸福呦！我将会永远珍藏这本萧淑芳先生的画选，永远。

双方利益的最大化

中国著名女作曲家黄准是我爱人的亲姨，1922年出生，13岁参加革命，是当年延安鲁迅艺术学院最小的学员，她的启蒙老师是冼星海，她是真真正正在革命队伍里培养出来的中国作曲家。至今她已创作了200多首电影和电视剧的插曲，她的代表作《娘子军连歌》几乎是家喻户晓。她为电视剧《蹉跎岁月》创作的歌曲《一支难忘的歌》，很多当年的知识青年都喜欢，还会唱上几句，那优美的旋律真是欣赏不够。2010年在她

84周岁那年还出版了《向前进，向前进：我的自传》一书。国务院前副总理李岚清同志亲自为她的书题字：题赠黄准同志"爱乐"。

毛主席曾提出"文艺要洋为中用，古为今用"。经过文艺工作者的努力，电影《红色娘子军》改编成了芭蕾舞剧《红色娘子军》（以下简称《红》剧）。1964年9月下旬，《红》剧在天桥剧场演出。第三场，周总理亲自来观看，演出后总理上台看望演员，第一句话就说：我的思想比你们保守了，我原来想，芭蕾舞表现中国的现代生活恐怕有困难，需要过渡一下，没想到你们演出这样成功，过两天有位外国元首来访问，就由你们演出招待。此后，毛主席观看了演出，评价：方向是正确的，艺术是成功的。演出后毛主席走上台与全体演出人员合影留念，给大家极大的鼓舞。

芭蕾舞剧的创作是从音乐开始的，《红》剧音乐整体构思概括为"三个主题一个歌"。一个歌就是黄准在电影《红色娘子军》中作曲的《娘子军连歌》，是娘子军战士群体形象的生动写照，流传很广泛，家喻户晓。三个主题是作曲家吴祖强、杜鸣心、戴洪威、施万春、王燕樵为写好吴琼花、洪常青、南霸天的音乐主题，经过深思、静思和苦思，从很多方案中精选出来的。这"三个主题一个歌"随着戏剧情节和人物的行为逐渐变化和发展，并推向高潮。

《红》剧正式搬上舞台那个年代，大家生活水平普遍不高，但为了欣赏到芭蕾舞剧《红色娘子军》，北京市的老百姓居然半夜开始在天桥剧场售票处排队，说一票难求一点都不过分，可见当年红火的程度。"文化大革命"期间《红》剧成为八个样板戏之一，并且至今久演不衰。剧中的《娘子军连歌》《军民鱼水一家亲》等曲目朗朗上口，广为流传。《红》剧已成为中央芭蕾舞团经典保留剧目,已经在国内外演出数千场。据中央芭蕾舞团原团长赵汝蘅讲,在国外演出《红》剧的火爆程度是你想象不到的,观众买不到座席,就坐在剧场的台阶上观看。当《娘子军连歌》一响起,全场观众会随着音乐的节拍,整齐地击掌,那场面太震撼啦!

芭蕾舞剧《红色娘子军》的曲作者共六位,戴洪威老师已经去世。在戴老师去世前,这六位中国著名的作曲家共同思考了一个严肃的法律问题,即中央芭蕾舞团使用我们创作的音乐作品,除署名权外,只支付很少的劳务费,并没有按照1993年8月国家版权局关于《演出法定许可付酬标准暂行规定》执行,是否侵犯了曲作者的获酬权。为此,作为当年全国政协常委、中央音乐学院院长的吴祖强先生和全国政协委员、中央音乐学院博士生导师杜鸣心先生还专门在中国人民政治协商会议第九届全国委员会上提交了第83号提案,题目是《国家所属单位及有关领导部门应率先积极执行"著作权法",认真保护知识产权》,我看了之后的回复,非常泛泛。为了维护法律的公正和作曲家的合法权益,这五位作曲家下决心通过诉讼维权。之后这几位中国著名的作曲家还委托律师起草了《起诉书》,准备起诉中央芭蕾舞团。在这之前,我爱人的姨妈黄准找到了我,她明确告诉我说:"毅伟,我是不打算打官司,希望你作为我的律师与芭团进行交涉。"我当然责无旁贷,从哪个角度讲,我都必须出马。

接下来我便与芭团联系,没想到,我在与芭团团长赵汝蘅、副团长何平见面时,交谈得非常顺畅。赵团长明确告诉我:"王律师,黄准老师德高望重,我们都非常喜欢她的作品,也希望协商解决这些历史遗留问题,就麻烦您先起草一份协议吧,具体事宜由何团与您沟通。"我马不停蹄地起草了协议,没有几个

双方利益的最大化

来回,很快我作为黄准的代理人与芭团就签了协议。赵团长、何团长平易近人,和蔼可亲,有时赶上饭点,还请我在芭团食堂吃饭。这一路畅通的结果,连黄准老师也没有想到。时间不长,吴祖强先生和杜鸣心先生得知黄准老师已经与芭团签署了协议,便马上通过黄准联系到我。这几位作曲家的思路也非常简单,既然黄准老师能够与芭团协商解决这一历史问题,那我们为什么一定要打这场官司呢?希望我作为他们的律师与芭团再次交涉。我当然也没有理由不同意,但必须先与这五位作曲家曾经聘请的律师见面,他们聘请的可是北京市律师界知识产权方面的著名律师。当我与这五位作曲家的律师见面时,直截了当地谈了我的想法,希望能给我点时间与芭团进行交涉,如果我与芭团确实谈不成,再诉讼是否可以。著名律师就是不一样,胸怀宽广,非常痛快地答应了。

我马不停蹄地与这五位作曲家接触、交流、沟通。芭团对此也非常重视,聘请了北京律师界著名的精通著作权的律师与我沟通。芭团请的两位律师我都认识,非常专业,对这项工作也非常负责。他们为了弄清当年五位作曲家创作《红》剧的经过,弄清楚事实真相,走访了对当年情况比较了解的若干个曾经的领导干部,面对面地沟通,还向著作权领域的著名专家进行咨询。他们这种认真的工作态度很令我钦佩,我从他们的身上也学到很多。我们虽然各为其主,但为了工作,为了法律的公正,我们之间不论是通过邮件还是传真或是电话交流,都没有任何障碍。因为我们非常清楚,大家在为中国特定历史阶段全国人民都喜欢的芭蕾舞剧《红色娘子军》曲作者的著作权定位。尽管我与芭团聘请的律师在对曲作者是否有获酬权的问题上有不同的认识,但经过与芭团多次协商,2005年1月28日,我作为这五位作曲家的代理人与中央芭蕾舞团最终签署了协议书。

协议签署的当天下午,我从中央芭蕾舞团直接前往杜鸣心先生在中央音乐学院的家中,此时吴祖强院长一直在杜先生家等候。当我将那份虽然只有两页纸,却有着足够分量的协议书递给吴院长和杜先生时,吴院长和杜先生居然拥抱了我,激动地反复说:"这是真的吗?这是真的吗?"接下来,这两位中央音乐学院鼎鼎有名的泰斗级作曲家仔细看完了协议书后,不停地说:"太不容易啦!谢谢王律师!谢谢王律师!"很快,吴院长将这一消息告诉了其他几位作曲家,他们同样像他们的老师一样高兴,遗憾的是戴洪威老师没有等到这一天的到来。为表达谢意,戴老师的爱人魏中珂老师执意请我吃饭,我没有谢绝。之后吴祖强院长、杜鸣心老师、施万春老师、王燕樵老师还专门与我共同庆祝。当我看到这几位已经是白发苍苍,为音乐事业呕心沥血奋斗了一生的中国顶级的作曲家喜出望外、兴高采烈、眉飞色舞的表情时,我突然感觉自己打开了持续50多年,压抑在他们心头的一个难以释怀的结。为中国历史上那一段特殊年代的文艺作品——芭蕾舞剧《红色娘子军》音乐创作画上了一个圆满的句号,我的一切付出都是值得的。他们四位作曲家中,杜鸣心老师已92岁了,仍然思维敏捷、头脑清晰,还在创作曲目;施万春老师和王燕樵老师也一直没有停止创作音乐作品的脚步。他们是为音乐而生,为音乐而奋斗的可敬、可爱的那一代音乐人的代表。

十几年过去了，这一幕激动人心的场面还历历在目。不打不相识，之后我与芭团的领导成了好朋友。虽然芭团领导班子有人员的变动，但之后的冯英团长、王记书副团长几乎每年都会请我观看芭团演出的芭蕾舞剧。每年的春节前夕都会送给我和那几位作曲家芭团自己制作的台历和节日的问候。只要国家大剧院有精彩的芭蕾舞演出，赵汝蘅团长和何平团长都会主动给我打电话，安排最好的位置请我和家人去观看，为此也提高了我的欣赏水平。赵团、何团已经70多岁了，还在为中国的芭蕾事业贡献智慧，为中国的芭蕾走向世界贡献力量，他们的执着和奉献让我感动。我与芭团当年聘请的律师也成了好朋友，大家还经常走动，有时还一起讨论一些社会上有争议的案件，感觉非常好。

我想这就是一个通过非诉讼方式解决的双赢的典型案例。原本要走上法庭，唇枪舌剑、针锋相对的双方，现在却成了朋友。为庆祝芭团建团五十周年，在人民大会堂的庆典晚会上，这五位作曲家都被芭团请上舞台，那一刻掌声、祝福声、欢呼声经久不息。我在台下也激动万分，看到这五位中国著名的作曲家阳光般的微笑，洋溢着幸福的笑脸，我突然有一种自豪感，心里顿时美滋滋的。经过共同努力，双方的利益都得到了保障和体现，它的社会意义和带给我们的思考已远远超过案子本身。我衷心地祝福这几位中国泰斗级的老作曲家健康长寿，愿他们为音乐艺术献身的优秀品质代代相传。由此我想，作为一名律师，不但要精通业务，更要站位高，在促进双方协商解决、化解矛盾、构建和谐社会上下足功夫。这其中需要律师具有较高的思想境界、善于沟通的能力、战胜困难的勇气、锲而不舍的精神、正确的工作方法，还要有智慧和较高的情商等。

我的贵人

我的伴侣

我的老伴儿老邵,退休前是北京市某中级人民法院的一名法官,他年长我五岁,2020年七十有四,屈指算来我们已结婚43年了。回忆起来我们的婚姻还真是一种缘分。

20世纪60年代,我们都住在北京市东城区兴化西里的12号楼,我家住在三单元,他家住在二单元,我们的父母在"文化大革命"期间都曾被打成走资本主义道路的当权派。我父亲和我的公公都被斗过、被整过,都曾下放到五七干校接受劳动改造,"文化大革命"结束后,又都官复原职。可能是同病相怜吧,我们自然而然地相识、相知、相恋了。刚刚认识的时候,我还在山西农村插队,是当年的知识青年,前途渺茫。而老邵那个时候刚当兵回到北京,已经有一份稳定的工作了。我们共同面临的严峻的现实问题就是,将来如果在一起也会两地分居。为此,老邵明确地告诉我:"请你放心,如果你将来真不能调回北京,我就到你那儿去工作。"当时这句话深深地打动了我。

我们是1976年11月结婚的,幸运的是我在1979年3月就调回了北京,那时我们已经有了一个可爱的女儿。回北京之后,我在一所普通中学担任团总支书记,那时我俩一合计,为了让我更好地补习文化知识,参加全国自学高考,一咬牙一跺脚,就将仅一岁半的女儿送进了一所寄宿的托儿所。虽说我也舍不得，可那时家里没有人帮带孩子，我们也是没有办法。老邵说："你和我小时候父母工作都很忙，没有时间照料我们，咱们从小就在寄宿制幼儿园长大，那我们的孩子为什么不能上寄宿制的幼儿园？"我想我们之所以比较自立，与小时候上寄宿制幼儿园有关吧，那时我们还托了关系将女儿送进了一所北京市全托幼儿园。之后我的女儿自立、自强，8岁就被西城区业余体校选去打排球，小学五年级参加全国排球比赛。中学在师范大学实验中学排球队，曾获得过北京市中学生排球比赛第一名的好成绩，高中还代表中学生到日本参加中日韩排球邀请赛。这些成绩的取得，我想一定与她从小就在寄宿制幼儿园生活独立、不娇气有关吧！

凡事有失必有得，经过自己的不懈努力，最终我考取了北京教育学院中文大专班。之后老邵又说："随着社会的进步，大专学历是不够的，你脑子不笨，最好能继续读本科。"在他的鼓励下，我再接再厉，通过全国自学高考，考上了北京教育学院教育管理本科班。那时是半脱产学习，一周三天工作，三天上学，功夫不负有心人，经过三年的勤奋努力，最终我不但拿到了本科毕业证书，还被教育学院评选为优秀学员。那时评选的硬性指标是：三年中的所有学科结业考试都必须在85分以上。

鉴于老邵在司法部门工作，接下来他又鼓励我说，你干脆一鼓作气，参加全国律师函授中心学习，之后再参加全国律师资格考试，力争拿到律师资格证书。也许是当时年龄还不算太大，大脑还算聪明，加上自己用功，经过三年的努力我以优异的成绩取得了全国律师函授中心颁发的法律大专毕业证书。有了这个证书当年就有资格参加全国律师资格考试。为了让我集中精力参加考试，当时的家务事基本上都由老邵来承担。我记得女儿参加的手风琴培训,每次也是老邵骑自行车带她去上课,几年来老邵从不抱怨,从无怨言,任劳任怨。由于我底子薄,法律专业读的又是大专,没有任何司法实践,所以前两次律师资格考试都没有通过,我当时真是有点沮丧,不想再参加考试了。老邵鼓励我说,事在人为,事不过三,再努力一次吧!如果第三次再考不过,说明你不是干这个的料。

我记得在第三次律师资格考试之前,我参加了北京市的一个考前辅导班,因为是在职参加辅导,白天要工作,晚上才能去听课。那时候北京市突然流传红眼病,我不知道在什么情况下也被传染上了,两只眼睛又红又痒又肿,看书很困难。因为已临近考试,所以我一直没有放弃听课。我记得有一天北京下着大雨,我去听课的时候忘记带雨伞了,我乘坐公交车回家,在下车的时候,突然一把打开的伞举在我的头上,抬头一看原来是我的女儿邵维来汽车站接我,我当时感动得不知道说什么好。我问女儿:"你怎么会来接我?"女儿说:"我爸爸说你走的时候没带雨伞,所以让我来车站接你的。"我问女儿:"已经在车站等了多长时间?"女儿说:"好像已经过去了七八辆车呢!我一直盯着下车的人。"我激动地说:"谢谢维维!谢谢维维!"孩子懂事地说:"妈妈你才辛苦呢,又工作又学习,下雨天还去听课。"

我们常说,机遇是留给有准备的人的,这话一点都不假。1994年我终于通过了全国律师资格考试,1995年终于取得了律师资格。我收到的律师资格证书是我所有证书中最大的,证书皮儿是深蓝色的,很庄重,证书上非常醒目地印着烫金的"中华人民共和国律师资格证书",证书内有我的照片,有律师证编号,用端庄的黑色楷书写着"中华人民共和国司法部律师资格审查委员会审核批准,特授予王毅伟律师资格"。我的名字是用碳素笔写的，此时那三个字的含金量太高了，证书右下角盖着中华人民共和国司法部律师资格审查委员会的红色印章，落款有发证日期及"中华人民共和国司法部监制"的字样。这本证书字数不多，却是沉甸甸的，我反复看了多遍。那一年我43周岁，它是我多年的心血，见证了我的付出、我的努力，见证了我对中国依法治国的信心和我对法治建设的执着追求。这个来之不易的证书也是我家老邵给予我精神支柱的最大收获，我当时暗暗下决心，一定要用后半生来践行我的初衷。

在接下来的20多年律师生涯中，无论我代理民事案件还是作为刑事案件的辩护人，直至最高人民法院提起再审案件的代理，我所写的法律文书，我老伴儿都要认真地修改，看看书写是否规范，文字的表述是否"法言法语"，用词是否得当，引用的法条是否准确，案件的事实是否陈述清楚，证据是否确凿充分，包括标点符号他都要认真地斟酌。他办事认真的态度，我不能不服气，从中我也学到了很多很多。所以客观地讲，他不但是我生活中的伴侣，也是我走上法律这条路的引路人。我代理的案件胜诉了，他会说，要好好总结一下。如果败诉了，他也会鼓励我，胜败乃兵家常事，哪有常胜将军，好好找找原因。之后我从事未成年人保护的公益事业，他都积极支持，还会提出一些建设性的意见，有时间他还会主动参加捐助活动。平时我们的生活比较简朴，却多次为困境儿童捐款。由于多年的付出，我的工作得到了各级领导的认可，也获得了一些荣誉。那军功章上应该有我老伴儿的一半，他实实在在是我生活的伴侣，也是我生命中不可或缺的贵人。

我的父亲母亲

在我几十年的成长历程中,无论是顺境还是逆境,是成功还是失败,都离不开我父母对我的教诲,在我成家立业之后,也离不开我的公公婆婆对我的影响。

我的父亲母亲都是解放战争时期参加革命并入党的老干部,因为父亲在中央机关工作,所以经常出差,一年至少出差八个月。不论是在国内出差,还是出国考察,在我儿时的记忆中,父亲从来没有给我们带过任何当地的土特产,出国回来也没有给孩子们带过任何礼物。小时候父亲从来没有带我们看过电影,逛过公园。我的父亲兄弟姐妹五个人,他应该是这五个人当中学历最高的。解放前日伪时期,他曾经在东北一所专科学校读中专,那个年代在东北读书的人都会一点日语。我记得"文革"前他曾经与原农垦部部长王震一同出国去日本考察,因为我父亲日语好,所以与日本人交流起来比较方便。之后日方的专家经常会给他寄一些日本先进的农业机械方面的资料。没想到,"文革"中居然有人说我父亲是日本特务,因此被整多年,在"五七干校"期间父亲与家人没有任何联系。"文革"后父亲官复原职,之后担任于国家畜牧总局的领导。我曾经问过父亲:"您那时挨整,是不是觉得自己很委屈?"父亲非常明确地告诉我："任何人都会犯错误，犯了错误改正就是好同志，我们的党也一样会犯错误，犯了错误能改正，那还是伟大的中国共产党。"有一段时间父亲的身体不太好，医生建议他要增加营养，我母亲说："那咱们就申请订一瓶牛奶吧！"（那时国家奶制品缺乏）没想到父亲却说："等到老百姓都能喝上牛奶，我再订吧。"平时我很少听到父亲发牢骚、埋怨，他总是在不停地看书、学习、工作，直到离休，他还经常与在职的单位领导交流我国畜牧业发展的规划。我记得有一年的春节期间，家里来了一位父亲单位的同事，父亲说："既然来了，就在我家吃饭吧。"那位同事也不客气地说："王局长那我就遵命啦！"饭桌上那位同事对着我们几个子女说："我原来是在内蒙古工作，你们爸爸到内蒙古考察时，是我汇报的工作，可能是我汇报得还可以，你爸爸之后就把我调到了北京工作，我们一家四口人都调来了，那是我做梦都想不到的。你们知道吗，我没有请王局长吃过一顿饭，没有送过一分钱的礼物啊！现在说起来，谁能相信？你们的爸爸太好啦！"

我母亲曾对我说："你爸爸就是个工作狂，满脑子里只有工作，我生你们四个孩子时，没有一个是你爸爸在身边的。"我记得有一天我问父亲："您为什么给我起名字叫王毅伟？这就像一个男人的名字，没有一点女人味儿。"父亲严肃地说："在你出生之前我就想好这个名字了，无论生的是男孩儿还是女孩儿，都叫这个名字。这名字的意思是，要实现伟大的革命理想，就要有坚强的毅力，你说对吧！"我当时惊讶地看着父亲说："这个名字也太沉重了吧！"父亲却说："你的理想，不就是靠坚强的毅力去实现的嘛！"我当时点点头说："当然，当然。"

我在成为一名律师之后，父亲为了鼓励我，还专门写了寄语，他说要成为一名优秀的律师必须做到四个方面：哲人的智慧，诗人的激情，法学家的素养，政治家的立场。这沉甸甸的四句话一直在激励我努力再努力！

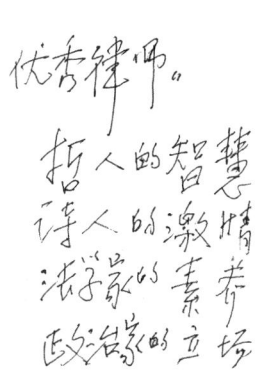

> 优秀律师。
> 哲人的智慧
> 诗人的激情
> 法学家的素养
> 政治家的立场

我的母亲一直从事教育工作，父亲工作很忙，所以家务事儿都由妈妈来操持。在我印象里，不论她多累，多辛苦，甚至受多少委屈，我也从来没听她抱怨过。父亲母亲的工资在那个年代应该算比较高的，但是家里孩子多，还有奶奶。我父亲家兄弟姐妹五人，他的大姐和大妹妹家境都不太好，每年母亲都要关照她们的家庭。我最小的姑姑比我父亲小 10 岁，老姑在职学习，努力考上了吉林医大，从她上学那天开始，每年我父母都要给我老姑寄学费，直到完成学业。老姑考上吉林医大那年，她的大儿子高岩只有 2 岁，家里没人能帮忙照顾的话，会影响学业。于是我母亲和我奶奶主动提出帮老姑带孩子，那时高岩就成为我们家庭的一个成员了，一直到 7 岁，一起相处的 5 年间，他与我家的兄弟姐妹像一家人似的。因为高岩年纪小，家里好吃的我奶奶和母亲都想着给他。之后高岩回到他父母身边，经过努力成为一家大型国有企业的领导，成家立业后一直保持着与我家的亲密关系，他说自己的成长与 7 岁前大舅、大舅妈的教育培养有着密切的关系。每年春节前父亲母亲都会给他的兄弟姐妹家寄生活费，有时还会让他们到北京来小住一段时间，打里照外的事情都需要母亲操心。"文革"期间虽然父亲被整，与家里也没有任何通信联系，可我的母亲从来没有怀疑过父亲有任何政治问题，一直坚信我的父亲一定会回来的。

1979年，我从山西调回北京工作，母亲明确告诉我："'文化大革命'把你们这一代人都耽误了，没有机会好好上学读书，你现在回北京了，一定要好好补习文化知识，妈妈就是你的坚强后盾，学费不够，我来给你补上。"母亲的支持和鼓励，让我顺利地取得了大专和大本的学历。之后我的父亲母亲又鼓励我参加全国律师资格考试。在取得律师资格之后，父亲母亲又语重心长地告诫我："你代理的每一个案子都要认真负责，不能有半点懈怠，人家把案子交给你代理，那是对你的最大信任，你可不能让他们失望。"我记得有一天，我去看我父亲母亲，母亲问我最近在忙什么案子，我告诉她有一个继承纠纷，两个姐姐把弟弟告上了法庭，我是被告弟弟的律师。母亲让我把案情给她介绍一下，接下来母亲语重心长地对我说："毅伟你想想，他们的父母已经不在世了，为了遗产，兄弟姐妹打到法院，今后他们还能和睦相处吗？这个案子不论谁输谁赢，他们姐弟情谊从此就结束了。"之后还告诉我，子女应如何正确地对待祖辈遗留下的财产，母亲还说："我清楚地记得你姥爷曾经告诫我们小辈儿的几句话，我认为说得非常好，几十年过去了，我还能背下来，现在就写下来给你看看，你在与他们进行交流的时候，也可以给他们读读这段话，也许会促进他们姐弟之间的和解。"母亲当着我的面，拿了一张A4纸，郑重地将我姥爷的祖训，用钢笔字写了下来："千里桃花一树生，祖遗的家业何须争，一番相见一番老，人生几世为弟兄。"看着母亲刚劲有力的字体，我认真反复地看着这四句话，真是感慨万分。第一，发自内心佩服我的姥爷，我虽然没有见过他，但这段文字足以让我对姥爷肃然起敬，那个年代的人怎么会这么有文化、有水平，这么有文采，最重要的是还有这么高的思想境界！真遗憾，我出生前姥爷就去世了。第二，我代理这个案子的那一年，母亲都已经84岁了，脑子怎么还这么清楚呢！几十年前的教诲能够一字不差地背下来，写下来，真是不服不行！至今我还保留着母亲当年亲自书写的这段话，之后我复印了三份，送给我的哥哥和两个妹妹，我们会永远珍藏。

> 千里桃花一树生
> 祖遗的家业何须争
> 一番相见一番老
> 人生几世为弟兄

正像母亲预料到的那样，我在与我的当事人和他的两个姐姐就遗产继承纠纷进行交谈的时候，这姐弟三人，都被我母亲能为他们家的这件事如此操心，还亲自写下了祖训的行为感动了。最终一致同意了通过和解解决这个继承纠纷。我与他们商量后，提出了和解的具体方案，起草了一份和解协议书。我记得法院开庭那天，他们姐弟三人都提前到达了法庭。在开庭之前，我主动将和解协议书交给了主审法官，当时法官非常惊讶又开心地说："还没开庭这个案子就有结果了，继承纠纷能和解再好不过了，我们要是经常遇到您这样的律师，可就太高兴了。"随后原告写了撤诉申请，没想到一个打到法院的案子，在我老母亲的积极倡导下，得以顺利解决了。我真佩服我母亲的睿智。我想我母亲如果是一名律师，那肯定也是最棒的，是金子在哪儿都发光嘛！

父亲母亲生我们、养我们，也教会了我们许多做人的道理，我们通常讲，要听其言，观其行。他们的一言一行就是一面镜子，我们的父母在以实际行动影响着我们家的四个子女。我的哥哥王立欣当年也前往山西插队，回到北京后努力工作，成为单位的骨干。我的二妹妹王毅光是中医大夫，医治好了太多的病人，有极好的口碑。我的小妹妹王毅宏与妹夫徐聪去国外留学，现在美国事业有成。我为有这样的父母而骄傲，他们也为有我们这样的子女而自豪。他们是我的父亲母亲，也是我生命中最最值得我尊敬的贵人。

我的公公婆婆

我的公公婆婆大我父母十岁左右,他们都是 20 世纪 30 年代参加革命、入党的老党员,是延安宝塔山培养出来的老干部,去世后,骨灰安葬在八宝山的"红军墙"内。每年我们都会去"红军墙"为他们扫墓,寄托我们的哀思。作为他们的儿媳,作为这个家庭的成员,每次在他们的墓碑前深深地鞠躬时,我都在默默地承诺,爸爸、妈妈放心吧!我不会辜负你们的期望。

我和我爱人结婚后,虽然不是与公公、婆婆生活在一个屋檐下,但几乎每周我们一家三口都要去看望他们,一起吃个午饭,一块儿聊聊天,汇报我们的工作和学习情况,其乐融融。我公公邵公文参加革命的启蒙老师是邹韬奋,1931 年在邹韬奋主办的《上海生活周刊》工作,在韬奋先生的培养下成为进步文化事业的骨干。我在网络上还看到胡愈之、邓颖超致我公公婆婆的信札。我公公是中华人民共和国成立后第一任三联书店的总经理，在"文革"前曾是中国国际书店的总经理。我婆婆参加革命以后一直从事妇女工作，"文革"前担任全国妇联宣教部副部长。在我公公婆婆写的回忆录中，我得知，1937年，我婆婆的父亲曾将多年积攒的一千块钱交给了女儿，希望能够保障他们未来两三年的生活。之后在延安，当得知党组织抗日游击队急需用钱时，我的公公婆婆居然毫不犹豫将一千元钱全部捐给了党组织，这种精神是现代人无法理解和想象的。"文革"期间，我公公被定性为"走资本主义道路的当权派"，那时每天要完成造反派安排的活儿，要不停地擦楼道、刷厕所。工资由当时每月200多元扣减到每月只发70多元。之后令我们不解的是，在我公公被平反、官复原职后，他居然将补发的所有工资全部交了党费。为此我曾经问过公公为什么要这样做，他平淡地说："最困难时期我都挺过来了，现在条件好了，没有必要与我们党斤斤计较吧！"2018年9月19日，由中国书刊发行业协会、中国新华书店协会与山东出版集团共同主办，百道网、山东新华发行集团有限公司承办的"中国改革开放四十年图书发行致敬活动"，经中国书刊发行业协会、中国新华书店协会及相关机构推荐致敬活动专家组委员会讨论，推荐形成"特别致敬人物"8名，以向具有突出贡献的老一代图书发行工作者致敬。"特别致敬人物"中就有我的公公——邵公文，我为我公公能获此殊荣而骄傲。

我的婆婆一辈子从事妇女工作，由于工作需要会经常与邓颖超、蔡畅一起开会交流，家里相册中还能看到她们的合影。1949年10月1日，我公公婆婆和我婆婆的妹妹黄准（中国著名作曲家）有幸参加了开国大典。在我婆婆的回忆录中这样写道："在开国大典的观礼台上，当我们听到毛主席通过电波向全世界宣布中华人民共和国成立了的时候，当我们看到接受检阅的飞机在晴空飞过，看到迈着雄伟、整齐步伐的人民解放军和工农学商的队伍经过金水桥的时候，我们内心涌现的是：我们苦难的祖国从此站起来了！我们自己翻身当家做主人了！自豪的心情，千言万语无法表述。只有用欢呼和掌声代替，当时这欢呼和掌声就汇成了欢乐的海洋。"

我的公公婆婆经历了中国的抗日战争、解放战争，中华人民共和国成立后为我国的社会主义建设呕心沥血，奉献了自己的一生。我婆婆在全国妇联工作期间，很早就主动从自己每个月工资中拿出一部分钱捐给"春蕾计划"的女童。每当她看到报刊上介绍家庭贫困儿童的消息时，就会为这些身处困境中的孩子们捐款。在她的影响下，1992年我和我爱人主动与"希望工程"项目组联系，帮助了一个海南省东方市（当时为东方黎族自治县）西方镇黎族的9岁女孩上学，每学期都会给她寄学费和生活费，每学期都与她通信，鼓励她克服困难，努力学习，直到高中毕业。之后我一直做儿童保护工作20多年，从未间断，我想这与我的父亲母亲和公公婆婆多年来的言传身教、以身作则是分不开的。

我为有这样的公婆而骄傲、自豪，他们是我一生学习的榜样，是我学习的楷模。我也要成为这个家庭优秀的后代，并一代一代地传承。我要为他们增光添彩，为我国建设成为一个真正的法治国家而努力奋斗，为那些特殊群体孩子的健康成长做一些力所能及的事情。

外孙女思思

2011年10月19日,我荣幸地当上了姥姥,那年我60岁。我外孙女大名叫王晰然,小名叫思思。思思的降生给我们全家增添了很多乐趣,由于女儿要上班,只能由双方老人帮着带孩子,这已成了中国大多数家庭的模式,因为我们国家托儿所很少。为了不影响女儿的工作,我们只能帮忙,别无选择。

思思小的时候,我们国家很多家庭还是"四二一"的模式,即"四位老人,一对夫妻,一个孩子",最近几年政府才开始提倡可以要二孩儿的政策。由于思思的爷爷奶奶年龄比我们大一些,所以在上幼儿园之前,大多数时间是由我们带。在带思思之前,我和老伴儿做了一些功课,学习了一些有关家庭教育的理论,重点是从小要培养孩子良好的生活习惯、健康的心理和健康的品格。俗话说"三岁看大,七岁看老",实践证明是有道理的。因为一个人的成长发展是有规律的,从三岁娃娃的心理特点、个性特征大致就能看到他长大以后的心理特点和个性特征。我们知道,父母是孩子的第一任老师,家庭是孩子的第一间课堂,可是客观条件不允许孩子长期与父母在一起生活,在思思三岁之前,我们就代替她父母承担了一部分家庭教育的责任。我们极力地克服祖辈对孙辈过度的溺爱,从劳动习惯、卫生习惯、饮食习惯、生活习惯、待人接物、自我控制力等方面都以身作则、言传身教。久而久之,思思很小的时候就养成了自己吃饭、不浪费粮食、按时睡觉、按时起床、自己穿脱衣服、见到长辈主动问候的好习惯。

我记得思思三岁的时候,我们带她去泰国旅游,应一位朋友亲属的邀请,我们与十来个好友一同到这位在泰国德高望重的老人家去做客,这位老人是当地著名华侨的遗孀。她家的院子相当大,满院子都是草坪,有几棵又粗又大大约有几十年树龄叫不上名字的枝繁叶茂的老树,非常养眼。泰国人习惯进入家里房间之前要脱掉鞋,所以我们每个人都入乡随俗,脱了鞋进入老人家的客厅。那天当大家都进入客厅后,突然发现思思没跟着进来,此时大家不约而同地回头一看,所有的人都投去了既惊讶又欣赏的目光。原来我们家的思思在走廊里将所有人脱得东一只、西一只的鞋,都一双一双地摆整齐了。此时这家的那位老人家非常吃惊地说:"我活到八十多岁了,还没见过一个三岁的孩子这么懂事儿,这是谁教的?"我和老伴儿当时也很惊讶,但更多的是自豪,心里美滋滋的。

几个月后,我们又和朋友一块儿带思思去柬埔寨旅游,在去柬埔寨吴哥窟的路上,有一些战争年代被炸断腿或胳膊的残疾人,在一个平台上为大家奏乐。在台子的一个角落放着一个小筐,我们经过那儿时,思思似乎看明白这个小筐的作用了,便马上问我:"姥姥我能给他们捐钱吗?"我毫不犹豫地回答:"当然可以了。"便将随身带的零钱放到思思手里,思思拿着钱一路小跑放到了小筐里。此时那些坐在台子上的残疾人便卖力地奏乐，思思高兴地欣赏着，露出了甜甜的微笑。我告诉思思："这些演奏的叔叔都是打仗时受伤的残疾人，有的叔叔没有了腿，有的叔叔没有了胳膊，他们失去了劳动能力，所以为了维持生活只能搭个台子为游人演奏，挣点小钱用来维持生活。"思思认真地听着，似乎明白了。没想到在从吴哥窟回来的路上，我们又经过那些残疾人演奏的地方，思思兴奋地说："姥姥我还想给他们捐钱好吗？"我说："没问题！"思思又一跑一跳地把钱轻轻地放到小筐里，之后还认真地给那些演奏的残疾人鞠了一个躬。这些残疾人马上认出了这位小朋友，接下来演奏乐器的声音比刚才更大了。我高兴地告诉思思："这是他们在为你演奏呦！"思思好像还有点不好意思，腼腆地笑了，临走的时候还主动向那些残疾人招手，不停地说"再见！再见！"

2015年的春天，我们老两口儿带着思思与我中学的同班同学胡迎庆夫妻俩，一同到海南省临高县法院。我们事先商量好要为当地判决胜诉但因为各种原因得不到赔偿、家庭生活困难的未成年人捐款。我们每个家庭出资两万元，共四万元，帮助了十几个家庭困难的未成年人。在捐助活动现场，我们坐在讲台上，思思由一名女法官陪着坐在台下，她交叉着胳膊，像学生在听老师讲课一样，坐得端端正正，整个活动将近一个小时，思思一动不动，认真听着、看着，她好像明白我们在做什么。活动之后我们带着思思与临高法院的王法官一同到一个年龄最小的受助的孩子家里，希望真实地了解他们的生活状况。当时我环视了一下这个家庭的房子，说是家徒四壁一点都不过分，床板上铺着一张缺了角的凉席，房间里有一个小桌子及几把塑料小凳子。受助的这个小女孩也就一岁多，她爸爸出了车祸，法院判的赔偿款没有得到有效执行，孩子的妈妈又改嫁了。当

外孙女思思

时爷爷背着她在房间里不停地走，可这个女孩儿还不停地哭，谁哄她都没用。这时思思似乎明白了什么，从她书包里拿了一个从北京带来的棒棒糖，将糖外边的包装纸打开后，递到这个小妹妹手里。没想到这个女孩儿接过棒棒糖立马就不哭了，思思看着这个小妹妹得意地笑了。在场的大人们不约而同地将目光投向思思，不停地说，思思你真棒！当时我想也许小朋友之间的心思是互通的吧。

平时我们饭后刷碗的时候，思思都会在旁边看。有一天思思说："姥姥我也想学刷碗。"我说："好啊！"于是思思拿个小凳子站在水池旁边，戴着一副胶皮手套开始学着刷碗。之后没多长时间，吃饭后她便主动去刷碗，站在凳子上边，一招一式有模有样的，最后还要将碗里的水控干净，分门别类放到碗柜里。思思小的时候我给她写了一首歌谣：思思我姓王，可爱又健康，从小爱劳动，长大我最棒！这首歌谣思思早就烂熟于心，每次劳动后都会高声说：从小爱劳动，长大我最棒！有时候还举着小拳头高喊"我最棒！我最棒！"此时，我们都会给她以鼓励和表扬。我曾经看过一些资料，说从小爱劳动的孩子，长大以后生活能力、工作能力都会比一般孩子强。思思三岁开始自己洗澡，自己洗头，还洗自己的小衣服，帮我擦地板、擦玻璃。总之连我的女儿都奇怪，思思怎么这么爱劳动呢！

平时在小区我们和思思一块儿散步的时候，她看到长辈都主动叫"爷爷好！奶奶好！"有一天我带思思在小区业主餐厅吃午饭，思思坐在我的对面，面对着大门的位置。我们正吃着饭，思思突然站起来往餐厅门口跑去，我回头一看原来是一位老爷爷坐在轮椅上，正准备掀门帘儿进来，思思马上跑过去，主动帮这位老爷爷掀开门帘，这位老者不停地说："谢谢！谢谢小朋友，你太懂事儿啦！"思思说："不客气！"

思思到三岁半的时候就去了一所学习国学的寄宿制学校——四海孔子书院,一周回一次家,之后思思六岁开始上小学一年级时,去了北京汇贤学校,这也是一所寄宿制学校。在教学内容上是体制内与体制外相结合,开设的科目也比较多,而且是小班教学。由于思思不到四岁就在寄宿制学校读书,所以到了汇贤学校,很快就适应了这里的学习生活,在班里虽然她年纪最小,但在女孩子当中她的个子最高,她与老师和同学关系都很好,思思的很多优秀品质,我想更多的是在学校和家庭的熏陶下,逐渐形成的。思思小学一年级的时候,有一次期中考试,语文取得了99.5分的好成绩,这个成绩很不错了,老师下发语文试卷,让同学们把错的地方改正过来。思思在拿到语文试卷后发现,有一个字是自己写错了,而老师却没有发现,她便主动把试卷交给老师,希望老师把她的成绩改过来。老师看到思思的举动也很吃惊,非常高兴地说:"你真是一个诚实的孩子。"在期末评选中给了思思一个特殊的奖"最佳魅力奖"。在每次周日返校时,思思都会带一些喜爱的小食品放在同宿舍同学的床上,分享给同宿舍的同学,这些细节是我送她去学校时才发现的。

　　我们带思思出国旅游,每次在机场乘扶梯的时候,她总是主动争取第一个上去或下去,之后站在扶梯旁边一个一个地搀扶我们团队的长者上去或下去。大家都很惊讶,整个旅行团中,思思是年纪最小的,她怎么会想到这一点呢?因为我们老两口儿冬天会在海南"猫冬",思思从六岁开始,就自己乘飞机从北京飞到海南,已经连续两年了。每次都是她妈妈把她送到首都国际机场,交给工作人员,到了海南我们在海口的美兰机场接她。在第一次自己乘飞机之后,思思还写了一篇周记,题目是"我第一次自己乘飞机"。我记得这篇周记的最后一句话是"当

外孙女思思

我在机场的出站口看见姥姥来接我的时候,我突然感觉自己真的长大了,能一个人乘飞机到海南了。"

一个孩子成长的决定因素是家庭教育,七岁前的教育对孩子成长非常重要,是今后教育的基础,就像盖房子一样,建房子要先打好地基。小孩子就像一棵小树苗,我们要不断地给它施肥浇水,同时要让它沐浴阳光雨露。

几年来看着思思的成长我们也有一些感受,我们通常说隔辈亲,但对孙辈确实不能过度地溺爱。心理学有一个"延迟满足"理论,是孩子自我控制的表现之一,反映的是一个孩子在面临种种诱惑时,能控制住自己的冲动,放弃即时满足的抉择取向,以及在等待中展示的自我控制能力。"延迟满足"是伴随人终身的一种积极的人格因素,是儿童由幼稚走向成熟,由依赖走向独立的重要标志。现在大多数家庭条件都比较好,孩子被满足来得太容易。爱孩子本没有错,但宠爱也要有"度",不能孩子们要什么就给买什么,久而久之,孩子就会养成任性、骄横的不良习惯。有一次我在超市看见一位妈妈带一个四岁多的女孩子在挑选玩具,我想可能是那个小朋友喜欢的玩具比较贵,妈妈不想买吧。于是这个女孩就在地上打滚,又哭又闹,旁边很多人围观,最后那位妈妈还是拗不过,满足了孩子的要求。当时我就想,如果这样下去,将来一定会出现很多意想不到的事情。我记得思思五岁时的一天下午,我带她去游泳,那天天气特别热。在回家路上,思思想吃冰棍儿。于是我们来到了小区的超市,思思在冰柜里不停地挑选。当时我还很奇怪,随便拿一个就行了呗,没想到思思拿了一个一块钱的冰棍儿。我问为什么挑了半天,选了这个冰棍儿,除了冰就是棍儿。思思说:"我就是想挑一个最便宜的冰棍儿。"我说:"下次姥姥帮你挑选一个好吧。"第二天,我们游泳后在回家的路上又到了超市，我选了品质比较好的"可爱多"给她。思思马上说："谢谢姥姥！"便与我一块儿到收银台去结账，结账后思思面对着结账的姑娘说："谢谢姐姐！"那位结账的姑娘惊讶地说："我还是第一次听到小朋友对我说谢谢呢！"马上说："小朋友，不客气！"随后思思将"可爱多"的包装纸打开用手高高地举着说："姥姥你先吃一口吧！"我说："为什么让我先吃呢？"思思回答道："孔融四岁能让梨。"我看着思思懂事的目光，还真是有点感动，马上说："谢谢思思！"

现在大多数家庭都只有一个或两个孩子，作为一名合格的父母，一定要学习一些与孩子成长相关的知识，包括教育学、心理学。另外，我们常说，榜样的力量是无穷的，孩子的父母、爷爷奶奶、姥姥姥爷就是孩子身边的榜样，言传身教非常重要。我们要求孩子做到的，自己首先要做到。很难想象父母在家里不停地玩手机，却要求孩子不能玩手机，去认真写作业；父母在那里没完没了地看电视剧，不读书、不学习，却要求孩子去看书学习；父母之间发生了矛盾，有时候当着孩子的面也会口出不逊，却要求自己的孩子要懂礼貌；父母要求孩子要讲卫生，他们却随地吐痰，乱扔纸屑，这样的行为与要求对孩子的教育效果如何。父母传递给孩子的不仅是语言，更重要的是行动。在孩子的整个成长期，他们都会模仿父母的行为，所以一个合格的家长要以身作则，注意自己的一举一动，要为孩子树立一个良好的榜样。

有一次，思思的姥爷告诉她，有些小朋友非常不幸得了白血病，要做放化疗，所以头发都掉光了。现在社会上有个慈善机构在民间收集头发，这样可制作成假发帮助这些小朋友。思思听了以后马上说："姥爷那我也要留头发，等长长了，也去帮助那些得白血病的小朋友。"听其言观其行，思思才七岁，小小的年纪就有

外孙女思思

一颗善良的心,她一直记着这件事情,她的头发确实不错,又黑又多,梳个马尾辫,等再长长点(需要30厘米长),我们一定要帮她完成这个心愿,让那些得白血病的女孩儿也有一头秀发。

2019年7月的一天,我女儿来电话说思思在学校发高烧了,她上班没有时间接,让我们带她去医院看病。我接思思直接去了医院,医生说是上呼吸道感染,告知要休息三天。下午思思体温还是38.2℃,我女儿下班后就马上开车到我家了。思思吃了药晚上早早就睡了,第二天早上体温降下来一点,但还是37.5℃。此时,思思对我们说:"我现在好多了,我要去学校。"我马上说:"你不记得医生说要休息三天呢,你为什么这么着急上学?今天是周五我们好好休息两天,下周一再去上学吧!"思思着急地说:"姥姥我们学校今天下午有全校运动会,我报名参加了两项比赛,其中有一项是两人三条腿,为了取得好成绩我与我们班的一个女生练习了一个星期呢,我如果不参加,她肯定会哭的,她现在与谁合作都来不及了,我们说好了要争取拿第一名。"听了思思这番话,我和思思的姥爷、妈妈真是有点感动。一个7岁的孩子就有集体观念,还考虑其他同学的感受,我们必须给予鼓励。之后我嘱咐思思要按时吃药,感觉体力还好就参加运动会,不行也不要勉强。我女儿马上与班主任张老师取得联系,又带着思思提前返回了学校。没想到的是,在那项两人三条腿的比赛中,她们还真的取得了第一名的好成绩。我看到思思和同学高兴地站在学校操场的领奖台上,一只手高高地拿着奖状,另一只手拿着奖品开心微笑的照片,感慨良多,这是一个多么可爱的孩子啊!

教育孩子就是一门学问,孩子是家庭的希望,也是我们祖国的未来,在教育孩子问题上,我们下再大的功夫也是值得的。家长宠爱孩子是天性,但教育孩子更需要智慧。我外孙女思思今年只有八岁,她的健康成长对我的工作也是极大的激励,她每一点进步都会令我兴奋不已,这可能就是隔代亲吧!看到她知书达理、爱学习、爱劳动、有礼貌、聪明、善良,我就由衷地为她高兴,她实实在在是我生命中的"小贵人"。

张敏书记

1968年11月,我随着浩浩荡荡的知青大军来到了山西省定襄县季庄公社季庄村插队落户。1971年,县委选调我到县委妇联会工作,当时全县八百多名北京知青中,只选调了两名当干部,我真算幸运的。之后县委组织部门又调我前往定襄县的受禄公社工作,半年后任命我为公社妇联主任,没过多久又任命我为公社党委副书记,当时全县知识青年中只有我一人担任这么重要的职务。

非常巧合的是,时任定襄县委书记张敏同志,正巧在我工作的受禄公社北庄大队下乡蹲点。我作为公社妇联主任、党委副书记,因工作关系会经常向县委领导汇报工作,听取意见。有时还会一块儿吃饭,一块儿劳动,一起聊天儿。因为张敏书记是从太原调到定襄县工作的,我又是从北京来到定襄县,都是从城市来到基层工作,所以共同语言相对会多一些。张书记对我从北京到农村插队，之后当了干部，工作又积极努力，给予了充分的肯定。对我当年在定襄县受禄公社开展同工同酬、号召各大队建立幼儿园、解放妇女劳动力等方面的工作给予了充分肯定。张书记说，你要认真总结受禄公社办幼儿园的经验，向全定襄县推广。毛主席说过"妇女能顶半边天"，如果妇女劳动力不能得到彻底解放，她们的作用就不能得到彻底的发挥，这半边天可是我们县发展的重要力量。

我记得张书记在北庄下乡期间，有一天发高烧，公社和大队干部都劝他好好休息，千万不要再下地干活儿了。为了保证他的休息，大队干部将张书记下乡住的大队妇联主任桃桃家的大门给锁上了。快到中午吃饭的时候，我们去看望张书记，发现房间里没有人，大家非常奇怪，大门锁得好好的，张书记是不可能出去的。正在疑惑时，突然发现院子的墙边立着一架梯子，难道张书记是从梯子上去的？正在这时，只见张书记和几个村干部手里拿着铁锹，有说有笑地走了进来。时任公社书记郝世恒着急地问："张书记，您真是上梯子之后又从两米高的墙上跳下来的吗？"张书记哈哈大笑地说："世恒算你猜对啦！"这件事给我的印象太深了，一个县的"一把手"，身体有病还在忘我地工作，用当今时髦的语言，我们必须给张书记多点几个赞！

之后张书记调回山西省商业厅担任厅长，在离开定襄之前他语重心长地对我说："虽然你工作很努力，但是文化程度只有初中，这样长期下去，会影响你的前途，你可要从长计议。我建议你最好回北京继续读书，补上文化课。"我当时真的很感动，心想，一个县委书记工作那么多，离开县里之前，还在牵挂一个曾是知青的小干部未来的发展。可调回北京是一件多难的事情啊！没想到的是，一年后张书记通过自己在北京工作的老朋友的关系，居然以干部单调的途径，真的将我调回了北京。

回北京之后，我没有辜负张书记的期望，克服困难，努力学习，先后取得了大专和本科学历，又参加全国律师资格统考，最终取得了律师资格。有一次张书记来北京开会，我们有机会见面，我认真地向张书记汇报工作，希望得到他的指点。张书记鼓励我说："书本知识固然重要，但你在农村插队和基层工作的11年，得到的锻炼是书本知识代替不了的，你要对自己有信心，千万不能自卑。你能坚持做儿童保护的公益，非常有意义，真是了不起，关心孩子的成长就是关心祖国的未来，我相信你一定会成为一名优秀的律师。"

之后，只要我有机会到太原出差，就会去看望我当年的老领导张敏书记。张书记的夫人王淑珍（退休前任山西省老干部局局长）像对待自己女儿一样，对我关爱有加，他们的孩子都亲切地称呼我毅伟姐。有时到太原出差，我会与张书记夫妇及曾经在定襄一起工作的好朋友牛辉林、唐竞夫妇相聚，大家一同忆往昔，一同聊家常，一同憧憬未来，其乐融融，感觉真好。每次到太原都是王淑珍阿姨亲自给我安排宾馆，还在她家里请我吃饭，热情招待。扁豆焖面还是当年我在张书记家学会的，我成家后在北京也会经常做，很有特色，家里人都爱吃。到太原出差之余，我们还一起打网球、打乒乓球，切磋技艺。30多年过去了，至今我与王阿姨还有联系，只要去太原我们一定要见见面，拉拉家常，向她汇报工作。

虽然2000年张书记就离开了我们，但他对我的教诲，我一直牢牢记在心里。当年如果没有他的鼎力相助，我也不可能调回北京，之后的事业发展也不会如此之成功，张敏书记应该是我生命中名副其实的贵人，我会永远怀念他。

陈景仁院长

陈景仁曾任北京教育学院朝阳分院院长，1964年我考入北京第四女子中学时，陈景仁院长曾是这所中学政治教研室的老师，是当年教育部门从高中毕业生中选拔留校教书的那批出类拔萃的人才之一。"文革"期间尽管他教书好，但那个年代由于他出身不好，也被整被斗过。没想到的是，20多年后，陈老师调到北京教育学院朝阳分院担任院长一职，我当时在教务处负责班主任工作。

1994年我参加全国律师资格考试，1995年取得了律师资格后的一天，陈院长非常认真地找我谈话。他说："我们中国要建成法治国家，老师要带头学习法律知识，你既然取得了律师资格，说明你在法律知识方面有一定的功底，你是否考虑在教师参加继续教育期间，针对老师开设法制教育课程呢？你认真准备一下，可以考虑先进行一次试讲。"我当时听了这番话眼前一亮，豁然开朗，马上答应陈院长，请他放心，我一定好好备课。经过近半个月的准备，我在参加继续教育的政治教师班，面对中学老师进行了一次试讲。之后陈院长和学院几位主要领导，组织召开学员座谈会听取反馈意见。没想到的是，听课的老师们对我的课普遍给予了比较高的评价，认为当今社会面对中学教师开设法制教育课非常有必要，不但能让教师们学到很多法律知识，还增强了法律意识，提高了法治观念。

多年的教育教学实践，使我认识到"教育者必须先受教育"，教师法律素质的提高，是学生法律素质提高的前提和基础。如果一名老师或一所学校的校长，不了解最起码的与学生成长相关的法律知识，这个学校出现任何法律问题都不奇怪。得到了陈院长和学校领导的支持和肯定，我对这门课充满了信心，开始尝试面对参加继续教育的中学新任教师、中学政治教师和其他学科的教师开设法制教育的公共课。听课学员最多的时候，达到200多名。老师们认真地做笔记，中间还会提出他们所在学校相关的各类法律问题，课堂气氛热烈。每次讲课后我都会留出20分钟左右的时间与老师们进行互动答疑，老师们普遍反映我的课非常"解渴"。有时课后我准备吃中午饭了，还有几位老师一直不回去，等着向我咨询一些学校甚至家里遇到的棘手的法律问题。咨询最多的是继承和婚姻方面的法律问题。在我耐心地解答之后，老师们都紧紧握着我的手说："现在当老师又有律师资格的太少了，您可是朝阳分院的宝贵财富，您对我们提供免费法律咨询，一分钱都不要，这样的律师到哪儿去找？"之后还有几位老师在我的影响下也参加了全国律师资格考试，年轻人脑子好使，经过努力也取得了律师资格。

由于我的这门课反响还不错，陈院长建议成立朝阳分院政法教研室，这样我从教务处就转岗到了政法教研室，成了一名名副其实的专职教授法律课的教师。为了不辜负陈院长的期望，我倍加努力工作，针对不同的学科老师，采取不同的教学方法，选择不同的案例。由于我们是弹性工作制，不坐班，我在北京市律师协会又申请成为一名兼职律师。为了预防朝阳区在校生违法犯罪，我面对朝阳区 500 名中学教师进行了一次问卷调查，问卷中有一项内容为"是否愿意参加院方组织的法院旁听活动？"我们称之为体验式教学。非常可喜的是，100% 的老师都希望参加法院的旁听活动。陈院长对这项活动非常支持，他说只要教学效果好，你可以大胆去尝试，我们要与时俱进、快半拍地开展教育教学工作。有陈院长的大力支持，又有老师们的实际需求，1996 年我便与朝阳法院少年法庭的刘鹏庭长联系，每个学期会带一批参加继续教育的老师到法院旁听未成年人犯罪案件的庭审。没想到这种体验式教学活动，一坚持就是 23 年，朝阳区有将近 5000 名中小学教师到朝阳法院参加过旁听活动。全国律师协会未成年人保护专业委员会主任佟丽华律师非常支持这一法制教育模式，之后还亲自参加朝阳分院与朝阳法院签署共建协议的仪式。这样朝阳法院正式挂牌成为朝阳区法制教育基地，我们称之为法制教育好课堂。2019 年，我第 43 次带队走进朝阳法院大法庭参加旁听活动时，张妍庭长告诉我，目前朝阳区普教系统在校生犯罪率已明显降低，她说这与多年来我坚持对教师进行普法教育息息相关。我想，如果没有陈院长的支持和鼓励，我在未成年人保护领域也不会有今天的成绩。

2012 年我和北京教育学院朝阳分院的几位退休老师与陈院长聚会时，我将获得全国优秀律师的奖章拿给他看，他接过奖章仔细地看了又看，之后高兴地对大家说："这可是全国优秀律师的奖章，王毅伟不简单呦！"我与朝阳分院的几位老教师会经常相约去看望陈院长，每次见面时陈院长都会诙谐地主动问我，王律师最近又在忙些什么？在汇报未成年人保护工作时，陈院长激动地说，这叫"快半拍"，看准的事情，贵在坚持，这是关系到中国未来的大事。还鼓励我一定要坚持做未成年人保护的事业，不能自满，要不断学习，持之以恒。

我原本打算在陈院长86周岁生日之际，与几位老师去看望他，面对面地向他汇报我的工作情况，聆听陈院长的教诲。没想到2019年7月15日他因脑出血医治无效，不幸去世。7月19日那天，我一大早从顺义赶到东郊殡仪馆去送老院长一程。当我看到陈院长的遗容时，眼泪不由自主地流淌下来，我有太多的话要对他讲，有太多的工作要向他汇报。在陈院长去世前不久，我通过他爱人平老师的微信告诉陈院长，朝阳区律师协会授予我"公益形象大使"称号。平老师很快在微信中回复我说："陈院长以你为荣。"20多年来，我取得的进步和获得的荣誉都离不开陈景仁院长对我的鼓励和支持，我永远怀念我敬仰的老领导——陈景仁院长。

另眼观己

二十年如一日体验式普法教育显成效
——王毅伟律师"教育者先受教育"经验侧记

静水 本刊记者

无论是在律师工作上，还是在未成年人普法事业上，全国律协未成年人保护专业委员会副主任王毅伟既见思想，又见行动。

作为一名有着44年党龄的老党员，王毅伟认为，律师除了应当维护当事人的合法权益外，还应该有社会责任感，有社会担当，多参与公益工作、参与公益性法律事务服务，踏踏实实做事，一步一个脚印，努力提升律师的社会信誉和地位。同时，王毅伟也在用自己的实际行动诠释着这一观点。她在工作中爱护弱者，待人亲善，办案认真，刚直公正。尽管她已年过花甲且已退休，但多年来工作热情依旧不减。

王毅伟独特的工作经历和人生阅历，使她汲取了教育和法

律的双重营养。早在 20 多年前，王毅伟还在从事教学工作做兼职律师时，她就创办了面对中小学教师的法制教育课程班，并组织教师到北京市戒毒康复中心和未成年人管教所参观。

"全国中小学生的法制教育已开展多年，效果显著，但是我们忽视了另一个受教育的主体——教师。"也许是教师与律师的双重身份，让王毅伟在法制培训方面有颇多的感悟。她认为，教师法律素质的提高，是学生法律素质提高的前提和基础。从某种意义上讲对教师进行法制教育比对学生进行法制教育更重要。她说："如果一个老师或校长没有法律常识，这个学校出任何法律问题都不足为奇。"她以独特的视角，针对在职教师法制教育培训较早地提出了"教育者先受教育"的理念，并探索出了一些使教育者接受法制教育的好方法。

从 1996 年开始，王毅伟在北京教育学院朝阳分院从事教学工作期间，为了全面提高教师法律素质，减少校园中的伤害事故，预防在校学生犯罪，使教育者先受教育，她创新举办了面对中小学教师的法制教育课程班。王毅伟是一个做事非常认真的人，为了证实开设这门课的必要性，她曾对中学不同学科的 500 多名教师进行了一次关于对在职教师开设法制教育课程的摸底调查。令她惊讶的是，90% 以上的教师从未学习过《中华人民共和国未成年人保护法》，对"学校保护"中的具体规定几乎一无所知。本来学校作为专门的教育机构，应该在保护和教育未成年人方面发挥重要的作用。但这样的现状让作为律师的王毅伟深为忧虑，她意识到，学校中未成年人权利保护的真正实现还有赖于目前教师法律素质的提高。因此，她率先在北京教育学院朝阳分院为中小学教师开设法制教育课程，并推动将法制教育课列为进修教师的必修课。

2017 年 12 月 1 日，北京市朝阳区人民法院一场庭审在进行当中。这不是普通的庭审,而是借助庭审现场精心设置的法制培训课堂。为了使教师真切地认识到当前未成年人犯罪的严峻形势,身临其境感受学校、教师作为侵权被告的庭审现场,了解民事、刑事诉讼程序,达到更好的法制教育效果,王毅伟想出了体验式教学的点子,探索出情景法制教育课堂模式。

她首先想到的合作伙伴是法院,法院是审判机构,全国80%以上的省、自治区、直辖市的法院都建立了少年法庭,专门进行未成年人犯罪的审判工作。于是,王毅伟与朝阳区法院少年法庭联系,每学期组织近百名教师到法院旁听涉及未成年人的典型案件。活动开始之前,王毅伟会向所有参加旁听的老师说明此次旁听的意义和目的,让他们了解审理刑事案件中涉及的最基本的刑法和刑事诉讼法知识,最重要的是提高教师预防和减少未成年人违法犯罪的法律意识和保护未成年人合法权利的意识,从而减少校园伤害。每一次旁听的案例都由审判长筛选,法官像教师备课一样精心准备并做到当庭宣判。休庭后审判长会针对校园中侵犯学生权益及在校生犯罪的案件提示告诫旁听的教师,在教育工作中应该注意哪些法律问题。老师还可以向法官提问,法官当庭解答。最后,审判长还要就朝阳区近年来在校生违法犯罪的现状、原因和对策与旁听的老师进行交流。每次活动结束,作为组织者,王毅伟会进行总结,梳理以庭审为平台的课堂内容。这种互动过程灵活地强化了法制教育的效果,从程序到实体,从理论到实践,从抽象到具体,从教室到法庭,一堂堂生动的法制教育课深深感染着参加旁听的老师们,他们普遍反映印象深,收获大,非常解渴,有一种心灵上的震撼。

法制课堂身临其境的体验式教学和立竿见影的成效,吸引了大批不同层次的人员慕名而来,听课者的队伍不断壮大,除了教师，从事未成年人保护的公益律师、高校学生、普教系统在校生、职业高中的学生等都加入了法制课程。迄今，王毅伟已经坚持开设法制课堂 21 年，成功举办了 40 期，参加旁听的人数约 4000 人次。她二十年如一日的法治宣传教育实践也证明，对中小学教师坚持进行法制宣传教育是减少校园伤害、预防未成年人犯罪的有效途径。就北京市朝阳区而言，校园伤害案件和在校生犯罪案件已明显下降，这样的结果让王毅伟感到欣慰。

作为全国律协未成年人保护专业委员会的副主任，王毅伟一直热爱着她所从事的律师事业和未成年人权益保护工作。除了未成年人保护普法教育和培训外，王毅伟积极从事未成年人保护实践，办理的未成年人维权案件不计其数，并积极开展未成年人保护研究工作，还利用各种机会，在适当的场合对外介绍、推动未成年人保护事业，争取到更多的资源来推动这项事业的发展。"中国未成年人法律援助与保护专项基金""未成年犯助学奖励基金""爱心电脑教室""'新起点·小额爱心'基金资助"等项目都渗透着她的努力和希望。

肩负着对社会的一份责任，带着对迷途少年的一片关爱，王毅伟已经把未成年人群体普法教育当作自己每天必做的工作。年过六旬的王毅伟表示，只要未成年人权益保障事业需要，她会继续全力以赴，为未成年人的健康成长踏踏实实做些有益的工作，用理性与正气捍卫法律的神圣，用柔情与爱心守护孩子们内心的希望。

《中国律师》2017 年第 7 期

不忘初心、不负时代，
她做了一个律师该做的事

——律师王毅伟访谈录

导语：

她是一名有着数十年党龄的老党员，也是一名资深的成功律师，更是一名热衷于未成年人保护事业的公益人。她免费为身处困境的未成年人提供法律援助，为他们撑起一把"法律伞"；她成立了中国第一个未成年人司法保护专项基金，用爱温暖孩子们受伤的心灵；她还创新举办面对中小学教师的法制教育课程班，提升教育者的法律素质，一办就是二十二年……她就是全国律师协会未成年人保护专业委员会副主任，王毅伟。

个人简历：

王毅伟，1994年从事律师工作；1999年成为"中国青少年犯罪研究会"会员；2000年成为首批"中国律师未成年人保护志愿协作网"协作律师；2006年成立中国首个未成年人司法保护专项基金；现任全国律协未成年人保护专业委员会副主任。

1996年，王毅伟创新举办面对中小学教师的法制教育课程班，全面提高教师法律素质，减少校园中的伤害事故，预防在校学生犯罪，使教育者先受教育。

1999年，王毅伟将目光投向这样一群孩子：判诉得不到赔偿的未成年人；在押少年犯；服刑在教人员的未成年子女；18周岁以下吸毒、身在未戒所的孩子。十几年来，她的足迹踏遍山东、山西、河南、河北、贵州、云南、内蒙古等十多个地区，累计捐资200多万元，为3000多名身处困境的儿童捐款、捐物，提供法律援助。

曾获全国优秀律师、北京市优秀律师、北京市未成年人保护工作先进个人、北京市公益之星、北京市十佳女律师、全国保护未成年人特殊贡献律师等荣誉。

正文：

"在中国30多万名律师中，有这样一部分人，和我一样是老三届，在最应该读书的年龄却随着浩浩荡荡的大军到农村去'接受贫下中农再教育'。"王毅伟说，到山西农村插队的那年，她刚满17周岁。如花的年纪，就与当地农民"同吃同住同劳动"。11年的同甘共苦、农民身上的朴素品质和基层干部忘我的工作精神深深地感染了王毅伟，从那个时候起，她就暗暗有了一个信念：将来不论从事什么工作都要真正为基层老百姓做些实事，因为——他们太苦了。

1994年，王毅伟通过全国律师统考取得律师资格，开始了兼职律师的工作。1999年，王毅伟把目光投向了这样一群孩子：判决胜诉得不到赔偿的未成年人；在押少年犯；服刑在教人员的未成年子女；18周岁以下吸毒、身在未戒所的孩子……这些孩子大部分因为家庭原因，小小年纪就遭遇到"多舛的命运"，为了帮助他们战胜困难，重拾步入社会的信心，王毅伟努力了二十多年。

她免费为这些孩子提供法律援助，尽自己所能帮助他们；她多方筹集，成立了中国第一个未成年人司法保护专项基金，为这些孩子们送去善款、送去温暖；她举办面对中小学教师的法制教育课程班，使教育者先受教育，一办就是22年。

二十余年如一日，她的足迹踏遍了山东、山西、河南、河北、贵州、云南、内蒙古等十多个地区，累计捐款200多万元，为3000多名身处困境的儿童捐款、捐物，提供法律援助，所到之处，惠及的孩子们亲切地称她为"王奶奶"。

在未成年人保护的公益事业上，王毅伟律师走在前头，干在前头：庄严的法庭上，有她雄辩的声音；法制教育的课堂上，有她认真的面庞；筹集募捐的活动上，有她真情的告白；困境儿童家里，有她关切的话语……

义务援助，为孩子们撑起"法律伞"

王毅伟律师曾与北京青少年法律援助与研究中心的律师共同代理过一起最高人民法院指令再审的案件。再审申请人是一名来自山东贫困山区的16岁的女孩。这个女孩14岁来到北京，为一个开黑作坊做豆制品的老板打工，在一次操作时被质量不合格的机器轧断了右臂，不得不截肢。虽然法院判决黑作坊老板赔偿60多万元，但遗憾的是，法院根本找不到被执行人。四年过去了，这个女孩一分钱也没有得到。年纪轻轻，没有学历，没有工作，又失去了右臂，身心饱受煎熬的女孩曾经想过轻生。

但就在她最绝望的时候，王毅伟律师接过了这个案子。

王律师不断思考、深入调查，经过三年的不懈努力，终于找出案件的关键依据。最终，最高人民法院指令北京市高级人民法院再审。在法院的调解下，女孩在断臂四年后终于拿到了她应得的赔偿款。帮助女孩拿到赔偿款后，王律师还不断鼓励女孩要鼓起勇气面对困难，力争考上大学。女孩不负期望，回到老家继续读书，最终考取了山东省工会干部管理学院社工系，改变了自己的人生。

多年来，王毅伟律师还义务代理了多起未成年人保护方面的案件，如帮助从未得到母爱的少年上户口，帮助服刑人员子女解决抚养问题，帮助判决胜诉却执行不了、家庭困难的少年儿童，等等。

一个善举浇灌出一朵成功之花，绽放的花朵永远不忘感恩，失去右臂的女孩用左手给王毅伟律师写了一封感谢信，信中有这样一句话："是您让我从不幸中找到了幸运，我会好好生活的。"

仿佛废墟中瞬间开出千万朵鲜花，仿佛夜空中刹那划过无数颗流星。"好好生活"，对这些得到帮助的孩子来说，是最好的未来；而对无私奉献、不求回报的王毅伟律师来说，是最好的回报。

成立专项基金，用爱抚慰受伤心灵

"谢谢王律师，谢谢王律师！恩人，恩人呐！"一位仅有30岁出头却已是满脸沧桑、满手老茧的妇女紧紧地握着王毅伟的手，泪流满面，不停地重复着那几句话。

这个场景发生在北京市高级人民法院，这位妇女的丈夫被他人伤害致死，法院让她来领判决书，伤害她丈夫的人被判处死刑却没有经济赔偿能力。丈夫被杀害，没有经济赔偿，带着两个孩子，生活的重压集中在这个年轻的妈妈身上，她几近崩溃。最终帮助她的是王毅伟律师成立的未成年人保护专项基金。

"1998年，我有幸结识了以佟丽华为代表的专门从事未成年人保护的律师团队，从此走上了用法律保护未成年人权益之路。"王毅伟律师说："后来我们成立了中国第一个未成年人司法保护专项基金。"

讲起专项基金的成立，王毅伟律师语气中满是骄傲与感激。2002年时，她接受委托办理一个最高法院再审的案子，经过四年的艰辛努力，最终彻底胜诉。这个案子的委托人是香港一个知名企业家，当他得知王律师在从事未成年人保护事业时非常感动，为她们捐了100万港币，后来又捐助了50万港币。正因为有了这笔捐款，中国第一个未成年人司法保护专项基金才得以成立。"他们公司法务部的黄律师从2005年开始，每年都给我们捐款，此后13年从来没有间断。"王律师感激地说。

未成年人司法保护专项基金帮助的第一部分人，就是判决胜诉却得不到赔偿、家庭生活困难的未成年人。"我们这个项目叫作'新起点·小额爱心'，为那些没有得到有效执行，家庭生活又非常困难的未成年人提供2000元的捐助。"王律师说。"小额爱心"基金项目还帮助了一些遭受暴力侵害的未成年人，帮助他们走出阴霾，重新燃起对生活的热情和信心。

十几年来，王毅伟律师亲力亲为参与"小额爱心"基金的捐助工作，为孩子们颁发"小额爱心"基金，从孩子们期许的目光和纯真的笑颜中，王毅伟感受到他们确实在做一件了不起的事情。她说："虽然不能保证'小额爱心'项目对所有孩子的一生有多大的影响，但就目前的情况而言，这能缓解他们暂时的家庭困难，让他们感受到社会的关爱，温暖孩子们受伤的心灵。"

历史长河里的十几年,是弹指一挥间,而一个人的一生能有几个十几年?在这短暂又漫长的十几年中,王毅伟的足迹遍布全国十几个地区,直接捐助未成年人近2000人。

百年树人,让教育者先受教育

无论是在律师工作上,还是在未成年人普法事业上,王毅伟律师都是既见思想,又见行动。独特的工作经历和人生阅历,使她汲取了教育和法律的双重营养,早在20多年前,王毅伟在从事教学工作做兼职律师时,就创办了面对中小学教师的法制教育课程班,用以提升教师法律素质,减少校园中的伤害事故,预防在校学生犯罪,使教育者先受教育。

"全国中小学生的法制教育已开展多年,效果显著,但是我们忽略了另一个受教育的主体——教师。"王毅伟认为,教师法律素质的提高,是学生法律素质提高的前提和基础。从某种意义上讲,对教师进行法制教育比对学生进行法制教育更重要。"如果一个老师或校长没有法律常识,这个学校出任何法律问题都不足为奇。"她以对在职教师法制教育培训的独特视角,较早地提出了"教育者先受教育"的理念,并探索出了一些未成年人保护法制教育的创新、务实的好方法。

秉持着"教育者先受教育"的理念,王毅伟律师率先在北京市开设面向中小学教师的法制教育课程班,甚至推动法制教育课列为进修教师的必修课。除了通过课堂对教师进行法制教育外,为了达到更好的教学效果,王律师还探索出了情景法制教育课堂模式,即体验式教学,让教师深刻地认识到当前未成年人犯罪的严峻形势,身临其境地感受庭审现场,再将他们最直接的感受传达给学生,全面提升法律素质。

从1996年至今,王毅伟律师创办的法制教育课程班已经坚持了23年,成功举办了40多期,参与旁听的人数达4000余人次。

肩负着对社会的一份责任，带着对迷途少年的一片关爱，王毅伟律师已经把未成年人保护当成了自己每天必做的工作，她把每一个孩子都当作自己的孩子一样地爱护和教育，她已成为众多孩子的王老师和王奶奶。

作为一名公益律师，她在孩子期许的目光中感受到了肩上的责任，在孩子受助后的笑脸中收获了幸福与满足。正是这样一个刚柔并济的女律师，用自己的理性与正气捍卫着法律的神圣，用自己的柔情与爱心守护着孩子们内心的希望。她不懈的付出与坚守，为孩子们创造未来和梦想，也为国家和社会播种光明与希望。

北京市顺义区仁和镇政府文明办

2018 年 7 月

人间自有真情在，大爱无言写春秋

——王毅伟律师访谈录

海南省临高县人民法院

> 仅仅一个人独善其身，那实在是一种浪费。上天生下我们，是要把我们当作火炬，不是照亮自己，而是普照世界；因为我们的德行尚不能推及他人，那就等于没有一样。
>
> ——莎士比亚

未成年人是特别需要关爱和支持的群体。把陷入困境的未成年人作为救助的对象，是临高县人民法院延伸司法审判职能，促进社会管理创新的一项重要举措。多年来，我院稳妥推进"未成年人司法救助"工作，最大限度地帮助权益受到侵害的未成年人积极乐观地生活、学习。自2012年以来，临高法院在充分利用政府救助资金的基础上，积极面向社会筹集慈善捐款。因此，临高法院接触到了王毅伟夫妇，有了那些感人的故事。

邵卫清年轻时曾在海南当过兵，后来在北京法院工作，王毅伟女士是全国律师协会未成年人保护专业委员会副主任，主要从事青少年的保护工作，曾于 2008 年被北京市律师协会未成年人保护专业委员会、北京市人事局评为"未成年人保护先进个人"，于 2009—2011 年先后荣获"全国优秀律师""北京市律师协会十佳优秀女律师"称号，被全国律师协会授予"全国保护未成年人特殊贡献律师"称号，是全国青少年普法教育活动办公室"青少年普法教育宣讲团"专家组成员，国务院妇女工作委员会两纲评估督导专家组成员等。王毅伟女士也因为工作原因和邵卫清先生一起与临高这个国家级贫困县结下了不解之缘。

2012 年，王毅伟女士代表北京青少年法律援助与研究中心、中华全国律师协会未成年人保护专业委员会到临高开展"新起点·小额爱心"基金捐赠活动，对临高法院所受理的刑事、民事案件中，未成年人权利受到侵害的 7 位未成年人捐赠 14000 元，这是该基金会在海南省发放的第一笔爱心善款。在捐赠仪式上，王毅伟女士介绍说，"新起点·小额爱心"基金项目资金来自于社会爱心人士的无私捐款，资助对象限于受到重大人身伤害的未成年人；受到性侵害而继续救治、心理治疗的未成年人；失去监护、抚养费无法落实的未成年人，以及其他权益受到侵害需要救助的未成年人。

2013 年，王毅伟女士再一次代表"新起点·小额爱心"基金会对临高籍 11 名未成年人捐赠 22000 元的爱心善款。王毅伟

女士当时说道，我们的爱心基金会就是希望能够帮助孩子们渡过暂时的困难，扬起人生的风帆，让他们在社会上健康成长，为孩子们的幸福生活构筑起一道坚强的保护屏障。

2014年，王毅伟夫妇带着他们的朋友胡迎庆夫妇来到临高，用他们两个家庭的个人积蓄为临高籍12名未成年人捐赠了40000元的善款。

2015年，王毅伟夫妇仍然以个人的名义向6名临高籍未成年人捐赠了20000元爱心善款。

2016年，王毅伟、胡迎庆两个爱心家庭发动北京服装学院的师生为临高籍未成年人捐赠一批衣物和学习用品等。

2017年是特别的一年，王毅伟女士在临高县人民大会堂开展了"如何预防和减少在校生违法犯罪"的专题讲座，吸引了当地中学在校老师的参加。讲座不但讲述如何预防和减少在校生违法犯罪，还分析了未成年人受侵害案件的情况，普及了法律知识，重点谈到了那些权益受到侵害的孩子们艰难的生活情况，尤其是说到那些孩子们不幸的境遇时，在场的人无不为之动容。在讲座结束后各位老师纷纷表示希望能尽自己的职责教育管理好学生，并表示从自身做起对那些不幸的孩子施以爱心捐助。讲座既宣传了法律知识，又产生了良好的社会影响，引发了社会各界的广泛关注和好评，这也成为他们开展多样化爱心援助活动的一个开端。

这六年来，王毅伟夫妇不仅出现在捐赠仪式上，还亲自前往受赠者家中走访慰问，了解情况，帮助受赠对象重新树立生活的信心。在他们的捐助对象中有一个叫玫玫的小女孩。她的母亲受到了侵害，在她只有一两岁的时候去世了。她自小由爷爷奶奶抚养长大。得知这一情况后，王毅伟夫妇立即前往玫家，了解玫玫的生活情况，为玫玫送去了生活上的关怀。王毅伟夫妇在工作之余还帮女儿带孩子,他们还向玫玫的爷爷奶奶分享他们带孩子的经验,为老人送去精神的安抚。

还有一位叫康康的小男孩,他的母亲是一位精神病患者,他的父亲在工作过程中不幸被井架砸死,这对于一个原本生活条件就较差的家庭来说,更是雪上加霜了。王毅伟夫妇前往康康家中细致地了解情况,并安慰、鼓励康康。王毅伟女士对康康说:"成长路上,风雨有时难以预料,也许生活苦痛,也许压力难抗,但是千万不要放弃希望,要始终相信在前行的路上不止你一人,社会上还有很多人在用关爱陪伴着你,支撑着你。"康康表示一定会努力,长大以后一定要做个有用的人,帮助更多需要帮助的人,回馈社会。康康家中还有一位姐姐,当时正好在上高中,王毅伟夫妇也和康康姐姐促膝长谈,进行了细致深入的心理辅导和鼓励,传播正能量。之后,康康姐姐在逆境中自强不息,奋发进取,考上了理想的大学。

权益受到侵害的未成年人的情况往往比一般的困难家庭儿童的命运更为坎坷,这些孩子都遭遇到自身或父母权益受侵害,有的是单亲家庭,很多则是随祖父母、外祖父母生活,没有固定的生活来源,希望通过诉讼途径维护权益,却遇到被执行人无力履行、在判决生效后权益无法得到保护的困境,而且其中许多孩子原本就家庭贫困,现在生活更加困难。受侵害事件给他们幼小的心灵造成了极大的伤害,让他们本该无忧无虑的童年蒙上了一层阴影。加上处于弱势的地位使他们往往孤立无援,遑论使用法律的武器去捍卫自己的合法权益。

王毅伟夫妇以基金会和个人的名义,已通过现金捐赠资助了近百名权利受侵害的未成年人。其中一名受赠人阳阳的母亲曾在感谢信中这样写道:"阳阳是苦命的孩子,同时又是幸运的孩子,两岁的时候发生不幸的事,造成了身体伤残,但是人间还是充满了温暖，王毅伟、胡迎庆两个家庭的捐赠真是雪中送炭，向孩子伸出了温暖的双手，帮助了我们这个贫困的家庭，这些赠款我将全部用于解决阳阳健康成长的问题。无论阳阳的生活怎么样，我将教育他在今后的学习中，一定要更加勤奋刻苦，争取以更优异的成绩来回报社会，决不辜负社会各界对他的关心和厚爱。"

王毅伟夫妇年纪大了，身体也不太好。但他们没有因此而放弃去帮助、探望那些权益受到侵害的未成年人。很多受捐助的对象都住在偏远地区，路途遥远，交通不便。他们夫妇专门在海南买了一辆车，全程都自己开车在颠簸崎岖的乡间小路来回穿梭，前往受赠人所在村庄家访。

当善行成为习惯，美德就无形地树立在了人们心中。在每次爱心捐赠活动开展之前院里都会准备一个捐赠仪式。捐赠人、被捐赠的对象以及县政府的相关部门、院领导都会参加这个仪式。每次当这对老夫妇站在台前的时候总能收获最多的鲜花和掌声。这是对发自内心的善行善举的鼓励和回报。在一次活动仪式上，临高县政府时任副县长表示："王毅伟夫妇多次来临高捐款，对临高的未成年人保护事业倾注了极大的热情，令人敬佩。他们的义举代表了许许多多关心未成年人健康成长人士的爱心，希望更多的有识之士，继续关爱未成年人的健康成长，积极关注权益受到侵害的青少年，继续投身到救助权益受侵害的未成年人的工作中来。"

王毅伟夫妇还经常和基金会的同事以及爱心志愿者们去参加各类爱心和法律援助的活动。有时常常要长途跋涉，而且路上的开支以及住宿费都是自掏腰包。为此，老夫妇生活非常节俭，甚至节衣缩食。这在许多人眼中可能都是那么的不可思议，为什么不趁着退休有时间去四处游山玩水，或者靠着积蓄颐养天年呢，为什么要花钱找罪受？每次听到这样的言论，老夫妇都是淡然处之，不为所动。我知道他们已经将帮助这些孩子作为心灵最大的快乐，这也是推动他们继续前行的动力，这就是善行善举的力量。

在不断帮助别人的过程中，王毅伟夫妇感到自己的力量是有限的，只有让社会上更多的爱心人士加入到关爱的行动中，爱的暖流才会浇灌出温馨的花朵，爱心的力量才会不断壮大。他们多次代表基金会参与爱心捐赠活动，并亲自去宣传动员，与志愿者一起通过网络、自媒体等进行活动宣传，动员身边的亲朋好友参与到关爱活动中，迄今他们两夫妇已代表基金会捐赠多笔爱心善款，也接收到了来自社会各界的爱心善款，越来越多的人加入到了爱心捐赠的活动中。

王毅伟夫妇的朋友胡迎庆夫妇在参加活动后深情地向院里领导表示："当参加爱心活动后，我被深深地触动了，我没想到慈善的力量居然可以如此让人感动，如此让人心潮澎湃。看到那一张张天真可爱的笑脸，我突然就觉得自己浑身充满了力量，觉得我的捐赠是那样有意义。我会继续将自己的力量投入到爱心捐助事业当中。"

王毅伟从事爱心捐赠从来不张扬，更不会要求媒体宣传，也从不要求被捐赠人向他们回报什么。他们就是这样默默无私地奉献，用他们的关爱和知识去帮助那些需要被帮助的人。我认为这就是真正的关爱，这就是真正的大爱无言。

一个人做点好事并不难，难的是一辈子做好事，更难的是能带动大家共同做好事、做善事。"赠人玫瑰，手有余香"，他们在奉献中也收获了别人的感激之情，感受着无偿奉献所带来的人生快乐。

王毅伟夫妇的善行义举让人感动，值得每一个人去思考与学习。

许多人参与捐赠是为了名和利，他们挂着慈善家的名头四处招摇，宣扬所谓的善意和爱心，实际上是出于宣传的目的，满足的是他们的虚荣心。有的人捐赠是用来弥补内心的愧疚和填补内心的不安。这些人往往经济都比较富有，也就给很多人造成了慈善是有钱人的事的错误印象。实际上，金钱不能抚平一切，也许一番温情的话语，一次热情的扶助，就能让那些缺少关爱和身处困境的人，感受到生活的阳光。

王毅伟夫妇低调地进行着他们的捐赠，不图回报，默默地为那些需要帮助的人送去物质和精神的援助，送去关爱，是发自内心的善举。他们帮助了一个个身处困境中的未成年人赶走阴霾、照亮前程，让他们真真切切地体会到了社会主义大家庭所特有的温情和友爱。这是我们每个人都可以做到的，也是我们每个人都应该做到的。

一笔笔爱心善款奏响一曲曲动人的旋律；一封封感谢信书写了一个个动人的故事。王毅伟夫妇的善行义举使面临困境的孩子得到了支持和帮助，使那些权益受到侵害的未成年人能够健康快乐地成长。他们在临高播下了爱的种子，也把他们的名字深深地留在了临高法院人的心里。

久久为功,大爱无疆

山西省律师协会副会长　彭建荣

听闻王毅伟律师准备将自身从事未成年人保护公益事业数十年的经历整理出版,不胜鼓舞欣喜!王毅伟律师现任全国律协未成年人保护专业委员会副主任,在推动全国律师行业未成年人保护公益事业中声誉卓著。我和王毅伟律师的相识相知,始于2013年我担任山西省律师协会副会长并兼任山西省律协未成年人保护专业委员会主任期间,为支持配合王毅伟律师在山西省范围内开展行业未成年人保护公益事业,如此方有机会近距离接触和了解王毅伟律师朴实丰满的人生经历。

知青插队,情系山西。王毅伟律师是地地道道的北京人,17岁时积极响应党的号召作为一名知青到山西省定襄县的农村插队,此后11年的知青生活在她人生轨迹中留下了不可磨灭的

烙印。在定襄县插队期间，由于表现优秀，她被选拔到县妇联，历任公社妇联主任、公社党委副书记、县百货公司副主任等职务，在不同的工作岗位上得到了很好的锻炼。在基层工作的11年，王毅伟同志粗茶淡饭甘于奉献，与当地农民朝夕相处打成一片，培养出情系民生、朴素扎实的工作作风。1979年王毅伟同志接受组织安排调回北京，但她深深怀念着在山西工作生活期间这段宝贵的人生经历。"山西是我的第二故乡"，王毅伟律师每次来山西开展公益工作都会把这句话挂在嘴边，举止言谈间难掩对山西这片故土的热爱和对山西老乡的亲近。

目光所及，不遗余力。了解一个人最好的方式，莫过于了解这个人的过往事迹。熟悉王毅伟律师的人都知道她对未成年人利益的关切与名利无关，纯发乎于天性：为了帮助17岁男孩拿到属于自己的户口和身份证，她可以受尽委屈，用坚忍不拔的毅力和愈挫愈勇的志气，为男孩争回在阳光下自由呼吸的权利；在黑作坊打工的14岁女孩遭遇不幸被截肢，她用3年的时间帮助女孩成功申诉并拿到了几十万元赔偿款，用"马拉松"式的坚守生动诠释了"不抛弃、不放弃"的生活含义，用"心贴心"的法律援助行动，融化了女孩早已冰封的心……

足行千里，帮扶落地。王毅伟律师不计得失、不遗余力持续推动未成年人保护事业的做法，得到了香港有识之士的认可和支持，并由此设立了"中国未成年人法律援助与保护"专项基金。基金下设"新起点·小额爱心"资助项目，是中华全国律师协会未成年人保护专业委员会和北京青少年法律援助与研究中心共同发起并组织实施，以家庭贫困的未成年人为帮助对象的社会公益项目。山西省开展该项工作最早，多年来王毅伟律师足迹遍及三晋大地，资助项目覆盖全省忻州、大同等11个地市，持续、累计开展资助活动11次，捐助资金40余万元，

330名家庭困难的未成年人接受了捐助。"新起点·小额爱心"资助项目在山西省捐助次数、捐助金额、受捐赠家庭、受捐赠未成年人人数皆位居全国首位！每一次捐助活动，都可以说是一场润物无声的现场教育活动，使每个孩子、每个家庭、每个现场参与者都能感受到社会的关怀和公益律师的大爱。此项活动得到当地人大、法院、检察院、团委、司法局、教育局、律协等部门的大力支持和高度评价，为社会增添了正能量，为贫困孩子撑起了一片蓝天，取得了良好的社会效果。

为帮助未成年犯重返社会后掌握谋生技能，减少二次犯罪，王毅伟和香港的黄倩仪律师设立了"未成年犯助学奖励基金"，并与山西省律师协会、山西省未成年犯管教所、山西华闻律师事务所等多家律师事务所共同设立了"山西省未成年犯管教所电工实训室"。为推动基层律师投身社会公益事业、甘于奉献，起到了积极的引领作用。

风起于青萍之末，人生有涯而业无涯。在习近平同志的正确领导下，当前举国上下正在为"实现中华民族的伟大复兴"这一新时代命题而不懈努力。"少年智则国智，少年强则国强"，国家强盛的澎湃动力，无疑来自对未成年人健康茁壮成长的展望和期许。在国内发展、国际关系格局深刻变化的今天，积极探索建立未成年人身心健康护理、预防和保护工作机制更显得任重道远。有着47年中国共产党党龄的王毅伟律师近20年来立足本职、一以贯之、身体力行地积极推进行业未成年人保护工作，其眼光、胸襟、品行、毅力，无不让人心生敬佩！

真心期待这部汇集了王毅伟律师半生心血的著作问世；真心期待广大青年律师能从王毅伟律师成长的心路历程中汲取能量，获得启迪；真心期待这份宝贵的正能量在业界久久回响、激荡。

王毅伟情系少保中心

石家庄少年儿童保护中心

石家庄市少年儿童保护教育中心（简称少保中心），是石家庄市委、市政府建立的专门接收、保护、教育流浪儿童和服刑人员未成年子女的机构，2002年建立，2007年从保护教育流浪儿童逐步变为保护教育监护人无法履行职责的服刑人员未成年子女。成立以来，共保护教育弱势儿童1423名，其中流浪儿童876名，90%回归了家庭，服刑人员未成年子女447人。少保中心从建立到发展，除了党和政府的支持，也离不开社会各界的爱心援助。王毅伟律师代表全国律协未保委"小额爱心"项目对于少保中心的援助从2009年开始，至今未中断。他们的爱心如涓涓细流，温暖而绵长。

说起2009年的那个夏天，仿佛就在昨天。

2009年对于少保中心，就如2003年11月对于少保中心的意义一样重要。2003年，少保中心召开了"救助流浪儿童国际研讨会"，会议邀请了多个国家和国内著名的专家学者参会，开展对救助流浪儿童问题的研讨，全国律协未保委主任佟丽华参加了研讨会，少保中心从此开始了与全国律协未保委的不解之缘。

2009年6月,石家庄市少年儿童保护教育中心在成立7年之际,在救助对象由流浪儿童转型为服刑人员未成年子女两年之后,召开了"全国服刑人员未成年子女保护教育研讨会"。会议邀请了全国律协未保委、北京大学、中国社会科学院、上海社科院、中国人民大学、中国人民公安大学等专家学者出席会议,会议取得了丰硕的研究探讨成果,编辑了会议文集。就在这次会议上,全国律协未保委副主任王毅伟代表全国律协参加了研讨,并做了中肯的发言。王主任从少保中心长远发展的角度,对于教师的职业培养和业务培训提出了针对性的意见,对于中心工作开展有着很好的借鉴作用。会后,青年教师争相和王主任交流,王主任通过自己曾经当教师的经历,与青年教师谈心,给予指导。虽然是第一次见面,但中心教师都感觉王主任非常亲切,没有架子,通过交谈十分受益。

研讨会后,专家们陆续返程。王主任向中心提出想要去再次看看中心师生工作生活的场所,中心领导后来回忆说,不知道王主任什么意思,研讨会刚刚带领专家们参观了中心教育教学和生活设施,还有必要再次参观吗?不会是风格利落的王主任要挑中心什么毛病吧?在犹疑中,中心领导再次带领王主任参观中心。其间,王主任问,中心还有什么实际困难吗?中心领导回答,肯定有很多困难,但是各位专家远在外地,除了理论上给予指导,其他方面恐怕也不是很方便。言外之意,远水解不了近渴。王主任再次重申,有什么困难先讲出来,也许有办法解决。中心领导说,孩子们没有锻炼的器材,除了跳绳就是毽子、篮球。王主任问,健身器材大概需要多少钱?中心领导回答,不好说,怎么也得一万元吧。王主任听了没有说什么,只是点点头。王主任离开中心后,中心领导们议论说,王主任应该是被吓住了，不敢表态。

当时没有表态的王主任其实心里已经悄悄做了一个决定，决心说服未保委领导和委员们为少保中心进行捐赠。大概一个月之后，回到北京的王主任给中心回复：捐助三万元，看看能为中心做些什么，要真正用到孩子身上，为孩子们服务。中心领导和师生们震惊了，甚至有点不敢相信接到的电话内容是真实的。当时努力提出的一万元的要求，还觉得会吓跑这位北京来的利索、精神、干练的女律师呢，没想到，竟然给予中心三万元的捐助，这是真正要为这些特殊的困境儿童做实事啊！感动之余，中心经过慎重的集体讨论，认为让孩子们有一个强健的身体是十分重要的，必须认真完成王主任的捐赠项目，仔细挑选健身器材，货比三家，精挑细选，不辜负王主任的一片仁心和爱心。

王毅伟主任代表全国律师协会未保委捐赠的三万元的健身器材在中心安装完毕，这些健身器材成为中心一道亮丽的风景线，成为中心师生最喜欢的地方，成为孩子最爱的乐园。从此，这些健身器材陪伴着一拨又一拨的孩子锻炼、健身、游戏、玩耍，健身器材区也见证着孩子们的成长，见证着中心的发展，见证着少保中心、王毅伟主任、香港黄倩仪律师和中华全国律协未保委的情深意长。

王主任之所以能够信心满满地决定捐助中心这些服刑人员未成年子女，是因为她是"小额爱心"项目的负责人，还因为她有一个多年的好友，香港律师黄倩仪——"小额爱心"项目的资金提供者。王主任从少保中心回到北京之后，立即和黄律师通了电话，介绍了中心这些特殊困境儿童的情况，黄律师嘱托王主任一定要给予这些孩子特殊的关爱，并代表她每年去看望少保中心的老师和孩子们。

接下来的每年的"六一"儿童节前夕，中心都会接到王主任代表全国律协未保委和黄律师打来的电话，话语一直没变：虽然钱不是很多，还是要为中心做些什么。2010年，为中心孩子们购买了夏天的衣物，价值5000元；2011年，为孩子们购置了新床单、被罩等床品，价值6000元；2012年，为中心重新修建了漂亮的美术室，成为中心一道亮丽的风景，价值5000元；2013年为中心购买了心理沙盘，充实了心理室，为孩子们的心理健康提供了有力保障，在这里孩子们也是流连忘返、念念不忘，价值6000元；2014年，为孩子们新换了书包等学习用品，价值5000元；2015年，更是加大了力度，为中心购买了新型心理沙箱，购买了夏天的衣物，价值10000元。之后的每年，一直到2019年，"六一"前后或者9月新学期开学，王毅伟主任和全国律协的律师都会来到中心为孩子们捐赠新衣服，重新装饰心理室，更新美术室，增添物品，等等，已经持续了十几年。

特别是在2012年9月，黄律师在王主任陪同下亲自前往少保中心参观并指导工作。当时正值中秋节，在捐赠之外，黄律师主动拿出自己随身携带的现金，给每位教师发了100元钱，表示对她们辛苦工作的支持、鼓励和中秋节的祝福。吃水不忘挖井人，没有黄律师的资金保障，就没有未保委对中心每年的持久捐赠。

少保中心作为全国第一家政府建立的服刑人员未成年子女保护教育机构，在主办单位石家庄市司法局的领导下，在市公安局、民政局、教育局、团市委、市妇联的协办下，在全社会

的共同关爱下，走过了18年的历程。18年来，有很多爱心单位和人士给予中心大力支持和捐助，但像全国律协未保委这样，一直连续不断十几年来都给予捐助的单位，仅此一家。中心师生看在眼里，记在心里。

老师们不能忘记，王毅伟主任对他们的谆谆教导，怎样为孩子们上好课，怎样当好称职的老师，更忘不了王主任为中心教师的待遇问题向中心领导和局领导提出的建议和意见。孩子们不能忘记王阿姨给他们带来的礼物，和他们一起锻炼的情景，更忘不了王阿姨在法制教育课堂语重心长地教育他们好好学习、积极向上，学习法律、用法律为自己维权，走好自己的路、自己的人生自己把握和父母无关的画面。

孩子们最自在、放松、快乐的时光是在美术室、心理室，精心装饰的环境，轻松而愉悦。在美术室，王主任和同学们一起画画，一起临摹，一起探讨色彩，生活就像手中的画笔一样五彩缤纷；在心理室，王主任和孩子们玩沙盘游戏，做团体活动，帮助他们释放情绪和压力，纾解心中的郁闷和困惑，孩子们的心情随着时间的流淌由1分变成10分，由黑白变成了七彩。

一滴水可以映照阳光的光彩，涓涓细流可以滋润干涸的心田。对于这些弱势儿童，不经意的一个善举，或许能够改变他们的命运；不经意的点滴温情，或许能够成就他们别样的人生。让他们的心充盈起来，让他们的心灵之田饱满起来，也许，只有涓涓清流是最无声却最舒适的。

大爱无声！王毅伟律师代表的全国律师协会未保委的爱心将在少保中心师生的心里留下恒久的温暖！

敬爱的王主任，感谢有您！中心师生感恩您和黄律师还有全国律师协会未成年人保护专业委员会的长久陪伴！

好人一生平安！

后　记

任何人的一生，不论在这个世界的时间长与短，都会有不同的人生感悟，每个人的人生感悟都会打下那个时代的烙印，每个时代都会有那个时代特殊的印迹，我当然也是如此。2020年我六十有九，身体还可以，头脑还算清楚，况且还在持续做儿童保护的公益事业，我想趁着自己还没有糊涂，将自己上中学以来55年的人生足迹记录下来，这也是一件非常有意义的事情。我的人生感悟和处世哲学也许不会被一些同行理解或认同，这也很自然，不同的生活环境、不同的人生经历、不同的三观，对一件事的认识和处理方式肯定有区别，这并不太重要，重要的是在这本书的字里行间中，真实地记录了我的所思、所想、所做、所为，同时也反映了不同历史阶段中国社会的现实生活，我愿意将它记录下来。

可为什么突然想起写书呢？源于前不久我的一位年轻的律师同行刘玲写了一本书《分光镜下的法治》，她特意送给了我一本。我收到她的大作后认真地阅读，感触良多，真是长江后浪推前浪，一代更比一代强。同时刘玲律师鼓励我说："您的工作经历和经验是我们社会难得的财富，如果能够分享给儿童保护工作者和社会工作者，能让他们少走弯路，直接从您这里获得财富，非常有意义。支持您把宝贵的精神财富用文字形式分享给社会，传递给后辈。您的人生那么丰富，有那么多经验，书的价值在于内容，内容为王。"正像刘律师所说的，写出来是一本厚厚的书，写作过程是痛并快乐的过程。借用一句流行语，给自己定个"FLAG"，慢慢实现它。另外还可以让思思（我外孙女）这一代人知道她的前辈为了儿童保护都做了哪些工作。那几天我反复、认真回味着刘律师的那番话，仔细一想，刘律师说得对啊！这一举多得的事情，必须在我身体健康、头脑清晰、精神状态还不错的情况下去完成，这是一种社会责任感，用现在时髦的话讲叫传递正能量。

在此之前，我中学（原北京第四女子中学）的同班同学胡迎庆也多次说，你的工作那么有意义，希望能写一本书，而且书名都为我想好了"律师手记"。我虽然认为这个建议不错，但是从来没有真正动笔，总觉得写书是那些作家和知名人士的专利，我的能力和文字水平写个论文和讲稿还可以，怎么可能出书呢？

几个月前，我与一块儿在山西插队，曾在一个农村土炕上睡觉的，有50年交情的好朋友王莒生（原北京中医医院院长）、罗雪珂（著名作家）和在定襄县受禄公社一起共事的张国璧（原北京二中的知青，之后到美国成为消防领域的科学家）及曾在北京教育学院朝阳分院一同工作的董宝智老师、陈向荣老师请教，没想到他们都支持我、鼓励我，认为这是一件非常有意义的事情，值得下决心、下功夫去完成，这样就进一步增强了我的信心。2019年的春天我终于下决心拿起了笔，正儿八经地开始"码字"了。

有志者事竟成，经过十个月的辛勤耕耘，2020年的春节前，我终于在这本书最后一页的最后一行，画上了一个大大的句号，

后 记

我以实际行动完成了这件过去想都不敢想,而今天已成为现实的作品。我在电脑前浏览着自己的文章,透过文字看到我人生中55年的轨迹,就像一部连续剧,穿越时空,一幕一幕呈现在我的眼前,激荡着我的心灵。此时我想也应该为自己点个赞,此生我没有碌碌无为,更没有虚度年华!不谦虚地说,我对自己的一生还算满意。

我是中国那个特殊年代2000多万上山下乡知识青年中的一员,我们这一代人有着不平凡的经历,而我们的经历可以说牵动着千家万户。那个年代除了独生子女,几乎家家都有孩子去插队或去建设兵团。特殊的经历和磨难造就了我们这一代人特殊的品质和性格,自信和不服输可以说伴随着我们的一生。我们中有太多的知青,他们经过自己不懈的努力和奋斗,已成为国家的栋梁之材,虽说都已到了耳顺和古稀之年,仍然在为祖国的建设贡献力量。有的朋友说,王律师,知青中经过自己努力当了律师的应该不太多,当了律师又在从事儿童保护公益事业的就更少了,在这个领域一步一个脚印踏踏实实坚持20多年,从未停止过前进步伐的人,可以说是微乎其微吧。所以你一定要通过文字记录下你的这段人生足迹,让我们这个社会更多的人知晓你们这一代人的不容易和不平凡。也有朋友说,知青是一个曾响彻神州大地的名字,一个令共和国骄傲而又尴尬的名词,是古今中外空前绝后的一代,也是这些人在那特殊历史时期的无奈选择。见仁见智吧!再过几十年,曾经的知青将永远消失。我想不论如何评价知青,我们这一代人现已步入老年,人的一生区区几十年而已,人生无常,我真心希望我们当年的知青朋友们都能善待自己,过好当下,这才是硬道理。

一个人的社会存在决定他的思想意识,我之所以能在儿童保护领域坚持数年,我想确实同曾经上山下乡与中国最底层的农民朝夕相处,了解他们生活的不易有关。之后因为我在学校工作,很自然地开始思考儿童成长中的问题。1999年我成为中国未成年人保护领域中的一员时,我就被身边像佟丽华律师、张雪梅律师、赵辉律师等那些比我年轻得多,但有思想、有抱负、有干劲又务实的人,勇于牺牲个人利益的行为所感动,所以我愿意成为他们中的一员,共同为中国未成年人的健康成长做些实事。

我的成长得到过太多人的帮助,我从事的未成年人保护事业得到过太多人的支持和鼓励。每一次参加对特殊群体未成年人的捐助活动,都得到了当地政府、法院及省市律师协会、未成年人保护专业委员会的主要领导和律师同仁的积极配合与支持,他们做了大量的前期准备工作,让我非常感动。北京律师界著名的书法家董来超律师,几年前就为我挥毫书写下"大爱无疆"四个刚劲有力、笔力雄健的大字,我装裱后挂在家里客厅的墙上,每每看到这四个字都给我以力量。全国律师协会的领导不但支持我们的工作,只要有机会见面都亲切地问候我,端茶倒水。里红副秘书长、业务部朱英主任、《中国律师》刊物主编陈秋兰、刘耀堂工作那么忙还多次参加捐助活动,指导我们的工作。每次参加北京律师协会的活动时,协会的主要领导都会嘘寒问暖,高子程会长每逢节日都会在微信里用文字或语音祝福我,有时还会写上几句诗词寄语。这一切都令我感动不已。

我记得毛主席说过,"人是要有一点精神的"。我想这里的"精神"应该包括理性、志向、信念和品格,这一点精神也是我人生的追求和生命的活力吧!一个人需要一点精神,这点精神能激发人的潜能、智慧,是克服困难成就事业的决心。中华人民共和国成立70年了,"这点精神"赋予了我们的国家、我们

后记

的民族特殊的历史使命。一滴水的力量微乎其微,但水滴能穿石。据说,佛祖释迦牟尼曾问他的弟子:一滴水怎么才能不干涸?台下的弟子议论纷纷,为难地回答:一滴水在空中会干涸,落在土地里也会干涸,我们想不出还有什么办法才能让它不干涸。此时释迦牟尼双目紧闭,对弟子们说:把它放到大海里去。是啊!一滴水的寿命确实是短暂的,但当它与那无边无际的、浩瀚的大海融为一体的时候,就获得了新的生命,我愿成为大海里的一滴水,永远不会干涸。

作为一个年近70岁,有着47年党龄的党员,我希望让更多的人知道,我们的社会中还有很多人曾是当年的知青,虽然他们已是两鬓斑白,但他们还在默默地努力奋斗,不图名、不图利,为祖国的繁荣、为中国的法制建设做贡献。"老骥伏枥,志在千里;烈士暮年,壮心不已",他们也是共和国的脊梁,在国家建设的史册上要为他们的贡献重重地写下一笔。这其中有一位是律师,也是当年的知青的我,在为中国儿童保护事业贡献着力量。习近平总书记曾题词:"托起明天的太阳"。我们的孩子们就是中国的未来,就是明天的太阳。实现伟大复兴的中国梦,不仅靠我们这一代,更要靠我们的下一代,我们的孩子们都能健康地成长,这个中国梦才能早日实现。保护孩子的责任重于泰山,作为儿童保护的公益律师任重道远。我们所做的一切不仅仅是让自己变得更好,更重要的是希望我们的后代变得比我们更好,让我们的中华民族真正强大起来。

在本书即将完稿时,我的思想境界好像有一种升华,作为当年知青中的一员,也许我正在填补从知青走上儿童保护公益律师这条道路的空白。但愿您能从我拙略的字里行间中,感受到我那一直在跳动着的时代脉搏。我不是专业作家,"文革"前仅仅是初中生,底子薄。之后虽说也拿到了文凭,但自己几斤几两心里是有数的。所以这本书并不完美，阅读后一定会找出不少毛病，比如有一些案例会出现重复，写作体例上也不够严谨。动笔之前我希望书中的内容多以故事的形式出现，这样读起来也许不会枯燥。这本书中有我代理的真实案例，有我撰写的论文，有曾在央视《法律讲堂》做节目的故事，所以好像有些杂乱，还望各位朋友海涵。另外要强调，我这本书中的一些故事内容，请您千万不要与自己挂钩，对一些案件处理和解决的方法也仅仅是一家之言，望朋友们理解。我虽然是一名儿童保护的公益律师，但我在25年的律师生涯中也代理了一些其他案件，我选择了其中两件有代表性的案例与各位分享，也希望得到律师同人的指教。

在此，我由衷地感谢佟丽华律师在百忙之中为我这本书写序言，感谢给予我支持的家人和朋友们，感谢全国律师协会、北京市律师协会、朝阳区律师协会、北京青少年法律援助与研究中心、北京中致儿童关爱基金会多年来为我从事儿童保护事业搭建的平台及给予我工作的充分肯定、鼓励和支持。感谢东方太阳城社区党支部给予我的帮助，感谢知识产权出版社给予我的支持及李瑾老师的耐心指导。所有的感恩都会化作我继续努力的动力，小车不倒只管推！

王毅伟

2020年1月